本书出版获得深圳市市场和质量监督管理委员会
2018年促进科技创新知识产权保护专项资金资助

Case Analysis of Intellectual Property Law

知识产权法
案例评析

何 隽 主编

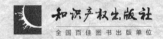

知识产权出版社

全国百佳图书出版单位

图书在版编目（CIP）数据

知识产权法案例评析 / 何隽主编 . —北京：知识产权出版社，2019.6
ISBN 978-7-5130-6294-7

Ⅰ.①知… Ⅱ.①何… Ⅲ.①知识产权法—案例—中国
Ⅳ.① D923.405

中国版本图书馆 CIP 数据核字（2019）第 102754 号

内容提要

知识产权案例是知识产权法的实践产物，也是学习和理解知识产权法的鲜活教材。本书选取知识产权领域 36 个代表性案例，涉及专利权纠纷、商标权纠纷、著作权纠纷、集成电路布图设计权纠纷、数据权纠纷等，从案件事实入手，提炼争议焦点，阐释司法裁判理由，剖析案件的法理依据，进而对同类型案件展开点评。既可作为知识产权领域从业者和律师的参考用书，又可作为知识产权专业本科生和研究生的学习用书。

责任编辑：许 波　　　　　　　　责任印制：刘泽文

知识产权法案例评析

ZHISHICHANQUANFA ANLI PINGXI

何 隽 主编

出版发行：**知识产权出版社**有限责任公司	网　　址：http://www.ipph.cn		
电　　话：010-82004826		http://www.laichushu.com	
社　　址：北京市海淀区气象路 50 号院	邮　　编：100081		
责编电话：010-82000860 转 8380	责编邮箱：xubo@cnipr.com		
发行电话：010-82000860 转 8101/8029	发行传真：010-82000893/82003279		
印　　刷：北京嘉恒彩色印刷有限责任公司	经　　销：各大网上书店、新华书店及相关专业书店		
开　　本：720mm×1000mm　1/16	印　　张：16.50		
版　　次：2019 年 6 月第 1 版	印　　次：2019 年 6 月第 1 次印刷		
字　　数：276 千字	定　　价：68.00 元		

ISBN 978-7-5130-6294-7

知识产权法案例教学的探索与思考（代序）

法学教育不仅要传授法学知识，也要培养法律技能，案例教学始终处于培养法律实务能力的"关键地位"。❶ 知识产权案例是知识产权法的实践产物，也是学习和理解知识产权法的鲜活教材。

笔者自 2014 年春季学期起，在清华大学深圳研究生院先后讲授"知识产权法学""知识产权法律及实务""知识产权管理""药品知识产权与 WTO 规则"等多门知识产权法研究生课程，同时指导了 22 名硕士研究生围绕知识产权法进行硕士学位论文研究，其中 14 名同学已毕业。2016 年秋季学期，笔者讲授的"知识产权法律及实务"课程通过评审，成为清华大学深圳研究生院在建精品课。2018 年秋季学期，以该课程为依托，笔者完成了清华大学研究生教育教学改革项目"基于创新创业能力提升的理工科知识产权课程改革"。

《知识产权法案例评析》由笔者指导的 16 位硕士研究生共同完成，不仅汇集了对知识产权领域近年来代表性案件、热点案件和新型案件的案例研究，也包含了笔者基于"知识产权法律及实务"课程对知识产权法案例教学的实践探索和模式思考。

"知识产权法律及实务"课程属于清华大学"研究生学术与职业素养平台课程"，课程主要面向理工科专业研究生开设，内容涵盖专利法、商标法、著作权法和反不正当竞争法，重点培养学生运用知识产权法律解决实际问题的能力。鉴于理工科研究生的专业背景和知识结构，针对学生擅长逻辑推理和典型事件归纳的特点，同时考虑到非法律专业学生的专业课程课业压力和学习时间分配等现实条件限制，课程从以法学理论和法律条文为主的传统教学模式，转向以案例分析为基础的案例教学模式。国外高校的经验业已表明，对于非法律专业的学生而言，案例教学法可以解除他们对法律的"神秘感"，通过案例分析可以帮助他们克服对法律课程的"恐惧感"。❷

---

❶ 王泽鉴. 法学案例教学模式的探索与创新［J］. 法学，2013（4）：40.
❷ 梁慧思. 在商学院进行知识产权法教学［M］. 高木善幸，拉瑞·奥尔曼，姆拉泽·西尼拉（主编）. 知识产权教学原则与方法. 郭寿康，等译. 北京：知识产权出版社，2011：181.

一、案例教学的三种典型模式和应用

案例教学面临的首要挑战是教学模式的选择。目前世界上影响最大的案例教学模式有三种：以美国为代表的"个案教学法"（Case Method）、起源于美国的"法律诊所教育"（Clinical Legal Education）和以德国为代表的"实例研习"（Übung）。这三种教学模式的背后不仅有美国法学教育和德国法学教育的不同理念，还有英美判例法系和大陆成文法系的不同特点。

美国法学教育以培养律师为目标，同时美国作为判例法国家，法律的规则和理念都体现在各种判例之中，因此更便于通过"个案教学法"将法学院教学与法律职业培养相结合。"法律诊所教育"是基于对"个案教学法"典范模式的批判而产生，更强调实践型教学，以弥补"个案教学法"忽略对学生基本技能的训练，避免将"实践经验边缘化和虚拟化"❶。

德国是大陆法系国家，其法律制度不是建立在案例法理念之上，而是建立在制定法适用之上。德国法学教育以培养法官为目的，在这种教育目标的指导下，法律思维被理解为在具体案件中适用法律的能力，而法律思维主要是通过"实例研习"来完成。由于大陆法系教义化的法律思维方式，以及德国大学重视系统化理论教育，德国法学院通常不提供常规性的"法律诊所教育"。❷

上述三种案例教学模式在我国都有一定程度的应用，但是由于司法制度和法律文化背景不同，直接采用任何一种教学模式都很难取得良好的效果。比如，我国大部分判决书的说理部分过于简单，距离"个案教学法"对判决书的要求有较大距离。而"法律诊所教育"也面临着经费紧张、师资缺乏、课程地位边缘、学生办案时身份不明确等一系列问题，这些都导致能够参与诊所教育的学生数量非常有限。❸另外，德国法学教育的核心是应试教育，"实例研习"是建立在大量练习、不断复习巩固的基础之上，如果国内的考试方法不改变，"案例研习"的教学效果就会大打折扣。❹

---

❶ ［美］杰罗姆·弗兰克. 如何打造优秀的法学教育［J］. 王晨光，译. 法学杂志，2012（5）：169.
❷ ［德］阿什特里德·斯达德勒尔. 德国法学院的法律诊所与案例教学［J］. 吴泽勇，译. 法学，2013（4）：56-57.
❸ 章武生. "个案全过程教学法"之推广［J］. 法学，2013（4）：51-53.
❹ 卜元石. 德国法学教育中的案例研习课：值得借鉴？如何借鉴？［J］. 中德法学论坛，2016（13）：46-48.

基于对上述三种案例教学模式在国内课堂适用性的分析，在"知识产权法律及实务"的教学实践中，笔者没有直接套用上述任何一种教学模式，而是综合采纳了三种教学模式的特点。具体应用措施包括：第一，鉴于我国也是成文法国家，法学教育重视在具体案件中适用法律的能力，因此"知识产权法律及实务"的案例教学以"实例研习"模式为基础，将公开的裁判文书作为"特殊形式的法律教材学习"❶，将真实案件典型化处理，通过分析过程系统化培养学生的法律思维。第二，借鉴"个案教学法"重逻辑推演的特点，针对部分案例教学内容，在判决书的基础上，增加律师代理词、答辩状及庭审实况直播素材，帮助同学了解个案进展的全过程、全环节。第三，参考了法律诊所教育中通过参与案件处理培养学生实践能力的经验，在教学中增加参与式训练环节。

综上，在"知识产权法律及实务"教学实践中，根据课程性质、学生特点和学制安排，笔者总结了一套以提升法律应用能力为导向的"参与式训练 + 专家指导"的案例教学模式。

二、"参与式训练 + 专家指导"的案例教学模式

提出"参与式训练 + 专家指导"案例教学模式的教育学基础是奥苏伯尔的学习理论。奥苏伯尔（David P. Ausubel）是当代美国著名的教育心理学家，他根据学生进行学习的方式，把学习分为"接受学习"和"发现学习"两类。与一些教育学家片面批评讲授式教学是"填鸭式""灌输式"不同，奥苏伯尔从人的学习特点和课堂教学的实际出发，认为"发现学习"不能完全代替"接受学习"，即讲授式教学。因为学生在学校里主要是接受系统的基础知识，不可能事事去发现，而且，作为"接受学习"的讲授式教学也并不必然导致学生被动学习和机械记忆。因此，奥苏伯尔指出，新知识是通过"接受学习"和"发现学习"两种方式获得的，前者适合大量材料特别是理论材料的学习，后者更适合解决实际问题。❷

基于"接受学习"和"发现学习"两类学习方式的划分，笔者在"知识产权法

---

❶ 张骐. 释法析理写出来看 [N]. 人民法院报，2018-7-1（2）.

❷ 王惠来. 奥苏伯尔的有意义学习理论对教学的指导意义 [J]. 天津师范大学学报（社会科学版），2011（2）：67-68.

律及实务"的案例教学中引入"专家指导"和"参与式训练"。

首先，"专家指导"对应"接受学习"，学习者通过对传授者传递的经验进行吸收、加工和构建，确立起相应的经验结构。"专家指导"以讲授式教学为主，由教师对知识产权法的基本概念、基础理论进行系统讲解，并聘请相关行业专家通过讲座和案例指导课的形式对特殊行业的知识产权保护特点进行介绍和分析。

以 2018 年秋季学期课程安排为例，"知识产权法律及实务"所聘请的行业专家包括世界知识产权组织官员、知识产权庭法官、知识产权律师、高科技公司知识产权总监、知识产权代理公司和运营公司专家等，授课内容围绕专家的工作领域既有对全球知识产权保护体系的介绍，也有针对具体技术领域知识产权管理和竞争策略规划。

其次，"参与式训练"对应"发现学习"，学习者在活动中，通过对现实的能动反应和发现创造，主动构建起一定的经验结构。"参与式训练"强调学生主动对案例材料进行学习、分析和总结，相应的课程评价机制需要充分考虑到学生的参与度。因此，课程评价通常包括三个部分：小组展示、个人表现和总结报告。

仍以 2018 年秋季学期课程安排为例，"知识产权法律及实务"课程按 5 人一组由同学自行组成小组，每组安排一位组长，总体负责学习进展规划、小组展示和最终案例分析报告。根据组长的安排，每位成员承担相应的案例研究工作，并最终由组长对各成员进行等级评分。课程进度按 8 周规划，各组在第四周前完成案例选择和讨论主题确定，授课教师对选题进行把关。对于不合适的案例和讨论主题，由授课教师指导重新选择，直至最终确定。因此，通常情况下，各组有 4 周左右时间进行案例研究，在此期间内，课堂教学继续进行。在第八周组织"案例分析报告会"，由各组进行小组展示，汇报案例研究成果，并邀请专家当场点评，由此进一步巩固和提升在课程中培养的运用知识产权法分析和解决实际问题的能力。

三、案例选择的关联性和案例分析的模块化

奥苏伯尔认为学生的认知结构是影响学习的最重要因素，为了促进学生掌握新知识，应增强认知结构与新知识的联系，这就需要从学习内容和学习的渐进性两个

方面来把握。❶ 在案例教学中同样需要遵循奥苏伯尔所总结的认知结构变化和新知识获取规律。

首先，在案例的选取上，应当遵循关联性原则，不仅要选择有典型代表性的案件，也需要考虑到学生的专业背景和社会经验。同时，案例选择尽可能与时俱进，选择热点案件、新型案件和影响力较大的案件。

其次，在指导学生进行案例分析时，应当遵循模块化原则，即要从教学的角度来认知和分析案例。尽管教学案例都来源于真实案件，但是对于案件事实的了解通常仅限于判决书提供的材料，并不能获得更多的信息和证据，因此现有案例教学中核心的部分是对案件争议焦点的提炼，并由此检视司法裁判的过程和理由，包括评价法律适用的逻辑和论证结构，分析法律解释的目的和方法等。如果能够将新知识的探索再进一步，就会进入对法理依据的探寻，以及对同类型案件如何处理的讨论，包括本国相关案例比较、外国及其他地区的案例比较，对同类案件进行区别、整合，进行"比较法的案例研究"❷。

归纳起来，笔者指导学生按以下 4 个模块进行案例分析：第一部分"导引"，通常只有几句话，类似于一个引子，直接点出案件的争议焦点或案件裁判的难点。第二部分"案件基本事实"，简要概括案情、审理法院信息。基本事实不是全部事实，不需要面面俱到，而是围绕争议焦点来重述和理解案件事实。第三部分"法院判决"，针对案件争议焦点，阐明各级法院判决认定的事实和理由、适用的法律和理由，这里的重点是理解所适用的法律。如果不同法院判决和裁判理由存在差异甚至出现冲突，就需要特别关注。第四部分"案件述评"，包括对所援引的法律原则、概括性条款的进一步阐释，对法律解释和"法官造法"的辨析，对同类型国内外案件的比较法研究等，这部分是案例分析中最重要的部分。

可以说，案例分析的 4 个模块中前 3 个部分都是对以往认知经验的复现，仍属于"接受学习"的内容；第四部分则是学习者通过主动参与，构建新的经验结构，属于"发现学习"的部分，因此也是提供知识增量的部分。

---

❶ 何先友，莫雷. 奥苏伯尔论认知结构、知识获得与课堂教学模式［J］. 华南师范大学学报（社会科学版），1998（3）：67-68.

❷ 王泽鉴. 案例研究与民法发展［J］. 法律适用，2017（18）：5.

四、内容概要

本书是笔者在知识产权法案例教学经验总结的基础上，指导的多位硕士研究生共同完成，不仅是对清华大学深圳研究生院"知识产权法律及实务"课程知识增量部分的呈现，也为后续教学提供了新的学习用书。

全书共分为 5 章，选取知识产权领域 36 个具有代表性的案件，其中涉及专利权纠纷、商标权纠纷、著作权纠纷、集成电路布图设计权纠纷、数据权纠纷等。每篇案例评析均遵循模块化原则展开，从案件事实入手，提炼争议焦点，阐释司法裁判理由，剖析案件的法理依据，进而对同类型案件展开点评。

第一章"专利权纠纷案例评析"选取最高人民法院、北京市高级人民法院、浙江省高级人民法院、杭州市中级人民法院终审的 10 个案件，探讨的问题涉及说明书充分公开的判断、变劣发明、药品专利侵权诉讼中等同原则的适用以及与新产品相关的举证责任、使用方法专利的拆分侵权问题、侵权警告的正当性审查、移除通知规则在专利领域适用、网络交易平台在第三方专利侵权中的责任认定。

第二章"商标权纠纷案例评析"选取最高人民法院、北京市高级人民法院、广东省高级人民法院、湖北省高级人民法院、北京知识产权法院、北京市第一中级人民法院、宿迁市中级人民法院终审的 9 个案件，探讨的问题涉及名人姓名能否注册为商标、期刊名称的商标注册问题、商标案件中在先权利的界定、商标反向混淆案件中如何确定侵权赔偿额、立体商标显著性认定、假冒注册商标行为的多个面相。

第三章"著作权纠纷案例评析"选取山东省高级人民法院、北京知识产权法院、上海知识产权法院、北京市第二中级人民法院、南京市中级人民法院、温州市中级人民法院、武汉市中级人民法院、广州市天河区人民法院终审的 8 个案件，探讨的问题涉及教辅教材的著作权、IP 剧的著作权保护、影视作品著作权转让中的侵权问题、播放已发表文字作品的法定许可、同人作品的著作权和反不正当竞争问题、网络游戏作为类电影作品保护问题、诉前禁令在著作权领域的适用问题。

第四章"网络著作权纠纷案例评析"选取重庆市高级人民法院、上海知识产权法院、宁波市中级人民法院、嘉兴市中级人民法院、上海市闵行区人民法院终审的 6 个案件，探讨的问题涉及网络新闻配图的著作权问题、微博著作权的侵权判断、有声读物网络传播的著作权问题、避风港规则下音频分享平台的著作权侵权问题、视频网站的著作权侵权问题、网络直播侵权问题。

第五章"其他知识产权纠纷案例评析"选取最高人民法院、北京市第一中级人民法院、北京知识产权法院终审的 3 个案件，探讨的问题涉及集成电路布图设计专有权的保护范围、被遗忘权的适用、大数据时代个人信息的法律保护。

何　隽

2019 年 3 月于清华大学深圳研究生院华芳楼

目 录 / Contents

第1章 专利权纠纷案例评析

本章选取最高人民法院、北京市高级人民法院、浙江省高级人民法院、杭州市中级人民法院终审的 10 个案件，探讨的问题涉及说明书充分公开的判断、变劣发明、药品专利侵权诉讼中等同原则的适用以及与新产品相关的举证责任、使用方法专利的拆分侵权问题、侵权警告的正当性审查、移除通知规则在专利领域适用、网络交易平台在第三方专利侵权中的责任认定。

1.1 说明书充分公开的判断：阿托伐他汀发明专利权无效案

作　　者　李裕民 *

指导教师　何　隽

"阿托伐他汀"发明专利权无效行政纠纷案（以下简称该案）是 2015 年中国法院 10 大知识产权案件之一。该案涉及化学领域产品发明说明书充分公开的判断，对《中华人民共和国专利法》（以下简称专利法）第二十六条第三款的审查标准的把握很具指导意义。因其技术复杂、涉及社会经济利益巨大，受到了国内外广泛关注。

一、"阿托伐他汀"发明专利权无效行政纠纷案

⚖ 案　　号

一审：北京市第一中级人民法院（2009）一中知行初字第 2710 号行政判决

二审：北京市高级人民法院（2010）高行终字第 1489 号行政判决

再审：最高人民法院（2014）行提字第 8 号行政判决

⚖ 当事人

再审申请人（一审被告、二审被上诉人）中华人民共和国国家知识产权局专利复审委员会（以下简称专利复审委）

再审申请人（一审第三人）北京嘉林药业股份有限公司（以下简称嘉林公司）

被申请人（一审原告、二审上诉人）沃尼尔·朗伯有限责任公司（WARNER-

---

* 李裕民，重庆人，2017 年获得清华大学法律硕士学位，现为重庆市选调生，就职于重庆市渝中区解放碑街道办事处。硕士论文：《集成电路布图设计专有权确权制度研究》。

LAMBERT COMPANYLLC）（以下简称沃尼尔·朗伯公司）

一审第三人：张楚

案情简介

嘉林公司和张楚分别于 2007 年 6 月 12 日和 2007 年 8 月 28 日，就沃尼尔·朗伯公司的第 96195564.3 号名称为"结晶［R-（R*，R*）］-2-（4-氟苯基）-β，δ-二羟基-5-（1-甲基乙基）-3-苯基-4-［（苯氨基）羰基］-1H-吡咯-1-庚酸半钙盐"发明专利（以下简称本专利）向专利复审委提出无效宣告请求。专利复审委就前述请求进行了合并审理。2009 年 6 月 17 日，专利复审委认为本专利不符合《专利法》第二十六条第三款之规定，作出第 13582 号无效宣告请求审查决定（以下简称第 13582 号决定），宣告本专利全部无效。

沃尼尔·朗伯公司不服该决定，向北京市第一中级人民法院提起诉讼，请求撤销专利复审委作出的第 13582 号决定。北京市第一中级人民法院认为本专利未达到本领域技术人员能够实现的程度，不符合《专利法》第二十六条第三款的规定，2010 年 5 月 14 日判决维持第 13582 号决定。

沃尼尔·朗伯公司不服一审判决，向北京市高级人民法院提起上诉。北京市高级人民法院二审认为专利复审委在未对本发明要解决的技术问题进行整体考虑的情况下，作出本专利公开不充分、本专利权利要求 3 不符合《专利法》第二十六条第三款规定的相关认定显属不当，沃尼尔·朗伯公司的相关上诉理由成立，2012 年 5 月 15 日判决撤销（2009）一中知行初字第 2710 号行政判决和第 13582 号决定。

专利复审委和嘉林公司均不服二审判决，向最高人民法院提出再审申请，最高人民法院裁定提审该案并进行了公开开庭审理。最高人民法院再审认为本专利说明书不符合《专利法》第二十六条第三款的规定，2015 年 4 月 16 日判决撤销中华人民共和国北京市高级人民法院（2010）高行终字第 1489 号行政判决，维持中华人民共和国北京市第一中级人民法院（2009）一中知行初字第 2710 号行政判决。

二、争议焦点及法院判决

该案的主要争议焦点是本专利说明书是否符合《专利法》第二十六条第三款"说

明书应当对发明作出清楚、完整的说明，以所属技术领域的技术人员能够实现为准"。

北京市第一中级人民法院一审认为：本专利权利要求 1 至权利要求 3 保护含 1～8 摩尔水的 I 型结晶阿托伐他汀水合物，该水合物通过水的组成和微观结构共同定义。本专利说明书既未对得到的化合物的含水量进行确认，也未对含 1～8 摩尔水的 I 型结晶阿托伐他汀水合物具有相同的 XPRD❶ 进行实验验证，因此说明书对权利要求 1 至权利要求 3 中保护的结晶产品的公开，未达到本领域技术人员能够实现的程度，不符合《专利法》第二十六条第三款的规定。在此基础上，保护包含权利要求 1 至权利要求 3 所含 1～8 摩尔水的 I 型结晶阿托伐他汀水合物的药物组合物的权利要求 4 至权利要求 9、保护权利要求 1 至权利要求 3 所述含 1～8 摩尔水的 I 型结晶阿托伐他汀水合物的制备方法的权利要求 10 至权利要求 24，也不符合《专利法》第二十六条第三款的规定。

北京市高级人民法院二审认为：专利复审委员会在第 13582 号决定中认为"水含量是其产品组成中必不可少的一部分"，并以说明书中没有提供任何定性或定量的数据证明得到的 I 型结晶确实包含 1～8 摩尔（优选 3 摩尔）水为由，得出专利说明书没有满足充分公开要求的结论。但是，由于专利复审委员会并没有确定本发明要解决的技术问题，也没有明确哪些参数是"与要解决的技术问题相关的化学物理性能参数"。因此，专利复审委在未对本发明要解决的技术问题进行整体考虑的情况下，作出本专利公开不充分、本专利权利要求 3 不符合《专利法》第二十六条第三款规定的相关认定显属不当。沃尼尔·朗伯公司的相关上诉理由成立，对此予以支持。

最高人民法院再审认为：必须是能够实现技术方案、解决技术问题、产生预期效果三者同时满足，才符合《专利法》第二十六条第三款的规定。但是技术方案的再现和技术问题的解决、技术效果的产生，存在着逻辑关系上的先后顺序，应首先确认本领域技术人员根据说明书公开的内容是否能够实现该技术方案，然后再确认是否解决了技术问题、产生了技术效果。

就本专利而言，权利要求是通过描述产品的组成，即含 1～8 摩尔（优选 3 摩尔）水的 I 型结晶阿托伐他汀水合物，以及产品的微观结构，即该水合物具有权利要

---

❶ X 射线粉末衍射（X-ray powder diffraction，XPRD）是测定物质的晶体结构的一种重要方法。（梁敬魁，陈小龙，古元薪. 晶体结构的 X 射线粉末衍射法测定——纪念 X 射线发现 100 周年 [J]. 物理，1995，24（8）：483-491.）

求所定义的 XPRD 和 13CNMR❶ 数据，这两方面内容对请求保护的 I 型结晶阿托伐他汀水合物进行了限定。水含量的确认对于确认本专利产品是必不可少的，与本发明要解决的技术问题也密切相关。由于本专利说明书并未对本专利请求保护的是 I 型结晶阿托伐他汀水合物中水含量的定性和水含量的确认等问题进行清楚和完整的说明，从化学产品的确认而言，本专利说明书不符合《专利法》第二十六条第三款的规定。

由于本专利说明书中没有对本专利请求保护的 I 型结晶阿托伐他汀水合物中的水进行清楚、完整的说明，本领域技术人员无论是根据本专利说明书中的一般性记载，还是根据其中具体的实施例，均无法确信可以受控地制备得到本专利请求保护的含 1 ～ 8 摩尔水（优选 3 摩尔）的 I 型结晶阿托伐他汀水合物。从化学产品制备的角度，本专利说明书亦不符合《专利法》第二十六条第三款的规定。

三、述　评

专利制度鼓励发明人公开其具有新颖性、创造性和实用性的技术方案供公众利用，以促进科学技术进步和经济社会发展，与之相应的给予专利权人一定时期的排他权，是一种以公开换保护的制度。这种为换取法定排他权的公开，应当符合充分性的要求，否则与专利权人所取得的排他权不对等，违背了专利制度的初衷。因此，在 1992 年版和 2008 年版的《专利法》中都有对说明书充分公开的规定，即两版的第二十六条第三款都规定了："说明书应当对发明或者实用新型作出清楚、完整的说明，以所属技术领域的技术人员能够实现为准；必要的时候，应当有附图。摘要应当简要说明发明或者实用新型的技术要点。"

《专利法》第二十六条第三款所提出的标准包含清楚、全面和可实现，这一方面要求对于技术方案的描述不能模糊、歧义，本领域技术人员或者相关行业人员能够理解；另一方面要求根据说明书的描述，本领域技术人员不需要再进行创造性劳动就可以完成技术方案、解决方案针对的技术问题、实现所追求的技术效果。石必胜先生将判断专利说明书是否充分公开总结为结合原则和立体原则。"结合原则是指，

---

❶ 核磁共振（nuclear magnetic resonance，NMR）：不同晶型化合物分子结构中的原子所处化学环境存在细微差异，在外磁场的作用下可产生不同的响应，获得不同的核磁共振谱图。（陈立亚，赵慧芳. 固态核磁共振及其在药物晶型研究中的应用［J］. 中国新药杂志，2013（16）：1921-1924.）

应当结合具体权利要求来分析说明书是否充分公开；立体原则是指，判断说明书是否充分公开，不仅仅要考虑技术方案本身是否能够实现，还要考虑是否能够解决相应技术问题，取得相应技术效果。……说明书是否充分公开的证明标准是排除合理怀疑标准。在诉讼程序中，如果专利申请人和专利权人不再有其他救济途径，可以有条件地允许其补充新证据。"❶

思考一：说明书中技术方案的再现与技术问题的解决、技术效果的实现三者之间的关系

该案主要涉及的争议点围绕说明书中技术方案的再现、技术问题的解决与技术效果的实现三者之间的关系。发明或者实用新型所要解决的技术问题、解决其技术问题采用的技术方案、对照现有技术发明或者实用新型的有益的技术效果，三者是发明内容的三大组成部分。任何一个部分没有讲好或者三部分没有做好衔接，都可能导致说明书整体的坍塌。

对于说明书充分公开的判断，通常主要是判断技术方案是否清楚、完整、可实现，但是该判断不是割裂的，应当坚持立体原则，即对说明书充分公开的判断包括两个必要条件：一是技术方案的确认和确信；二是技术方案是否解决了所针对的技术问题、实现了所追求的技术效果。就化学产品发明而言，前一个条件的要求是技术方案是否足以让本领域的技术人员确认并制备得到所述化学产品，后一个条件的要求是该技术方案是否解决了某一种或多种技术问题、实现了相应的效果或达到了相应的标准。石必胜先生描述"说明书是否充分公开的证明标准是排除合理怀疑标准"。

该案中专利复审委的再审申请理由以及最高人民法院的判决中都认为技术方案的再现、是否解决了技术问题和产生了技术效果的评价之间，存在着先后顺序上的逻辑关系，认为该案中化学产品的确认和制备，即技术方案的实现是解决技术问题、产生技术效果的"前提""最低层次的要求"。这为该案的争议解决提供了路径，也是最高人民法院再审撤销二审判决的重要理由。

反观二审判决，二审法院提出"判断一项发明是否满足关于公开充分的要求，应包括确定该发明要解决的技术问题"，这原本是判断说明书充分公开的应有之意，但是，在明显难以消除对本专利的化学产品及制备方法的合理怀疑的前提之下，二

---

❶ 石必胜. 专利说明书充分公开的司法判断［J］. 人民司法，2015（5）：41-46.

审法院是否还有必要以"专利复审委员会在未对本发明要解决的技术问题进行整体考虑的情况下，作出本专利公开不充分、本专利权利要求 3 不符合《专利法》第二十六条第三款规定的相关认定显属不当"为由，撤销原判决和专利无效审查决定？本文认为并无此必要。因为不论是技术方案的确认和确信，还是技术方案是否解决了所针对的技术问题、实现了所追求的技术效果，都是说明书充分公开的必要条件，其中任何一方面没有符合要求，都将导致说明书公开不充分。二审法院认为专利复审委在无效审查中遗漏了对技术问题的整体考察，却忽略了上述两个方面与说明书充分公开的逻辑关系：只要其中一个条件不满足，专利说明书都不能达到说明书充分公开的要求。

　　假如出现与该案不同的另一种情况，即专利要求保护的产品是能够确认的，通过其提供的方法也确信能够制备得到所述产品，但是产品所能实现的效果或者其能否解决其针对的技术问题最终不能排除本领域技术人员的合理怀疑，也应当被认定为不符合《专利法》第二十六条第三款规定。2010 年修订的《专利审查指南》中指出："所属技术领域的技术人员能够实现，是指所属技术领域的技术人员按照说明书记载的内容，就能够实现该发明或者实用新型的技术方案，解决其技术问题，并且产生预期的技术效果。"即前述情况属于说明书公开不充分中不能使本领域技术人员确信该技术方案可以解决其技术问题或能产生所追求的技术效果的情形。辉瑞爱尔兰药品公司诉专利复审委员会专利无效行政纠纷案 ❶（以下简称辉瑞专利无效案）对该种情形做了有益的探索。

　　辉瑞专利无效案的一个争议焦点在于专利号为 94192386.X，名称为"用于治疗阳痿的吡唑并嘧啶酮类"的已知化合物的第二医药用途发明是否充分公开（该专利已于 2014 年 5 月 13 日有效期届满）。专利复审委认为：对于已知化合物的第二医药用途发明而言，如果所属领域技术人员根据说明书记载的技术内容并结合现有技术知识，依然需要花费创造性劳动方可确信所述已知化合物具有所述第二医药用途，则不能认为该说明书对于权利要求书中要求保护的技术方案的公开是充分的。根据专利说明书中记载的技术内容并结合所属领域的现有技术，所属领域技术人员不花费创造性劳动，无法确信专利化合物 cGMP PDE V 抑制剂能够治疗或预防雄性动物勃起机能障

---

❶　该案具体情况参考：北京市第一中级人民法院（2004）一中行初字第 884 号行政判决书、第 6228 号无效宣告请求审查决定和第 13420 号无效宣告请求审查决定。

碍，具有专利说明书所述的"诱发阳痿男性的阴茎勃起"的效果。故不能认为该专利说明书对于权利要求书中技术方案的公开是充分的，该专利不符合专利法第二十六条第三款的规定。据此，专利复审委员会作出第 6228 号决定，宣告该专利全部无效。

该案一审法院北京市一中院认同专利复审委确定的第二医药用途发明专利说明书公开是否充分的标准。但是，北京市一中院认为：本领域技术人员确认作为这 9 个化合物之一的本专利权利要求化合物具有说明书所述的治疗效果是合乎情理的，无需进一步花费创造性劳动。进而认为专利复审委在第 6228 号决定认为本专利不符合专利法第二十六条第三款的规定是错误的，故而撤销该决定。

后专利复审委重新作出了第 13420 号决定，维持第 94192386.X 号发明专利权有效。虽然最终专利复审委和法院均认为第 94192386.X 号发明不属于说明书公开不充分的情况，但是该案明确了说明书充分公开的一个判断标准：以所属领域技术人员为主体，根据说明书记载的技术内容和现有技术知识，看是否需要花费创造性劳动方可确信所述发明可以解决其技术问题或能产生所追求的技术效果的要求。

思考二：禁止反悔原则对专利权保护范围的限缩

本专利授权公告的权利要求书的内容，本专利请求保护的主题是"含 1～8 摩尔水的 I 型结晶阿托伐他汀水合物"。而沃尼尔·朗伯公司在上诉时提出："作为本领域的技术人员应当理解权利要求 3 所保护的 I 型结晶阿托伐他汀中所含的水分（3 摩尔水），不是发明人在制备 I 型结晶之前预先设想的，而是在制备得到该 I 型结晶后通过分析测试才确定的。换言之，无论制备得到的该 I 型结晶阿托伐他汀中是否含有水分或其他溶剂，都不会影响发明人制备得到要解决的技术问题的技术方案 I 型结晶阿托伐他汀的结果。"

那么本专利保护的主题到底是"含 1～8 摩尔水的 I 型结晶阿托伐他汀水合物"还是"I 型结晶阿托伐他汀水合物"呢？换言之，"含 1～8 摩尔水"是否属于对权利保护范围的不当限缩，在专利无效宣告程序中应当被省略呢？

禁止反悔原则限制"专利权人在申请专利时，为了获得专利权已经自愿缩小了权利保护范围，在其获得专利权之后就不能反悔，将已经放弃的内容又重新纳入保护范围之中"❶。根据禁止反悔原则，本文认为本专利所保护的主题应当是"含 1～8

---

❶ 王迁. 知识产权法教程［M］. 北京：中国人民大学出版社. 2014：365.

摩尔水的 I 型结晶阿托伐他汀水合物"，"含 1～8 摩尔水"这一技术特征应当被给予与其他技术特征同等的重视，而不应被省略。

　　在专利申请过程中，专利审查员往往会对权利要求的内容提出质疑，认为其权利要求范围过大，包含了不具备新颖性和创造性的内容，而专利申请人为了获得授权会对部分权利要求进行修改、放弃，以此来限缩权利要求，以获得专利授权。禁止反悔原则是诚实信用原则在专利法中的具体体现，其设置是"为确保专利权保护范围的安定性，维护社会公众的信赖利益，专利制度通过禁止反悔原则防止专利权人上述'两头得利'情形的发生"❶。最高院〔2009〕21 号司法解释第六条规定："专利申请人、专利权人在专利授权或者无效宣告程序中，通过对权利要求、说明书的修改或者意见陈述而放弃的技术方案，权利人在侵犯专利权纠纷案件中又将其纳入专利权保护范围的，人民法院不予支持。"禁止反悔原则不仅适用于专利侵权纠纷，也适用于专利无效宣告程序，因为在专利侵权纠纷中不应该扩大的保护范围，也没有理由成为专利无效行政纠纷中权利人的保护伞。

　　对比本专利的专利申请文本和授权公告文本，申请文本中的"I 型结晶阿托伐他汀水合物"在授权公告文本中变成了"含 1～8 摩尔水的 I 型结晶阿托伐他汀水合物"。根据一般的情况可推知，这一修改是为了获得专利授权而对本专利保护主题进行的限缩，是为了使本专利区别于现有技术，符合专利授权的新颖性或创造性之要求，如果 I 型结晶阿托伐他汀中所含特定水分并无意义，那么申请人当初就没有必要将其写入权利要求之中，限缩自己专利的保护范围。这一事实更加支持了禁止反悔原则在该案中的适用。

　　（1）发明专利申请公开说明书　权利要求 1：

　　　　1. I 型结晶 atorvastatin 及其水合物，其特征在于，有以下研磨 2 分钟后测量的根据 2θ、d - 面间距和大于 20% 的相对强度表示的 X - 射线粉末衍射图，使用 CuKα 射线测量：

　　（2）发明专利说明书（授权公告文本）　权利要求 1：

　　　　1. 含 1-8 摩尔水的 I 型结晶阿托伐他汀水合物，其特征在于，有以下研磨 2 分钟后测量的根据 2θ、d - 面间距和大于 20% 的相对强度表示的 X - 射线粉末衍射图，使用 CuKα 射线测量：

---

❶ 摘自最高人民法院（2011）民提字第 306 号民事判决书。

1.2 药品专利侵权诉讼中新产品相关举证责任（上）：艾素案

作　　者　李柳霖*

指导教师　何　隽

新产品制造方法专利的侵权诉讼中，在遵循"谁主张，谁举证"原则的基础上，对部分侵权事实实行举证责任倒置。对于药品方法专利，由于成分和工艺复杂，举证责任分配对于诉讼结果尤为关键。本文以艾素案为例分析此类案件中的原被告双方的举证责任。

"谁主张，谁举证"是民事诉讼中举证责任的一般分配原则，专利侵权诉讼中的举证责任在一般情况下同样适用该原则。但由于专利侵权的隐蔽性，特别是对于制造方法专利，专利权人很难到生产现场取证，要求专利权人证明被控侵权人实施了该专利方法往往非常困难。

为有效保护专利权，在"新产品"制造方法专利侵权诉讼中规定了举证责任倒置。2008 年《专利法》第六十一条规定：专利侵权纠纷涉及新产品制造方法的发明专利的，制造同样产品的单位或者个人应当提供其产品制造方法不同于专利方法的证明。2009 年 12 月 28 日发布的《最高人民法院关于审理侵犯专利权纠纷案件应用法律若干问题的解释》第十七条对"新产品"的标准进行了明确规定：产品或者制造产品的技术方案在专利申请日以前为国内外公众所知的，人民法院应当认定该产品不属于专利法规定的新产品。

然而，在"新产品"认定标准明确后，实践中发现还有一些问题需要进一步明确。如原被告的举证责任何时转移？原被告分别应对哪些事实承担举证责任？如何

---

* 李柳霖，云南普洱人，2017 年获得清华大学法律硕士学位，现就职于中邮人寿保险股份有限公司。硕士论文：《药品专利侵权诉讼研究》。

证明产品为《专利法》意义上的"新产品"等。以下结合案例，对实践中出现的具体问题展开分析。

一、艾素案

⚖ 案　号

一审：上海市第二中级人民法院（2003）沪二中民五（知）初字第 56 号

二审：上海市高级人民法院（2006）沪高民三（知）终字第 112 号

再审：最高人民法院（2009）民申字第 861 号

⚖ 当事人

申请再审人（一审原告、二审被上诉人）：阿文－蒂斯药物股份有限公司

被申请人（一审被告、二审上诉人）：江苏恒瑞医药股份有限公司

一审被告：上海国大东信药房有限公司

⚖ 基该案情

"（多西紫杉醇）注射剂"是肿瘤化疗药物中的一线用药，阿文－蒂斯公司于 1998 年将其引入中国市场。1993 年，阿文－蒂斯公司的前身——罗纳布朗克罗莱尔股份有限公司（下称罗纳公司）向知识产权局申请了"制备塔三烷衍生物的新起始物及其用途"的发明专利，专利号为 93118203.4（下称"93 专利"）。2001 年 7 月，阿文－蒂斯公司就其中的"泰索帝"——"新型丙烯酸紫杉烯酯三水合物的制备方法"申请了方法专利，专利号 95193984.X（下称"95 专利"）。"95 专利"是以多西他赛为基础制备多西他赛三水合物的方法。2002 年，江苏恒瑞医药股份有限公司生产出"泰索帝"的仿制产品"艾素"，并获得了我国的新药证书。"艾素"上市后极大冲击了阿文－蒂斯公司的市场。恒瑞公司使用了绕避工艺专利路线，但阿文－蒂斯公司认为该公司仍然侵犯了其专利权，并于 2003 年向上海市第一中级人民法院起诉。一审法院判决恒瑞公司构成侵权，承担停止侵权、赔偿损失、赔礼道歉的责任。恒瑞公司不服该判决，向上海市高院提起上诉。2009 年上海高院最终裁决，恒瑞公司的生产工艺并未侵犯阿文－蒂斯公司的制造方法专利权，恒瑞公司胜诉。后阿

文 – 蒂斯公司向最高院申请再审，最高院以二审查明的事实基本属实，适用法律正确，阿文 – 蒂斯的再审申请不符合《中华人民共和国民事诉讼法》（以下简称《民事诉讼法》）的规定为由，驳回了阿文 – 蒂斯公司的再审申请。

二、争议焦点及法院判决

📖 **问题一**：谁来证明被控侵权人生产的产品与依专利方法直接获得的产品相同？

上海市第二中级人民法院认为：阿文 – 蒂斯公司获得的两项专利是新产品制造方法的发明专利，制造同类产品的恒瑞公司未能举证证明其制造"艾素（注射用多西他赛）"产品的方法不同于阿文 – 蒂斯公司的两项发明专利的方法，恒瑞公司应当承担侵犯阿文 – 蒂斯公司两项专利权的民事责任。

上海市高级人民法院二审认为：在新产品制造方法发明专利侵权纠纷中，首先应由专利权人举证证明被控侵权人生产的产品与依专利方法直接获得的产品是同样的产品，举证责任才能倒置，即由被控侵权人承担证明其制造同样产品的方法不同于专利方法的举证责任。因此该案中，首先应当由阿文 – 蒂斯公司举证证明恒瑞公司制造了相同的产品——多西他赛三水合物，才能由恒瑞公司承担证明其生产同样多西他赛三水合物的方法不同于95专利方法的举证责任。在阿文 – 蒂斯公司尚未举证证明恒瑞公司制造了多西他赛三水合物的情况下，一审法院即以恒瑞公司生产的产品为同类产品为由，要求恒瑞公司举证证明其生产同类产品的方法不同于"95专利"方法，没有法律依据。

📖 **问题二**：被控侵权人是否应该提供全部产品的制造方法？

一审证据保全时，恒瑞公司向法院提供了《多西他赛主链岗位原始记录》并据此进行了技术鉴定，但一审法院认为恒瑞公司拒不提交其制造"艾素（注射用多西他赛）"完整的产品方法的证据，而是在事后提交经过其"补记"的证据，且这些事后提交的证据也没有完整地显示其制造方法，因此判决其败诉。

二审法院上海高院认为，在新产品制造方法发明专利侵权纠纷中，**在要求被控**

侵权人承担证明其制造方法不同于专利方法的举证责任时，应顾及被控侵权人合法商业秘密的保护，并非要求被控侵权人提供制造其产品的全部制造方法，而应当将被控侵权人提供的证明其产品制造方法的证据限定在必要的范围内，以足以证明其产品制造方法与专利权人的专利方法不同为必要。只要被控侵权人能够证明其产品制造方法的技术方案中有一项技术特征与专利方法技术方案中相应技术特征既不相同也不等同，专利权人的侵权指控就不能成立。技术鉴定机构根据包括一审时提供的《多西他赛主链岗位原始记录》的鉴定材料，已经认定恒瑞公司制造多西他赛三水化合物的方法中，起始物技术特征与"93 专利"中独立权利要求 2 方法中的起始物技术特征既不相同也不等同，故现有的证据已经证明恒瑞公司制造多西他赛三水化合物的方法不同于"93 专利"中独立权利要求 2 的方法。在证据已经足以证明二者制造方法不同的情况下，考虑到保护被控侵权人商业秘密的必要，即使恒瑞公司在证据保全时未提供其制造"艾素（注射用多西他赛）"产品的完整方法以及其书面的生产操作规程，也不能成为认定恒瑞公司未尽举证义务，进而认定其构成专利侵权。

三、述　评

🏛️ 思考一：原告的"前举证责任"有哪些？

上海高院明确了在适用举证责任倒置过程中原被告双方的举证义务，特别是原告的"前举证责任"。即在举证责任倒置适用之前，原告必须证明：（1）专利方法获得为新产品；（2）被告的产品与专利方法获得的产品为相同产品。

对于**（1）专利方法获得为新产品**的证明，该案中阿文－蒂斯公司提交了证据证明在该公司申请"93 专利"和"95 专利"两项发明专利之前，我国没有颁发多西他赛类药品的生产批准证书，也没有颁发过多西他赛类药品的进口批准证书，由此证明"93 专利"和"95 专利"是涉及新产品制造方法的发明专利。对于**（2）被告的产品与专利方法获得的产品为相同产品**的证明，阿文－蒂斯公司未证明恒瑞公司制造了依专利方法直接获得的多西他赛三水合物，因此法院认定不适用举证责任倒置。

实践中证明为相同产品的通常方法是申请证据保全，然后直接把专利方法获得的产品和被控侵权方法获得的产品进行比较。

在医药类诉讼中，由于药物的成分复杂多变，特别是化学药物，往往存在多个等同的有效结构，此时若严格按照"同一产品"的标准，似乎过于严苛。因此，相同产品的界定可考虑借鉴产品类专利侵权的判断方法，即"全面覆盖"和"等同原则"。集佳知识产权代理有限公司编写的《中国知识产权保护实务指南》中对**"同样的产品"**解释为：**"同样的产品是指被控侵权产品的组分、结构或者其质量、性能、功能方面与专利方法所制造出来的产品不存在明显区别。"**

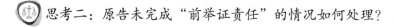 **思考二：原告未完成"前举证责任"的情况如何处理？**

前述（1）（2）两条件同时成立时，方可使用举证责任倒置。如果条件（**1**）**专利方法获得为新产品**不成立时，由原告承担对方侵权的举证责任。如果条件（**2**）**被告的产品与专利方法获得的产品为相同产品**不成立时，不仅不再适用举证责任倒置，在某些情况下还可作为被告抗辩手段，直接证明侵权不成立。

如在"许世昌与索尼（中国）有限公司、深圳市苏宁电器有限公司、纬新资通（昆山）有限公司侵害发明专利权纠纷案"[（2012）粤高法民三终字第 624 号]一案中，所涉及的专利为"具有多层次金属花纹的制造方法"。在审理过程中，广东省高院对被控侵权的产品进行物理破坏实验，并得出了被控侵权方法制造出的产品和依专利方法制造出的产品不为同一产品的结论，由此进一步证明被控侵权的制造方法没有落入权利要求书中的保护范围。

广东省高院认为，"发明方法不可能脱离产品而独立存在，若两个技术方案既不相同亦不等同的产品，可以推定其制造方法亦不相同或等同，由此则可判断被控侵权方法不落入专利权人的专利权范围内。要判断被控侵权的产品制造方法与专利制造方法是否相同或者等同，可以先审查被控侵权的方法所制造的产品与依据专利方法制造而成的产品是否属于相同的产品。即将被控侵权的方法制造的产品与依据权利人请求保护的专利方法的权利要求记载的技术特征制造的产品进行比对，看前者是否包含与后者的全部技术特征相同或者等同的技术特征。"

在"黄石李时珍药业集团武汉李时珍药业有限公司诉黄石飞云制药有限公司侵害发明专利权纠纷案"[湖北省武汉市中级人民法院（2011）武知初字第 00672 号]一案中，原告为一产品限定方法专利的专利权人，其同时起诉被告方法和产品侵权。武汉中院先是比对了专利产品与被控侵权产品，认为被控侵权产品不落入专利保护的范围，后即认为"属于一个总的发明构思的产品专利对其制备方法的方法专利有限定作用，如果被诉侵权产品不构成侵权，则该产品的制备方法必然不侵权"，从而驳回了原告的诉讼请求。以上案例为审理方法专利纠纷以及方法专利纠纷的不侵权抗辩提供了新思路，也可为药品相关侵权诉讼提供借鉴。

综观国外，许多知识产权保护完备的国家已经逐渐认识到在"新产品"认定上存在着许多争议，也不能够使专利权人获得全面的保护，因此在立法上不采用 TRIPS 协议第三十四条 ❶ 第一款（a）关于"新产品"的规定，而选择了（b）"相同产品"在一定条件下适用举证责任倒置的规定，如美国、澳大利亚等。这样选择的好处是使得法官有更多的裁量权，法官可根据案件情况合理分配举证责任，有效地回避了原、被告双方在"新产品"举证上的难度以及认定上存在的争议。虽然我国法律没有明确规定，但考虑到 TRIPS 协议条款（b）合理性，在非"新产品"专利侵权诉讼案件中，还存在一种举证责任倒置的情况：如果条件（1）专利方法获得的产品为新产品不成立，而条件（2）"相同产品"成立，即可证明专利产品与被告产品为同一产品时，即使专利产品不为"新产品"，原告经合理努力仍然无法证明被告确实使用了其专利方法，且被告使用专利方法的可能性大时，法院可根据具体情况要求被告证明其制造方法不同于专利方法。《最高人民法院关于充分发挥知识产权审判职能作用推动社会主义文化大发展大繁荣和促进经济自主协调发展若干问题的意见》（法发〔2011〕18 号）对此作出了规定，认为当被诉侵权人制造的产品与专利方法制造的产品为同一产品时，原告经合理努力仍无法证明被诉侵权人使用了专利方法，根据案件的情况，结合已知事实和生活经验，能够认定该同样产品经由专利方法制造的可能性很大的，可以适用举证责任倒置。实践中已有案例满足以上三个条件，适用了举证责任倒置。

如在"李成林与深圳市光明创博生物制品有限公司等侵犯发明专利纠纷"一案中〔（2011）鄂民三终字第 31 号〕，对于"一种脱钙人牙基质及其制造方法"的发明专利，原告能够证明被告生产和销售的产品与依其专利方法生产的产品是相同产品。原、被告之间曾签订专利实施许可合同，合作期间，被告利用原告的专利方法生产产品，后因纠纷产生，合作终止。

---

❶ TRIPS 协议第三十四条规定"……成员应当规定，至少在下述情形之一中，若无相反证据，则未经专利权人许可而制造的任何相同产品，均应视为使用该专利方法而获得：（a）如果使用该专利方法而获得的产品系新产品；（b）如果该相同产品有相当大可能是使用该专利方法所制造，而专利权人经合理努力仍不能确定被告使用了该专利方法。"

庭审中，原告经合理努力仍无力证明被告使用了其专利方法。因此武汉中院根据已知案情和事实，并结合日常生活经验，认为："被告仍然使用原告专利方法生产产品的可能性很大，因此应由被告承担其制造方法不同于专利方法的证明责任。被告仅抗辩称其产品制造方法从美国引进，但无法向法院阐明具体的生产方法，且无正当理由拒绝向法院提交其原始的生产操作记录，亦未能提供其他证据佐证其抗辩主张，属举证不能，应该承担不利的法律后果，应认定构成侵权。"后被告不服提起上诉，湖北高院判决驳回上诉，维持原判。

在李成林案中，原告证明了被告制造了相同产品，但经合理努力仍无法证明被告使用了涉案专利方法，加上该案中原被告之前曾签署过专利实施许可合同，根据事实和日常经验，法院判断被告有很大的可能继续使用专利方法生产，举证责任因此发生转移。需要说明的是，由于当前科技的飞速发展，对于同一个产品，往往有多种替代生产的方式，且这些信息也较易获得，若仅是因为原、被告生产的为相同产品、原告难以获得被告生产方法就适用举证责任倒置，可能会导致权利人的权利滥用，也有失公允。因此，在这类案件中原告必须证明被告利用其方法生产产品的可能性大，例如原被告曾经有过业务往来，或是被告曾经接触过原告的生产方法等，法院再根据高度盖然性的标准，来判断是否适用举证责任倒置。

此外，在该案中，法院曾要求被告提交其原始的生产操作记录，被告拒绝提供，且无正当理由，法官也进一步形成了被告可能使用了原告方法的自由心证。《最高人民法院关于民事诉讼证据的若干规定》的第七十五条规定了民事诉讼中的举证妨碍制度，法院做此认定也可认为是举证妨碍在药品专利侵权诉讼中的适用。《专利法》第四次修改首次在专利法律法规中提到了举证妨碍制度，不过仅仅局限在赔偿数额方面，目前尚无在侵权认定中的规定。

⚖ 思考三：如何使用药品审批材料？

一旦满足举证责任倒置的条件，就需要被告证明其产品的生产方法不同于专利生产方法。出于对商业秘密的保护，法院不要求被告提供完整的生产方法，只需提供能够证明其生产方法不同于专利生产方法的某些特征即可。

由于药品研发上市需经国家行政部门的审批，即药品研发生产企业需要向国家行政管理机关提交全套的药品审批资料，其中包括药品生产工艺以及制作药品的操作步骤。但是，在侵权判定时，本文认为，不能直接把药品的审批资料与涉案专利的权利要求进行比对，而是应该根据审批材料、生产记录等，还原实际生产方案，与涉案专利进行比对，由此判断被控侵权方案侵权或不侵权。

判定侵权是否成立，首先要进行侵权比对，而确定被控侵权方案又是侵权比对的前提。《专利法》第十一条规定，"发明和实用新型专利权被授予后，除本法另有规定的以外，任何单位或者个人未经专利权人许可，都不得实施其专利。"换言之，《专利法》意义上的侵权行为是指实施专利的行为，即 11 条后段所述的"不得为生产经营目的制造、使用、许诺销售、销售、进口其专利产品，或者使用其专利方法以及使用、许诺销售、销售、进口依照该专利方法直接获得的产品"的行为。因此，根据专利法原理以及对《专利法》11 条的理解，侵权比对需要"虚实对抗"——权利要求书确定的专利权保护范围（虚），与被控侵权物或被控侵权方案（实）进行比对，看后者是否落入前者的保护范围。具体到药品专利侵权诉讼中，需要确定被控侵权方实际的工艺反应路线（实），用其与专利权保护范围（虚）比对，而不能仅用被控侵权方的文字材料，如药品的审批材料（虚）直接与权利要求（虚）进行比对。目前判例中"虚"与"虚"比对的情况不在少数。此外，由于大规模工业化生产药品的制备工艺步骤繁琐，操作复杂，最终使用的生产工艺通常是在保持基本反应路线稳定的情况下不断优化、调整形成。虽然药品的行政监管贯穿药品注册、生产、上市全过程，但是药品的行政审批更多的关注生产出药品的有效性、安全性，而不会对药品实际生产路线，特别是一些微小的改进过分在意。而这些改进可能正是判定是否侵权的关键所在。由此，实践中审批材料与实际生产工艺路线不一致的情况非常常见，把其直接与权利要求进行比对将有悖于专利法原理。

虽然在实践中还原真实的生产情况比较困难，且不可能完全实现，但法院在审理过程中仍应以查明实际的生产工艺为目标。同样，"完成举证责任"的认定也应该以此为标准，即双方在诉讼中需证明被控侵权方实际使用的生产工艺，才算尽到举证责任。

在证明力方面，由于上文所述的原因使得实际的生产方法常常存在与行政审批材料不一致的情况，故不应该认为行政审批材料有比一般证据更高的证明力，在举证时仍应具体分析其与待证事实（实际生产工艺）的关系，在性质上把它与企业本身的生产记录、生产标准等证据材料同等看待。

1.3 药品专利侵权诉讼中新产品相关举证责任（下）：张喜田案

作　　者　李柳霖 *

指导教师　何　隽

张喜田案是新产品制造方法专利侵权诉讼中的经典案例。最高人民法院在该案中对何为"新产品"，何时适用被告举证责任倒置都有详细阐释。本文对该案进行分析，探究药品专利侵权诉讼中的举证责任的问题。

一、张喜田案

案　号

一审：长春市中级人民法院（2005）长民三初字第 36 号

二审：吉林省高级人民法院（2006）吉民三终字第 146 号

再审：最高人民法院（2009）民提字 84 号

当事人

申请再审人（一审被告、二审上诉人）：石家庄制药集团欧意药业有限公司

被申请人（一审原告、二审被上诉人）：张喜田

二审上诉人（一审被告）：石家庄制药集团华盛制药有限公司

---

　　* 李柳霖，云南普洱人，2017 年获得清华大学法律硕士学位，现就职于中邮人寿保险股份有限公司。硕士论文：《药品专利侵权诉讼研究》。

🔨 基该案情

案件涉及名为"氨氯地平对映体的拆分"的发明专利（专利号：ZL00102701.8），由张喜田于 2000 年 2 月 21 日申请，2003 年 1 月 29 日取得专利权。该专利是制造左旋氨氯地平的方法专利，由左旋氨氯地平可进一步制得马来酸左旋地平、苯磺酸左旋地平等下游产品。2005 年 2 月，专利权人张喜田认为中奇制药技术（石家庄）有限公司、华盛公司、欧意公司生产的马来酸左旋氨氯地平片侵犯专利，要求法院判令被告停止侵权行为。一审法院依据专利法第十一条、第五十七条第二款、第六十条的规定，判令三被告停止对涉案专利的侵害行为。二审法院维持了原判决。欧意公司不服该二审判决，向最高人民法院申请再审。最高法院最终判决撤销一审和二审判决，驳回张喜田的诉讼请求。

二、争议焦点及法院判决

一审中，专利权人张喜田认为欧意公司也制备左旋氨氯地平类药品，必须证明自己的方法不同于专利方法，否则将视为侵权。

长春市中级人民法院一审认为：国内没有上市的药品为"新产品"。虽然辉瑞公司曾于 2001 年 6 月申请并被授予了同为左旋氨氯地平制造方法专利（专利名称"由阿罗地平的非对映酒石酸盐分离其对映体"），但其产品尚未在中国上市，因此涉案专利应为新产品制造方法专利，其保护范围延及至被告生产的马来酸左旋氨氯地平及片剂。因此被告应举证证明其制造马来酸左旋氨氯地平及片剂的方法不同于专利方法。经鉴定，被告提供的方法不能实现拆分氨氯地平的目的，被告也未能证明其产品制造方法不同于涉案专利方法。因此判定被告侵权。二审法院维持了原判决。

最高人民法院再审认为：适用举证责任倒置的前提条件是权利人能够证明依照专利方法制造的产品属于新产品，并且被控侵权人制造的产品与依照专利方法制造的产品为相同产品。**"依照专利方法制造的产品"根据《专利法》第十一条的规定，是指使用专利方法获得的原始产品，而不包括对原始产品作进一步处理后获得的后续产品。**因此，在该案中，从权利要求 1 所记载的内容来看，依照涉案专利直接获得的产品是制造左旋地平的中间产物而非左旋氨氯地平本身。欧意公司所提交的专利方法制造左旋氨氯地平的过程中形成的产物与涉案专利并不相同，不能证明被控侵权产品与涉案专利的产品属于相同产品，因此，在原告无法完成证明产品相同的举证责任时，欧意公司无须承担倒置的举证责任。

三、述 评

张喜田案是 2009 年发布《最高人民法院关于审理侵犯专利权纠纷案件应用法律若干问题的解释》（下简称《解释》）后最有代表性的案件，其明确了审理涉及新产品制造方法专利侵权案例的具体流程，并以案例的形式对《专利法》61 条中的几个关键问题进行了解释。

思考一：如何理解"专利直接获得的产品"

张喜田案中是由法院来认定"依照专利方法直接得到的产品"，但是一、二审法院与最高法院的观点发生了分歧：一、二审法院认为专利方法的最终目的是生产上市产品，而最高法院认为"依照专利方法直接获得的产品"是指使用专利方法获得的原始产品，而不包括对该原始产品作进一步处理后获得的后续产品。

《解释》第十三条规定，"对于使用专利方法获得的原始产品，人民法院应当认定为《专利法》第十一条规定的依照专利方法直接获得的产品。对于将上述原始产品进一步加工、处理而获得后续产品的行为，人民法院应当认定属于《专利法》第十一条规定的使用依照该专利方法直接获得的产品。"

依照此规定，最高法院认为在"新产品"侵权诉讼中，在判断相同产品时，专利方法获得的产品仅包括《解释》十三条中的"依照专利方法直接获得的产品"，而不包括"使用依照该专利方法直接获得的产品"。在《专利法》六十一条未明确规定的情况下，最高法院的对"专利直接获得的产品"的认定可以认为是对《专利法》第六十一条规定的"新产品"举证责任倒置适用范围的限缩。如果对"专利方法获得产品"的范围进行如此限制，则对于新产品举证责任倒置的规定很容易被绕开。

有学者在分析张喜田案时，指出："虽然权利要求 1 的方法是获得中间产物，但是其最终目的是要获得左旋氨氯地平。未写入权利要求 1 的步骤通常被认为是本领域的常规步骤，也是本发明的非必要技术特征"。换言之，一项主题为"拆分左旋氨氯地平的方法"的方法权利要求，不论其通过何种技术手段，形成何种中间体，也不论其是否写入了非必要技术特征，其方法的直接目的都是获得左旋氨氯地平。因此，该方法的直接产品应为左旋氨氯地平，而非哪个中间体❶。上述解释实则超出了权利要求书所要求保护的范围。虽然专利权人乐见于此，但若法院持此态度，则属于对专利权的保护范围的扩大，不利于今后专利纂写质量的提升。

按照最高院的观点，许多现有的药品专利"直接获得的产品"都为原始产品或中间体，而通常原始产品需要经过进一步处理才能够成为上市药品。在此情况下，权利人很难证明被告生产了中间产品或生产该中间产品时使用了专利方法。另外，由于法院认定此类情况不适用举证责任倒置，专利权人的举证难度会进一步加大，这将使得专利权得不到有效合理的保护。因此，如何更合理地解释"专利直接获得的产品"还有待进一步明确。

思考二：如何证明产品是"新产品"？

根据 2009 年的《解释》，证明产品为"新产品"需要证明其在申请日之前没有为公众所知。但"没有为公众所知"是一个消极的事实，证明起来比较困难。张喜田案中原告的做法是**委托专利机构出具专利检索报告，即通常所说的《查新报告》**。委托专利代理机构或专门的检索服务机构出具《查新报告》是目前大部分案例中的做法（但在有的案件中专利代理机构出示的《报告》的证明力受到质疑）。有法官撰文肯定了这一做法，认为专利权人可以出具专利检索报告，此时法院可根据高度盖然性标准，认定产品是否为新产品❷。

在"浙江道明投资有限公司与 3M 公司侵害发明专利权纠纷上诉案"一案中[（2011）沪高民三（知）终字第 73 号]，原告认为专利复审委作出的第 15959 号无效宣告请求审查决定已经确认了原告专利的新颖性、创造性，故其无须再提交证据证明专利产品是新产品。这一请求被上海市高级人民法院驳回，法院认为专利复审委作出的无效宣告请求审查决定不能免除原告的举证责任。这是因为无效宣告请求审查的是产品制造方法的新颖性、创造性，而非产品的新颖性、创造性，两者无直接联系。

此外，在 2009 年《解释》出台之前，曾经有法院认为国家食品药品监督管理局

---

❶　张清奎. 医药专利保护典型案例评析 [M]. 知识产权出版社，2012：333.
❷　陶钧. 方法专利侵权案中新产品认定及举证责任分配 [N]. 中国知识产权报，2013-09-11（8）.

批准的新药可以构成专利法意义上的"新产品"❶。从 2009 年《解释》十七条来看，"新产品"与"新药"的意义是不等同的："新产品"是指"申请日之前不为国内外公众所知"，而"新药"是指"未曾在中国境内上市的药品"，两者差别较大。

近年来，为了配合高新技术的发展，药品行政管理也进行了改革。2015 年国务院变更了新药标准，将新药由现行的"未曾在中国境内上市销售的药品"调整为"未在中国境内外上市销售的药品"，同时在新药的审批资料中增加了"药品专利状态说明"一项。目前情形下仍然不能够以"新药证书"证明涉案药品为"新产品"，但是可以通过审批中的"专利状态说明"与其他证据印证说明涉案药品是否为"新产品"。

关于"新产品"中"新"的标准，现有立法中无明确规定。2012 年"西安秦邦电信材料有限责任公司诉无锡市隆盛电缆材料厂等侵犯发明专利权纠纷再审案"［最高人民法院（2012）民提字第 3 号］中，**最高人民法院认为，"如果一种产品制造方法专利的技术方案给使用该专利方法制造的产品带来了区别于专利申请日前同类产品的新的结构特征，则使用该专利方法制造的产品可以认定为《专利法》第五十七条第二款意义上的新产品"**（该案适用的是 2000 年修改的《专利法》）。

2013 年北京市高级人民法院发布的《专利侵权判定指南》（下称《指南》）规定：**"新产品"是指在国内外第一次生产出的产品，该产品与专利申请日之前已有的同类产品相比，在产品的组份、结构或者其质量、性能、功能方面有明显区别。**北京市高级人民法院《指南》认为新产品与同类其他产品之间的差别达到"明显区别"，但是最高院在案例中明确这种区别达到"区别于专利申请日前同类产品的新的结构特征"即可。目前判例大部分采纳后一种观点，即考虑新颖性标准（排除抵触申请），采用新颖性一对一的比对方法：产品与同类产品比有区别特征即可，而不引入创造性的评价。这一标准也是符合新产品这一问题设计的初衷的。

四、小 结

现有案例已明确"新产品"举证倒置适用的前提在于原告证明：（1）专利方法获得为新产品；（2）被告的产品与专利方法获得的产品为相同产品。

---

❶ 刘元霞. 如何界定医药领域侵权诉讼中的"新产品"［A］. 专利法研究（2007）［C］, 2008：16.

（1）证明"专利方法获得为新产品"：首先应确定什么是"专利方法获得的产品"；然后确定该产品是否为"新产品"。目前对于"专利方法获得的产品"主要由法院认定，最高院在张喜田案中解释为"依照专利方法直接获得的原始产品"。由于药品专利的特殊性，对于"专利方法直接获得产品"的限缩解释不能有效的保护专利权人，相关规定和实践还有待进一步完善。对于"新产品"的确定，实务中主要是通过专业机构出具的《查新报告》来认定，而"新药证书"等尚不能作为证明该产品为"新产品"的直接证据。

（2）证明"被告的产品与专利方法获得的产品为相同产品"：实务中主要是借鉴产品专利侵权判断的标准，即指被控侵权产品的组分、结构或者其质量、性能、功能方面与专利方法所制造出来的产品不存在明显区别，而非绝对的"同一"。这样的标准对于药品专利，特别是化学药品和中药专利来说较为合理。除此之外，在诉讼中"相同产品"的证明还能对案件起到其他关键作用：作用一，"相同产品"成立时，即使不能够证明属于"新产品"，某些条件下也能够适用举证责任倒置；作用二，"相同产品"不成立可直接证明不侵权。

当原告完成上述两项的举证，就由被告对其产品的生产方法不同于侵权产品的制造方法进行举证。在此过程中，被告不需要提供完整的生产方法，只需证明其产品的生产方法与专利方法的生产方法不同即可。被控侵权物的生产方法应以实际的生产方法为准，药品行政管理的相关审批资料可以与之相互印证。

通过案例可发现，目前对于"新产品"类专利侵权诉讼中的大部分问题已经在实务界达成了共识，但考虑到医药领域、药品专利的特殊性，如药品诉讼中司法与行政管理的交织、药品制造方法专利等问题是否存在"延伸保护"等，还需要进一步摸索和完善，以更好地平衡权利人与公共利益的关系，更加有效地促进我国医药领域的发展。

1.4 药品专利侵权诉讼中等同原则的适用：午时药业案

作　　者　李柳霖*

指导教师　何　隽

湖北午时药业与澳诺（中国）制药有限公司、王军社侵犯发明专利权纠纷案经过三审，历时三年半。一审、二审法院均认为被告构成侵权，最高院再审后撤销了一审、二审判决。该案涉及药品同族专利权利要求的解释、药品组合物的侵权判定、禁止反悔原则等问题，对于药品专利侵权纠纷具有典型意义。

一、湖北午时药业与澳诺（中国）制药、王军社侵犯发明专利权纠纷案

🔖 案　号

一审：河北省石家庄市中级人民法院（2006）石民五初字第 00169 号

二审：河北省高级人民法院（2007）冀民三终字第 23 号

再审：最高人民法院（2009）民提字第 20 号

🔖 当事人

申请再审人（一审被告、二审上诉人）：湖北午时药业股份有限公司

被申请人（一审原告、二审被上诉人）：澳诺（中国）制药有限公司

原审被告：王军社，保定市北市区鑫康大药房业主

---

* 李柳霖，云南普洱人，2017 年获得清华大学法律硕士学位，现就职于中邮人寿保险股份有限公司。硕士论文：《药品专利侵权诉讼研究》。

⚖ 基该案情

1995 年 12 月 5 日，孔某某向国家专利局申请"一种防治钙质缺损的药物及其制备方法"发明专利（专利号 ZL95117811.3），并于 2000 年 12 月 15 日被授予专利权，该专利权利要求 1 为："一种防治钙质缺损的药物，其特征在于：它是由下述重量配比的原料制成的药剂：活性钙 4 ～ 8 份，葡萄糖酸锌 0.1 ～ 0.4 份，谷氨酰胺或谷氨酸 0.8 ～ 1.2 份。"2006 年 4 月 3 日，专利权人孔彦平与澳诺制药有限公司（后经工商变更为澳诺（中国）制药有限公司，下称澳诺公司）签订独占许可实施协议。

同年，澳诺公司发现湖北午时药业股份有限公司（下称午时公司）生产并在河北等地广泛销售其产品新钙特牌"葡萄糖酸钙锌口服溶液"。9 月 28 日，经保定市第二公证处公证，澳诺公司在王军社经营的保定市北市区鑫康大药房购买了午时药业公司生产的新钙特牌"葡萄糖酸钙锌口服溶液"2 盒。产品说明书载明的成分为：每 10ml 含葡萄糖酸钙 600mg、葡萄糖酸锌 30mg、盐酸赖氨酸 100mg。国家食品药品监督管理局药品注册批件（批件号：2005S009711）中对该产品的规格也表明为：10ml：葡萄糖酸钙 0.6g、葡萄糖酸锌 0.03g 和盐酸赖氨酸 0.1g。11 月 25 日，澳诺公司向河北省石家庄市中级人民法院起诉午时公司、王军社侵犯了其专利权。一审石家庄市中级人民法院判决侵权成立。午时公司不服，上诉至河北省高级人民法院。在二审过程中，双方除提交"活性钙"概念相关学术文章和活性钙作为食品的标准的证据外，没有提交新的证据。2007 年 12 月 17 日，河北省高级人民法院作出（2007）冀民三终字第 23 号判决，维持一审判决。午时公司不服河北省高院判决，向最高人民法院申请再审。2010 年 3 月 23 日，最高院作出（2009）民提字第 20 号民事判决书，判决撤销河北省石家庄市中级人民法院（2006）石民初字第 00169 号民事判决和河北省高级人民法院（2007）冀民三终字第 23 号民事判决，判定午时公司等的生产、销售行为不构成侵犯专利权。

二、争议焦点及法律意见

最高院认为该案争议的问题主要是：（1）涉案专利权利要求 1 是否为封闭式结构以及对于权利要求 1 中记载的"活性钙"应如何解释；（2）活性钙与葡萄糖酸钙是否等同；（3）谷氨酰胺或谷氨酸与盐酸赖氨酸是否等同。

　　午时公司在答辩中提出了澳诺公司于 2003 年 2 月 19 日曾申请"一种防止或治疗钙质缺损的口服溶液及其制备方法"的发明专利，专利号 ZL03104587.1（简称 587 号专利）。其独立权利要求 1 为：一种防止或治疗钙质缺损的口服溶液，其特征在于它是由下述重量比计的配方和原料制成的制剂：可溶性钙剂 4～9 份，葡萄糖酸锌 0.1～0.4 份，盐酸赖氨酸 0.8～1.2 份。午时公司认为被诉侵权产品与 587 号专利相同，而该专利既然得到授权，说明是有创造性的，并不是涉案专利的等同替换。除此以外，在涉案专利申请公开文本中，其独立权利要求为可溶性钙剂，在第一次审查意见通知书中审查员认为"可溶性钙剂"这个较宽的保护范围没有得到说明书的支持，因而申请人把其中的"可溶性钙剂"修改为"活性钙"，这样的修改产生禁止反悔的效果，被控侵权产品中的"葡萄糖酸钙"不落入涉案专利保护的范围。

　　一审法院委托鉴定机构对被控侵权产品进行鉴定，鉴定结论为被控侵权产品的技术特征与澳诺公司主张的涉案专利构成等同，法院采纳了这一结论，认为午时药业公司未经专利权人许可生产、销售被控侵权产品，构成侵权。关于"禁止反悔"的问题，一审法院认为只有为了使专利授权机关认定其申请专利具有新颖性或创造性而进行的修改或意见陈述，才产生禁止反悔的效果。该案专利权人在专利申请过程中根据专利审查员的意见对权利要求书进行了修改，将独立权利要求中的"可溶性钙剂"修改为"活性钙"，并非是为了使其专利申请因此修改而具有新颖性或创造性，而是为了使其权利要求得到说明书的支持，故此修改不产生禁止反悔的效果。一审法院判决午时公司侵权成立。

　　河北省高级人民法院二审认为：认为涉案专利的申请人对权利要求书进行的修改只是为了使其权利要求得到说明书的支持，并非因此而使其申请的专利具有了新颖性或创造性，故此修改不产生禁止反悔的效果。涉案专利中的"活性钙"和"葡萄糖酸钙"的替换对本领域技术人员来说是显而易见的，故午时公司生产的产品落入澳诺公司独占许可使用的专利权的保护范围，构成侵权。二审法院维持了一审判决。

　　最高人民法院再审认为：首先，权利要求 1 并不属于国家知识产权局制定的《审查指南》（2006 年版）第二部分第十章第 4.2.1 节所列举的"由……组成"、"组成为"等封闭式表达方式的形式，从权利要求 1 与权利要求 2 的限定关系看，权利要求 1 也不是封闭式表达方式。

其次，从涉案专利审批文档中可以看出，专利申请人进行上述修改是针对国家知识产权局认为涉案专利申请公开文本权利要求中"可溶性钙剂"保护范围过宽，在实质上得不到说明书支持的审查意见而进行的，同时，专利申请人在修改时的意见陈述中，并未说明活性钙包括了葡萄糖酸钙，故澳诺公司认为涉案专利中的活性钙包含葡萄糖酸钙的主张不能成立。根据禁止反悔原则，专利申请人或者专利权人在专利授权或者无效宣告程序中，通过对权利要求、说明书的修改或者意见陈述而放弃的技术方案，在专利侵权纠纷中不能将其纳入专利权的保护范围，因此，涉案专利权的保护范围不应包括"葡萄糖酸钙"技术特征的技术方案。

再次，对于谷氨酰胺或谷氨酸与盐酸赖氨酸是否等同问题，587 号专利权人在该专利审批过程中提供的《意见陈述》中称，在葡萄糖酸锌溶液中加入盐酸赖氨酸，与加入谷氨酰胺或谷氨酸的配方相比，前者使葡萄糖酸钙口服液在理化性质上有意料之外的效果，在葡萄糖酸钙的溶解度和稳定性等方面都有显著的进步，国家知识产权局也据此授予了 587 号专利权。可见，从专利法意义上讲，"谷氨酸或谷氨酰胺"与"盐酸赖氨酸"这两个技术特征，对于制造葡萄糖酸锌溶液来说，二者存在着实质性差异。综上，认为被诉侵权产品的"葡萄糖酸钙"和"盐酸赖氨酸"两项技术特征，与涉案专利权利要求 1 记载的相应技术特征"活性钙"和"谷氨酸或谷氨酰胺"既不相同也不等同，被诉侵权产品没有落入专利权的保护范围。午时公司、王军社生产、销售被诉侵权产品的行为不构成侵犯专利权，判决撤销一审、二审判决，驳回澳诺公司诉讼请求。

三、述 评

思考一：同族专利权利要求的解释

同族专利通常是指基于同一优先权文件，在不同国家或地区，以及地区间专利组织多次申请、多次公布或批准的内容相同或基本相同的一组专利文献。随着专利制度的发展以及专利布局的复杂化，同族专利也指同一技术提出的所有相关专利申请所产生的专利文献。依照此定义，该案中的涉案专利与 587 专利就为同族专利。午时公司在答辩时曾提出被控侵权产品与 587 专利相同，587 专利在涉案专利之后申请并获得了授权，因此可证明被控侵权产品不落入涉案专利的保护范围。一审、二审法院认为，被控侵权产品与涉案专利的区别特征可以等同替换，构成侵权。而只要被控侵权产品侵犯了他人在先专利，即构成侵权，午时公司辩称其产品特征与587号专利相同的不侵权抗辩的主张不能成立。法院认为被控侵权产品与涉案专利的区别特征可以等同替换，即可等价于认为587号专利与涉案专利的区别特征可以等同替换，这显然违背了专利法原理。从该案中可以看出，界定同族专利的保护范围、厘清同族专利权利要求的解释规则对此类案件具有重要意义。

同族专利是指基于同一个技术方案的专利文献。遵循通常所用的对专利文献的分析思路，从专利的"背景技术"、"要解决的技术问题"与"技术方案"出发，**本文认为同族专利是指背景技术相同、要解决的技术问题相同、技术方案构思相同、仅在部分特征上有所不同的一组专利文献**。以该案中的涉案专利和587专利为例，两者的背景技术都为"钙质缺损是人们普遍面临的一个医学问题。……针对人体钙质缺损这一问题，人们研制出了各种可食钙剂，如葡萄糖酸钙、乳酸钙、氯化钙等等，但正常人的肠道仅能吸收食入量的3%，因此，虽然很多患者服用钙剂，但由于吸收差而不能达到很好的治疗效果"，要解决的技术问题均为"提供一种吸收快、效果好、服用方便、无毒副作用的一种防止或治疗钙质缺损的药物及其制备方法"，而在技术方案上，涉案专利为"一种防治钙质缺损的药物，其特征在于：它是由下述重量配比的原料制成的药剂：活性钙4～8份，葡萄糖酸锌0.1～0.4份，谷氨酰胺或谷氨酸0.8～1.2份"，587专利为"可溶性钙剂4～9份，葡萄糖酸锌0.1～0.4份，盐酸赖氨酸0.8～1.2份"，区别特征仅在于前者为"谷氨酰胺或谷氨酸0.8～1.2份"，而后者为"盐酸赖氨酸0.8～1.2份"，故本文认为该案中的涉案专利与587专利为典型的基于同一技术方案的同族专利。

想要界定同族专利的保护范围还需要回到专利文献本身。2001年出版的《审查指南》第二部分第二章2.2.3节指出："在说明书涉及背景技术的部分中，还要客观地指出背景技术中存在的问题和缺点，但是，仅限于涉及由发明或者实用新型的技术方案所解决的问题和缺点。"结合专利法原理，我们不难得出，"背景技术"、"要解决的技术问题"和"技术方案"有逻辑上的递进关系——"背景技术"应该指出目前现有技术的缺陷、"要解决的技术问题"正是基于这一缺陷提出问题、"技术方案"是针对这些缺点或不足提出的解决方案。从同族专利的定义我们知道同族专利的"背景技术"和"要解决的技术问题"相同,"发明构思"相同,仅在技术方案的部分特征上有略微差别。专利并不保护发明构思,而是保护权利要求书中所呈现的具体的、确定的技术方案。对于同族专利来说,发明人在发明时,很难穷尽同一技术构思下的所有情况,这为后续的创新留下了可能性,也符合客观规律。在解释权利要求时,我们可结合说明书等材料尽量去探究发明人的真意,从而使权利要求书解释的最大范围不能超过"折中"解释所能确定的范围。对于同族专利来说,特别是对于同一发明人或是具有相关关系的发明人来说,同族专利的产生正是由于发明人在申请专利时并未想到技术方案还具有其他实施方法或是在专利申请时基于某种原因"放弃"了其同族专利中的技术方案。因此,在这一问题上,我们应该避免犯"事后诸葛亮"的错误。**无论发明人基于何种原因未在其权利要求书中写入基于同一技术的同族专利,均可以认为发明人的权利要求不包含其同族专利所要求保护的范围,即基于同一技术方案的同族专利之间的区别特征也不可能构成等同,保护范围也不可能存在交叉。**因此,根据专利法原理,该案中涉案专利与587专利不可能构成等同,其保护范围也不可能存在交叉。

⚖️ 思考二:等同原则和禁止反悔

禁止反悔原则作为等同原则的限制,对平衡专利权人利益和公共利益具有重要作用。禁止反悔原则最早规定在2001年9月29日北京市高级人民法院《专利侵权判定若干问题的意见(试行)》(下称《意见》)中,其四十三条规定:"禁止反悔原则,是指在专利审批、撤销或无效程序中,专利权人为确定其专利具备新颖性和创造性,通过书面声明或者修改专利文件的方式,对专利权利要求的保护范围作了限制承诺或者部分地放弃了保护,并因此获得了专利权,而在专利侵权诉讼中,法院适用等同原则确定专利权的保护范围时,应当禁止专利权人将已被限制、排除或者已经放弃的内容重新纳入专利权保护范围。"2009年12月28日最高人民法院颁布的《最高人民法院关于审理侵权专利权纠纷案件应用法律若干问题的司法解释》(法释〔2009〕21号)(下称《司法解释》)首次在司法解释中对禁止反悔进行规定:**"专利申请人、专利权人在专利授权或者无效宣告程序中,通过对权利要求、说明书的修改或者意见陈述而放弃的技术方案,权利人在侵犯专利权纠纷案件中又将其纳入专利权保护范围的,人民法院不予支持"。**这一规定扩大了禁止反悔原则的适用范围,即无论申请人处于何种原因、被动还是主动地放弃技术方案，人民法院在审理过程中均不能再将其列为保护范围。在该案中，禁止反悔原则被最高院以案例的形式再一次明确：对于专利申请人、专利权人所作的限制性修改或是意见陈述，不论该修改或者意见陈述是申请人或是权利人主动还是应审查员的要求作出的，不论其是否与专利授权条件具有法律上的因果关系以及是否被审查员最终采信，均不得反悔。有学者也因此提出了我国的禁止反悔是"刚性"的这一说法❶。

北京市高级人民法院《意见》中进一步规定了禁止反悔原则的适用条件："适用禁止反悔原则应当符合以下条件：（1）专利权人对有关技术特征所作的限制承诺或者放弃必须是明示的，而且已经被记录在专利文档中；（2）限制承诺或者放弃保护的技术内容，必须对专利权的授予或者维持专利权有效产生了实质性作用"。其中（2）中的规定已经被最高院的《司法解释》所取代，而（1）仍然是当前法院适用禁止反悔原则的条件之一。

关于等同原则和禁止反悔原则适用的先后顺序，北京市高级人民法院《意见》四十四条规定，"当等同原则与禁止反悔原则在适用上发生冲突时，即原告主张适用等同原则判定被告侵犯其专利权，而被告主张适用禁止反悔原则判定自己不构成侵犯专利权的情况下，应当优先适用禁止反悔原则"。本文认为，这样的适用顺序存在一定问题。禁止反悔原则是对专利等同侵权的限制，是在长期的专利侵权审判实践中逐步建立起来的，为了防止发生专利权人在审批过程中对专利权保护范围进行限制，到了侵权诉讼时，又试图取消所作限制的制度设计。作为限制等同侵权原则的制度设计，禁止反悔原则只有在等同侵权中才能适用。换言之，**在专利侵权案件中，应首先判断被控侵权专利是否字面侵权，若不存在字面侵权，再考虑是否存在等同侵权。仅有在等同侵权的情况下，才能够适用禁止反悔原则来进一步判断侵权是否成立。**因此，在该案中，应首先判断被控侵权产品是否构成对涉案专利的侵权，仅有在等同侵权成立的情况下，才有禁止反悔原则适用的余地。

思考三：药品组合物的侵权判定

药品专利大多以组合物的形式呈现，确定组合物的保护范围以及判断组合物是否落入专利保护范围往往成为许多药品专利诉讼的争议焦点。确定组合物的保护范

---

❶ 尹新天，专利权的保护［M］. 北京：知识产权出版社，2006：456-474。

围，实践中应首先区分专利权利要求属于开放式或是封闭式的权利要求。国家知识产权局制定的《审查指南》(2006 年版) 第二部分第十章第 4.2.1 节列举了组合物权利要求的开放式、封闭式的表达形式：开放式权利要求常用措辞如"含有""包括""包含""基本含有""本质上含有""主要由……组成""主要组成为""基本上由……组成""基本组成为"等；封闭式权利要求的措辞为"由……组成""组成为……""余量为……"。该案中涉案专利权利要求 1 中的"由……制成"的措辞，《审查指南》并未明确规定，还需在具体案例中具体分析。最高院根据从属权利要求与独立权利要求的关系，认为权利要求 2 一般是对权利要求 1 的进一步限制，而权利要求 2 明显含有其他组分，由此推出权利要求 1 应当理解为开放式的权利要求。本文认为，对于没有明确规定的权利要求的表达形式，应该根据专利申请文件来整体确定。例如可根据专利说明书中的说明或实施例的情况来进行分析，或分析主权利与从属权利要求之间的关系，探究专利权人当时的真意，避免对专利权人保护的偏离。

被控侵权产品与涉案专利各组分的侵权比对也为药品专利侵权诉讼的关键所在。根据专利法原理以及对《专利法》十一条的理解，侵权比对讲究"虚实对抗"，需要用被控侵权的产品的实际组成成分（实）与专利权保护范围（虚）比对，而不能仅用被控侵权方的文字材料例如药品的审批材料（虚）直接与权利要求（虚）进行比对。比对的步骤同样分为两步，即首先进行字面侵权的比对，然后再进行等同侵权的比对。

在比对过程中需要注意权利要求中标示了各组分含量的情况。若被控侵权产品的组分含量明显不在标示的范围之外，则不构成侵权。但若被控侵权产品的各组分的含量与涉案专利有交叉，或是含量在标示范围之外，但又接近于该范围的边缘时，由于药品用量较为精细，本文认为不能够轻易地根据相差范围的大小来判定是否侵权，而是应该根据等同原则进行判断，即当同时满足《意见》三十四条所述：(1) 被控侵权物中的技术特征与专利权利要求书中的相应技术特征相比，以基本相同的手段，实现基本相同的功能，产生了基本相同的效果；(2) 对该专利所述领域的普通技术人员来说，通过阅读专利权利要求书和说明书，无需经过创造性劳动就能够联想到的技术特征两个条件时，可判定构成侵权。在传统的等同原则的基础上，《意见》增加了须满足区别特征无需本领域人员创造性就能联想到这一特征，进一步明确了等同原则使用的条件，限缩了等同原则的使用。本文认为，药品组合物的等同侵权用上述两个条件来判断是较为合理的，特别是对于第二个条件，应该深刻理解。例如，中药讲究配伍，即君臣佐使的使用，每一味药药量的微小变化就会改变整副药的特性。因此，对于这一类专利案件，应该慎重考虑被控侵权方案与涉案专利的区别是否是"普通技术人员无需经过创造性劳动就能联想到的技术特征"。而对于某些化学原料药，药品中添加辅料，如溶解剂、崩解剂、润滑剂等的改变通常不会对药效造成较大影响，更换辅料的种类和量在许多情况下也是普通技术人员无需经过创造性劳动就能联想到的技术特征，这样的替换就构成等同侵权。

四、小 结

该案从同族专利的权利要求的解释、禁止反悔原则的适用等方面，对药品专利侵权诉讼中等同原则适用的关键问题进行了深入的论述，并对此类案件的审理进行了梳理。基于同一技术的同族专利的定义和原理决定了其保护范围相互排斥，在案件中务必厘清其保护范围之间的关系。在明确涉案专利保护范围之后，需要进行侵权比对。首先判断被控侵权专利是否字面侵权，若不存在字面侵权，则考虑是否存在等同侵权。仅有在等同侵权的情况下，才有适用禁止反悔原则的余地。在比对过程中，需要"虚实对抗"，即用实际产品与权利要求书进行比对。由于药品用量较为精细，在比对过程中不能根据相差量的多少轻易下结论，而是应该回归等同原则，从整体上判断区别含量是否构成等同特征，从而判断是否构成侵权。

1.5　等同原则在药品变劣发明侵权判定的适用：华生案、豪森案

作　　者　张虹颖 *

指导教师　何　隽

　　等同原则是指如果某一技术特征和权利要求书中记载的特征相比，在该领域的普通技术人员看来能够以实质相同的方式，实现实质相同的功能，并产生实质相同的效果，则该特征就是权利要求书的"等同特征"❷。变劣发明是指通过省略或者替换专利技术的技术特征，从而降低技术效果的发明。本文以两个关于药品的侵权案例为切入点，探讨被诉侵权的专利技术是否是变劣发明，如何通过等同原则判断变劣发明是否侵权，以及分析等同原则在药品变劣发明侵权判定的适用条件及需要考虑的因素。

一、华生制药与礼来关于奥氮平专利纠纷案 ❸

⚖ 案　号

一审：江苏省高级人民法院（2013）苏民初字第 0002 号

二审：最高人民法院（2015）民三终字第 1 号

⚖ 当事人

原告：礼来公司（Eli Lilly and Company）（又称伊莱利利公司）

---

　*　张虹颖，海南文昌人，2017 年获得清华大学理学学士学位，现为清华大学清华—伯克利深圳学院数据科学和信息工程专业硕士研究生。

　❷　王迁. 知识产权法教程［M］. 北京：中国人民大学出版社. 2015：374.

　❸　礼来公司与常州华生制药有限公司侵害发明专利权纠纷二审民事判决书

被告：常州华生制药有限公司（以下简称华生公司）

🔖 基该案情

礼来公司拥有涉案 91103346.7 号方法发明专利权，涉案专利方法制备的药物奥氮平为新产品。2003 年 9 月 29 日，礼来公司向江苏省南京市中级人民法院（南京中院）起诉华生公司侵害该案涉案专利权，该院于 2008 年 4 月 7 日作出一审判决，驳回礼来公司的诉讼请求。礼来公司提起上诉，江苏高院于 2011 年 12 月 19 日作出（2008）苏民三终字第 0241 号终审判决，以华生公司举证不能为由判定华生公司侵权成立。

2013 年 7 月 25 日，礼来公司向江苏高院诉称华生公司的侵权行为一直在持续，并要求华生公司赔偿礼来公司经济损失人民币约 1.5 亿元，江苏高院再次以华生公司举证不能为由判定华生公司侵权成立，赔偿 350 万元人民币。礼来公司和华生公司均不服一审判决，向最高人民法院提起上诉，最高人民法院通过对比两家公司制备奥氮平的技术路线，认为华生制药的技术路线未构成被诉专利的等同特征，因此最高院作出华生制药未侵权之判决。

🔖 争议点及法院判决

该案件争议焦点之一是华生公司奥氮平制备工艺是否落入涉案专利权保护范围。

江苏高院前案认为：

华生公司生产奥氮平的方法落入涉案方法专利权的保护范围。因为涉案方法专利涉及的奥氮平属于新产品，华生公司依法应当就其生产奥氮平的方法不同于涉案专利方法承担举证责任。由上海市科技咨询服务公司出具的《技术鉴定报告书》却证明，华生公司 2003 年在药监局的备案的工艺无法生产奥氮平，因此华生公司依法应当承担举证不能的法律后果。

江苏省高级人民法院一审认为：华生公司在前案中主张其是按照 2003 年向国家药监局备案资料中记载的工艺进行生产，但由于涉及商业秘密的内容未披露，导致鉴定专家得出该工艺无法生产奥氮平的结论。然而在该案中，华生公司又主张其自 2003 年至今一直使用 2008 年补充报备工艺进行生产。江苏高院一审未采纳华生公司前后不一致的陈述。

其次，从华生公司 2010 年向药监局补交变更工艺的说明及解释内容未能说明生产工艺较 2003 年有实质性改变。最后，华生公司未能证明提交的生产记录等证据与 2008 年备案工艺一致，未指明何种具体工艺的变更克服了 2003 年备案工艺中的哪些缺陷，从而导致其生产工艺发生实质性变更，进而证明其 2008 年备案工艺具有可行性。综上，华生公司关于其不侵权的抗辩主张不能成立。

最高人民法院二审认为：根据涉案专利权利要求，判定华生公司奥氮平制备工艺是否落入涉案专利权保护范围，关键在于两个技术方案反应路线的比对，而具体的反应起始物、溶剂、反应条件等均不纳入侵权比对范围。

对比华生公司奥氮平制备工艺的反应路线和涉案方法专利，二者的区别在于反应步骤不同，关键中间体不同。华生公司相比礼来公司在技术路线中增加了苄基化反应步骤和脱除苄基的反应步骤，由于这些步骤的增加导致华生公司在终产物收率方面会有所减损，因此两个技术方案的技术效果存在较大差异。

据此，最高人民法院认为华生公司的奥氮平制备工艺，与涉案专利方法是不同的，相应的技术特征也不属于基本相同的技术手段，达到的技术效果存在较大差异，未构成等同特征。因此，华生公司奥氮平制备工艺未落入涉案专利权保护范围。

二、豪森与伊莱利利关于吉西他滨及吉西他滨盐酸盐专利纠纷案[1]

🔷 案　号

一审：江苏省高级人民法院（2008）苏民三初字第 001 号

二审：最高人民法院（2009）民三终字第 6 号

🔷 当事人

原告：礼来公司（Eli Lilly and Company）

被告：江苏豪森药业股份有限公司

🔷 基该案情

礼来公司拥有三项关于抗癌药品吉西他滨及吉西他滨盐酸盐发明专利，三项专

---

[1] 礼来公司、江苏豪森药业股份有限公司侵犯发明专利权纠纷一案

利构成生产制备吉西他滨盐酸盐和吉西他滨的完整技术方案。专利一是取得中间体 β 异头物富集的核苷的方法。专利二是提纯和分离富含 β 异头物核苷的混合物的方法。专利三是制备吉西他滨盐酸盐的方法。

2001 年 4 月 13 日，礼来公司向江苏省高级人民法院提起诉讼称，豪森公司未经许可，自 2000 年起使用涉案专利方法制备了吉西他滨和吉西他滨盐酸盐，构成专利侵权。

鉴定认为豪森公司所处理的关键混合物、反应物与脱保护物质均不同于涉案专利，因此江苏省高级人民法院驳回伊莱利利的上诉。伊莱利利公司不服原审判决，向最高院提起上诉，最高院采信一审的鉴定结论，维持原判。

⚖ 争议点及裁判认为

该案件争议焦点之一：被诉侵权制备方法是否落入专利二和专利三的保护范围（专利一在审理过程中已被无效）。

江苏省高院一审认为：

专利二是提纯和分离 β 异头物核苷富集的混合物的方法，豪森和伊莱利利的分离纯化过程一致，但是豪森公司提纯前产物是 α 异头物核苷富集的混合物，两种方法所处理的关键混合物不同，认可被诉侵权技术与专利二不相同的技术比对结论。专利三与豪森公司生产方法在反应物与脱保护物质上均不同，两方案不相同。

最高人民法院二审认为：

在上诉最高院时，礼来公司认为豪森公司使用了复杂昂贵的 S_N2 反应路线，以销毁超过一半的可直接用于制备抗癌药物的原料，以达到最大限度地生产杂质（ α - 吉西他滨盐酸盐）的目的。由于该方法的目标产物仍然基本上是纯的 β 异头物富集的抗癌药物，因而被上诉人这种制备方法是典型的改劣设计。

最高人民法院二审认为：专利二的独立权利要求 1 限定了其反应物是 β 异头物富集的核苷，豪森公司的中试工艺中 $11\alpha/11\beta$ 的比例记载为 1.15∶1，故提纯和分离前的反应物应当属于 α 核苷富集的混合物。被诉侵权制备方法进行提纯和分离的反应物并非专利二限定的 β 异头物富集的核苷，没有落入专利二的保护范围。

专利三使用的有机胺脱保护，被诉侵权制备方法采用氨气进行脱保护。根据专利三说明书记载的内容表明使用氨气作为脱保护物质，是专利三优先权日之前的现有技术，不应当将现有技术通过等同原则纳入专利三的保护范围。

礼来公司与豪森公司制备盐酸吉西他滨产品的前八步反应路线是相同的，区别在于礼来公司在第八步反应获得 $10\alpha/10\beta$ 混合物后，先对该混合物进行纯化，以获得 α 异头物富集的核糖，纯化后进行后续制备过程。豪森公司在第八步后，没有对其中的 10α 核糖进行分离纯化，直接进行第九步反应，以制备 β 核苷（11β），并未采用专利二及专利三的技术特征制备吉西他滨盐酸盐。最高人民法院不支持上诉人礼来公司以技术变劣为由主张专利侵权的理由。

三、述　评

思考一：变劣发明的定义

变劣发明是指通过省略或者替换专利技术的技术特征，降低技术效果的发明，而且变劣行为与技术效果的降低应该要具有因果关系。[1] 变劣发明一般有省略变劣和替换变劣这两种形式，省略变劣是省略了专利的技术特征并降低了技术效果；替换变劣是对专利技术特征进行了替换或者变更，这种改变导致技术效果变差。然而在药品的判断中，变劣发明的认定是比较困难的。制药的技术路线烦琐，其中溶剂、温度、保护剂等多种因素都会对最后的技术效果产生影响。在实际的案例中，信息披露不足，有时候难以判断技术效果是否降低，并且与变更的技术特征有因果关系。

案例一中，华生公司的奥氮平制备工艺是否是变劣发明呢？涉案专利采用的是"二步法"：（1）仲胺化合物闭环生成三环化合物。（2）三环化合物与N-甲基派嗪反应生成奥氮平。华生公司实际上在制备工艺上是增加了两步，是"四步法"，增加的两步采用了有机化学中常见的苄基化和脱苄基的保护胺基的现有技术。奥氮平的技术路线为：①苄基化仲胺化合物，得到苄基化物；②苄基化物闭环反应，生成苄基化的三环化合物；③苄基化的三环化合物与N-甲基派嗪反应，生成缩合物；④缩合物脱苄基，制得奥氮平。

---

❶ 刘晓军. 变劣行为侵犯专利权之研究 [J]. 知识产权，2006，16（4），23

在对变劣发明的认定，可以从三个方面来判断：技术效果是否降低，技术效果的降低是否与技术的改变有因果关系，原有的必要技术特征是否实施。有机反应中，官能团的保护的作用是为了减少副反应产物，提高目的产物的收率。然而由于反应步骤的增加，在华生公司的工艺中，产物的收率是下降的。另外，对官能团的保护虽然关键，但不是主要的反应路线，对能否合成奥氮平不形成决定性作用，尤其是在涉案专利未涉及到基团保护，仍旧能生产收率较高的奥氮平时，表明原有的技术特征的实施才是必要且关键环节。因此，即使华生公司增加了反应步骤，但由于技术核心依然是涉案专利核心反应，且经过基团保护后产率降低，因此是一种变劣发明。

案例二中，法院不支持以技术变劣为主张的专利侵权理由，但是豪森公司的工艺是否属于变劣发明？

首先，礼来公司与豪森公司在前八步的路线相同，然而豪森公司省略了第八步反应产物 $10\alpha/10\beta$ 混合物纯化步骤，导致第九步反应产物 $11\alpha/11\beta$ 中 α 核苷（11α）占主要成分，从而规避掉专利二权利要求 1 中对反应物是 β 异头物富集的核苷的要求。礼来公司主张该工艺的目标产物依然以 β 异头物富集的抗癌药物为主，但是在工艺流程中却最大限度地生产杂质（α - 吉西他滨盐酸盐），属于典型的变劣设计。豪森公司辩称被诉侵权方法不是改劣设计，而是具有其自身的优点，更适合工业化生产，但没有列举具体理由。

在此可以看出豪森公司的中试工艺实际上是在专利一的技术方案上省略了纯化步骤，直接影响到了专利一产物中的 α/β 不同比例。单纯针对专利一（中间体 β 异头物富集的核苷制备）来说是一个典型的省略型的技术方案。该省略方案直接导致专利一反应产物的 $11\alpha/11\beta$ 比例的明显区别。

根据一审的鉴定结果表明："专利一的目的是选择性的制备 β 异头物富集的核苷，其反应物之一为 α 异头物富集的糖；根据豪森公司的工艺步骤，其反应物应为 β 异头富集的糖。因此两者方法的关键反应物不同，生产效果不同，两方案不同。"

由此可见，如果豪森公司的目的也是选择性的制备 β 异头物富集的核苷，则该省略方案就是变劣发明。但是由于专利一只是完整药物技术方案的一部分，而该药物有其他不同于被诉专利的制备方法，不能判断豪森公司在前八步的技术目的。在该案中没有提及到专利二、专利三的技术效果，在此也没有更多的信息显示豪森公司的中试工艺工业化生产的优势，因此也不能从整体的技术方案来判断是否为改劣设计。

思考二：变劣发明的侵权判定

关于变劣发明是否应该认定为侵权，用何种原则判定侵权，在国内外有诸多争议。

国外的判决观点：

美国主张根据等同原则对变劣发明进行侵权认定。美国在 1950 年的 Graver 案中确立了等同原则的应用方法：依据功能—方式—效果这三要素进行判断，并且考虑是否本领域普通技术人员在被诉侵权行为发生时无需经过创造性劳动就能够联想到的专利中不存在的特征。在 1997 年 Hilton 的判例中，美国采用根据全部技术特征是否等同进行侵权判定的方法，摒弃了"整体等同"的原则。而等同原则的适用得到包括中国在内的许多国家的借鉴。

由于省略技术特征，对于省略型的变劣发明，美国适用于等同原则，通常不认定为侵权。对于替换型的变劣技术发明，经过美国对多起案件的判决来看，简单技术改变专利原有方案是被认定为侵权的。最典型的案例是来川公司案例，专利说明书给出了比例为链环距离和链环宽度是 1.06：1 的技术方案，被控侵权专利是 1.35：1 的方案。美国法院认为被控侵权专利的技术特征同样是为了实现降低传送带弯曲度和增强抗切强度的功能，即使技术效果略差也应该适用等同原则认定侵权。❶

英国认为变劣发明不构成等同侵权，一是专利申请人为了通过专利审查和降低专利未来被无效的风险，在确定权利要求时主动地放弃了一些劣质方案，如果对技术变劣方案进行保护，则无形扩大了专利权人的保护范围，这损害了公共利益。二是英国技术领域的普通人员不会将技术变劣方案等同于权利要求的替代方案。❷

我国的判决观点：

对省略发明，《最高人民法院关于审理侵犯专利纠纷案件适用法律若干问题的解释》第七条表明，人民法院判定被诉侵权技术方案是否落入专利权的保护范围，应

---

❶ 代欣. 等同原则在变劣技术侵权案件中的适用 [D]. 华南理工大学，2014：23.

❷ 王鑫磊. 变劣发明技术是否构成侵权分析 [D]. 兰州大学，2015：13.

当审查权利人主张的权利要求所记载的全部技术特征。缺少权利要求记载的一个以上的技术特征，或者有一个以上技术特征不相同也不等同的，人民法院应当认定其没有落入专利权的保护范围。因此，省略发明由于缺少某些技术特征，而不符合全面覆盖原则，不能判定为侵权。

对于替换型发明，我国司法界普遍采取等同原则进行侵权判定。在判断华生公司奥氮平制备工艺的反应路线和涉案方法专利的区别时，最高法院采取了等同原则进行判定。该案的判决书引用了《最高人民法院关于审理专利纠纷案件适用法律问题的若干规定》第十七条第二款规定，对两种技术路线进行对比。第十七条第二款规定："等同特征，是指与所记载的技术特征以基本相同的手段，实现基本相同的功能，达到基本相同的效果，并且本领域普通技术人员在被诉侵权行为发生时无需经过创造性劳动就能够联想到的特征。"

最高人民法院认为，手段上，两种技术路线体现在两个技术反应步骤的不同，华生公司增加了苄基保护的技术手段。功能上，苄基保护的三环还原物中间体与未加苄基保护的三环还原物中间体在化学反应特性上存在了差异，体现在 N-甲基哌嗪会和三环还原物上 Q 基团和胺基 -NH- 不期望的取代反应，经过苄基保护的胺基则不发生该反应。因此，实现的功能存在不同。技术效果上，两个技术方案的奥氮平收率明显存在高低之分，显然不同。最后，即使华生公司的苄基保护胺基属于公知常识，但由于最后的技术效果不同则不能判定采用的技术手段相同。最高人民法院根据等同原则判定不侵权的原因有二：一是新的反应路线有实质的改变——避免了一种可能存在的副反应；二是明显不同的技术效果——与专利方案的产率差距明显。

另外，在适用等同原则时，我国采用了"全部技术特征是否等同"，而不是"整体技术方案等同"的原则。在豪森和伊莱利利的案件中，伊莱利利主张豪森采用了整体技术变劣的方案，在专利一被无效的情况下，专利一中的省略步骤导致了专利一的产物与专利二权利要求的反应物不同，专利二权利要求 1 限定了其反应物是 β异头物富集的核苷，而证据表明豪森在专利一中获得的产物以 α 异头物富集的核苷，因此不满足专利二全部技术特征，法院不认定对专利二的侵权。接着，法院认为豪森采用了现有技术，不落入专利三的保护范围。因而判定豪森公司对专利二、专利三不构成侵权，从而不支持伊莱利利以技术变劣的侵权理由。

思考三：等同原则的适用条件分析

按照《最高人民法院关于审理专利纠纷案件适用法律问题的若干规定》第十七条第二款规定，等同原则即包括"三个基本相同"和创造性。有学者认为变劣发明与等同原则的条件不符，不应该适用等同原则进行侵权判定。❶ 有学者认为广义的等同原则可以将变劣行为纳入考虑范围。❷ 目前来看，等同原则是现在唯一能判定变劣发明侵权适用条款。考虑到专利权人的利益，不应该对变劣发明放任自流，完全由市场来淘汰。但是，如果贸然将等同原则的含义扩大，不加区别地用来进行变劣发明的侵权判定，会打击反向工程的积极性，损害公共利益。因此，为了平衡专利权人和公共的利益，等同原则在判定变劣发明侵权时需要考虑一些条件：

（1）考虑变劣程度来判断是否根据等同原则认定侵权。

我国对等同特征的解释为：在手段、功能和效果上基本相同。"基本"一词为判断两种技术特征是否等同预留了较大空间。因此，运用等同原则判定变劣发明具有一定合理性。在技术效果轻微变劣的情况下，被控侵权方案与专利方案不存在明显的超出"基本"包含的范围，则可以适用等同原则作为判定侵权的理由。例如药品的有效成分的对比，98%和95%。如果技术效果明显变劣，那么等同原则就不应该再适用。❸ 否则，像英国所表述的观点一样，会在无形之中增大专利的保护范围，增加专利权人的权利而损害公共利益。

在这种情况下，市场选择是比较好的筛选手段。因此，对"基本"的判断标准应该是该款产品的使用者能够明显区分出两种产品的优劣。变劣技术方案的生产成本可能会比原有专利低，因为省略了某些步骤。因此产品的价格较低，效果较差，与原有产品针对的不是同一个目标消费人群，因而对专利权人的利益损害有限，同时还可满足公众对廉价产品的需求。变劣技术方案的生产成本可能会比原有专利高，而产率却降低了，例如华生制药公司增加保护基团这一步骤。所以，华生制药的奥氮平售价可能会高，但同时效果减少，市场会对这些产品进行调节。因此，当变劣技术方案变劣程度明显到市场能有效区分，则可能通过市场对产品进行筛选和淘汰。

---

❶ 赵克. 浅谈等同原则在变劣发明侵权诉讼中的适用. 广西政法管理干部学院学报, 2010, 25 (2), 84.

❷ 刘晓军. 变劣行为侵犯专利权之研究. 知识产权, 2006, 16 (4), 26-27.

❸ 代欣. 等同原则在变劣技术侵权案件中的适用 [D]. 华南理工大学, 2014: 30.

（2）考虑对等同原则的限制条件——以现有技术抗辩为例。

等同原则的不当使用会扩大专利权人的受保护范围，使公共利益受到损害。即使在等同原则的发源地——美国，对等同原则的使用也趋于保守。为了防止等同原则的滥用，出现了一些对等同原则进行限制的条件，包括现有技术，禁止反悔原则，多余指定原则，捐献原则等抗辩理由来防止等同原则的滥用。

一般来说，专利在创造性、新颖性和实用性上均优于现有技术，当使用现有技术进行替换，就会出现技术效果不如专利技术的情况，这也是变劣发明的形成原因之一。因此现有技术抗辩是被诉侵权的变劣技术方普遍采取的抗辩措施。

从豪森和礼来公司案例来看，涉及的专利三是制备吉西他滨盐酸盐的方法。专利三使用有机胺脱保护方法，被诉侵权制备方法采用氨气进行脱保护。根据专利三说明书记载的内容，使用氨气作为脱保护物质是专利三优先权日之前的现有技术，不应将现有技术通过等同原则纳入专利三的保护范围。在该案例中，甚至没有考虑两个方案的技术效果是否一致。因此对于变劣发明，如果改变的变劣方案采取了现有技术进行替换，即使实现的功能相同，由于实现手段的差异，也不能通过等同原则进行侵权判定。

（3）考虑专利法之外的因素。

等同原则的使用，由于概念的模糊导致在侵权判定时充满着很大的争论空间。除了针对具体案件内容之外，还应关注一些专利法之外因素，用以衡量使用等同原则判决的松紧度。对于药品行业来说，我国目前制药行业现状、创新特点和其它关于药品的规定是法律之外需要考虑的因素。

中国作为世界第二大医药市场，95%的药品批准文号是仿制药。2007年之前，由于仿制药的审批混乱，监管不足，导致大量粗制滥造的仿制药上市。仿制药是指和原研药在剂量、安全性、效力、质量、作用和适应症相同的替代品。然而目前我国仿制药在安全性和有效性上远比不上原研药，因此医院对仿制药的使用慎之又慎，原研药在专利到期后依然能保持着居高不下的药价。

为了提高我国制剂水平，加快医药产业的转型和提高国际竞争力，2016年3月5日，国务院办公厅正式公布《关于开展仿制药质量和疗效一致性评价的意见》，全面展开针对已上市仿制药质量和疗效一致性评价工作。一致性评价的评价内容包括从药学（活性成分，剂型，适应症）、生物过程（药物在人体代谢过程）和治疗效果，

来评价仿制药和原研药的差距。❶

　　考虑到我国目前的制药行业现状，对于等同原则用于药品变劣发明应该采取保守态度。首先，我国药品行业依然处于技术模仿和赶超的阶段，在这一阶段不能盲目扩大等同原则在药品改劣发明侵权判定的适用范围，否则会对我国药品逆向工程带来阻力，不利于我国药品行业的发展。其次，放宽药品的变劣发明的侵权判定不对我国仿制药质量造成明显影响。药品变劣发明在认定上存在一定困难，而且只是从技术效果来判断是否变劣发明，从产率，杂质成分等方面不能全面细致地比较仿制药和原研药。而仿制药一致性评价的实施，即对仿制药和原研药进行从体外药学、生物效用到治疗效果的评价，更能把控仿制药的质量，因此不需要过分地放宽等同原则来限制药品的改劣发明。

　　❶　杜爽, & 梁毅.（2017）. 仿制药一致性评价与全面质量管理一体化的解析. 中国卫生政策研究，10（8），40-41.

1.6　使用方法专利的拆分侵权问题：西电捷通诉索尼案

作　　者　陈　桥*

指导教师　何　隽

　　美国联邦最高法院在 Akamai 一案 ❷ 中明确了方法专利的拆分侵权是需要以直接侵权的成立为前提的，这也是美国最高法院首次针对方法专利拆分侵权表明态度。但针对该问题，中国法院目前仍未有一个明确的处理态度。北京知识产权法院在西电捷通诉索尼中国案中对该问题作出了一定的回应，即法官在判决中写到："一般而言，间接侵权行为应以直接侵权行为的存在为前提。但是，这并不意味着专利权人应该证明有另一主体实际实施了直接侵权行为，而仅需证明被控侵权产品的用户按照产品的预设方式使用产品将全面覆盖专利权的技术特征即可"。二审中北京市高级人民法院支持了对"间接侵权应以直接侵权行为的存在为前提"的突破，但却相反地否认了拆分侵权的认定，认为其会扩大对权利人的保护。该案中，对于拆分侵权问题的处理，一审的激进突破与二审的保守回归，与 Akamai 一案相当类似。

一、西安西电捷通无线网络通信股份有限公司与索尼移动通信产品（中国）有限公司侵害发明专利权纠纷案

⚖ 案　号

一审：北京知识产权法院（2015）京知民初字第 1194 号

---

　　*　陈桥，湖北武汉人，2017 年获得清华大学法学院法律硕士学位，完成国际知识产权项目并获得学业证书，现为深圳市大疆创新科技有限公司知识产权工程师。硕士论文：《物联网专利法律问题研究》。

　　❷　Limelight Networks, Inc. v. Akamai Techs., Inc., 134 S. Ct. 2111（2014）. 该案是美国联邦最高法院首次针对专利拆分侵权问题作出判决。尽管美国联邦最高法院并未对该问题明确判决方法，但对于联邦巡回上诉法院对该案的突破性判决，即认为涉案方法专利的全部步骤并不需要单一主体实施才能构成拆分侵权，联邦最高法院直接完全予以否决。该案也表明现在在美国判例中，方法专利拆分侵权仍然需停留在美国专利法的框架下，需使用专利制度的条款和基本原则来解决。

二审：北京市高级人民法院（2017）京民终 454 号

⚖ 当事人

原告：西安西电捷通无线网络通信股份有限公司（下文简称"西电捷通"）

被告：索尼移动通信产品（中国）有限公司（下文简称"索尼中国"）

⚖ 案情简介

原告西电捷通是 ZL02139508.X 号"一种无线局域网移动设备安全接入及数据保密通信的方法"发明专利的专利权人。该专利申请日为 2002 年 11 月 6 日，授权公告日为 2005 年 3 月 2 日，目前状态为合法有效。

西电捷通于 2015 年 7 月 2 日向法院起诉称：索尼中国作为移动通信设备（手机）制造商，通过其生产并销售的 L39h、XM50t、S39h 等 35 款手机实施了涉案专利权利要求 1、2、5、6❶ 的技术方案，并在其生产研发活动中普遍使用；索尼中国的侵权行为主要体现为单独实施的直接侵权行为以及实施的共同侵权行为。西电捷

---

❶　涉案专利权利要求 1、2、5、6 具体内容为：

1. 一种无线局域网移动设备安全接入及数据保密通信的方法，其特征在于，接入认证过程包括如下步骤：

步骤一，移动终端 MT 将移动终端 MT 的证书发往无线接入点 AP 提出接入认证请求；

步骤二，无线接入点 AP 将移动终端 MT 证书与无线接入点 AP 证书发往认证服务器 AS 提出证书认证请求；

步骤三，认证服务器 AS 对无线接入点 AP 以及移动终端 MT 的证书进行认证；

步骤四，认证服务器 AS 将对无线接入点 AP 的认证结果以及将对移动终端 MT 的认证结果通过证书认证响应发给无线接入点 AP，执行步骤五；若移动终端 MT 认证未通过，无线接入点 AP 拒绝移动终端 MT 接入；

步骤五，无线接入点 AP 将无线接入点 AP 证书认证结果以及移动终端 MT 证书认证结果通过接入认证响应返回给移动终端 MT；

步骤六，移动终端 MT 对接收到的无线接入点 AP 证书认证结果进行判断；若无线接入点 AP 认证通过，执行步骤七；否则，移动终端 MT 拒绝登录至无线接入点 AP；

步骤七，移动终端 MT 与无线接入点 AP 之间的接入认证过程完成，双方开始进行通信。

2. 根据权利要求 1 所述的方法，其特征在于，所述的接入认证请求为移动终端 MT 将移动终端 MT 证书与一串随机数组成接入认证请求发往无线接入点 AP，以随机数据串为接入认证请求标识。

5. 根据权利要求 1 所述的方法，其特征在于，所述的接入认证响应为无线接入点 AP 对认证服务器 AS 返回的证书认证响应进行签名验证，得到移动终端 MT 证书的认证结果；无线接入点 AP 将移动终端 MT 的认证结果信息、无线接入点 AP 证书认证结果信息及认证服务器 AS 对前两项的签名组成接入认证响应回送至移动终端 MT，移动终端 MT 对无线接入点 AP 返回的接入认证响应进行签名认证，便得到无线接入点 AP 证书的认证结果，移动终端 MT 与无线接入点 AP 之间的证书认证过程完成。

6. 根据权利要求 1 所述的方法，其特征在于，接入认证过程完成，移动终端 MT 与无线接入点 AP 之间进行会话密钥协商，密钥协商成功后，两者之间开始保密通信。

通认为索尼中国长期、大规模、故意实施侵权行为，严重损害了西电捷通基于涉案专利权享有的合法权益，主观恶意明显，应承担相应的停止侵权、赔偿损失等责任。

北京知识产权法院于 2017 年 3 月 22 日判决被告索尼中国停止侵权、赔偿经济损失 8629173 元及合理支出 474194 元。索尼中国不服一审判决，向北京市高级人民法院提起上诉。2018 年 3 月 28 日，北京市高级人民法院判决驳回上诉，维持原判。

二、争议焦点及法院判决

一审法院认定争议焦点（核心部分）及相应判决：

1. 索尼中国在被控侵权产品的设计研发、生产制造、出厂检测等过程中是否使用了涉案专利方法

本院认为，《质量管理体系要求》系由国家质检总局和国家标准委联合发布的国家标准，明确了产品的设计、开发以及交付或者实施之前的验证标准。虽然根据"GB/T 19001—2008/ISO9001：2008"的编号可知其为推荐性国家标准，但被告如果主张其未执行该标准，应当根据本院的要求提交其内部使用的测试规范等质量管理规范性文件予以证明。被告系合法登记的中国企业，本院有理由认为其有明确、严格的质量管理要求，要么其设计、制定了企业内部的质量管理规范，要么遵循了《质量管理体系要求》标准。在本院要求被告提交其为实现 WAPI 功能所使用的测试规范，但在被告拒不提交的情况下，本院除认定被告自认的在研发阶段对部分型号的被控侵权产品进行了 WAPI 功能测试外，还合理推定被告在涉案手机的生产制造、出厂检测等过程中遵循了《质量管理体系要求》标准，亦进行了 WAPI 功能测试。

另外，在被告未举证证明 L50t、XM50t、S55t、L39H 型号之外的其余型号的手机 WAPI 功能选项接入无线局域网的方法步骤有何特殊性的情形下，本院合理推定涉案被控侵权的 35 款手机 WAPI 功能选项接入无线局域网的方法步骤与涉案专利权利要求 1、2、5、6 的技术方案相同，即落入涉案专利权利要求 1、2、5、6 的保护范围。本院已经认定被告在涉案手机的设计研发、生产制造、出厂检测等过程中进

行了 WAPI 功能测试，故其测试行为使用了原告的涉案专利方法。

2. 索尼中国制造、销售的被控侵权产品作为 MT 一方能否与 AP、AS 共同实施涉案专利

根据原告提交的证据 4 检验报告及本院组织双方勘验的结果，L50t、XM50t、S55t、L39H 型号的手机均具备 WAPI 功能。被告也确认被控侵权的 L39h 等 35 款手机具有 WAPI 功能，并且认可 L50t、XM50t、S55t、L39H 型号的手机通过 WAPI 功能选项接入无线局域网的方法步骤与涉案专利权利要求 1、2、5、6 的技术方案相同。因此，被告制造、销售的被控侵权产品作为 MT 一方能够与 AP、AS 共同实施涉案专利。

3. 索尼中国主张的抗辩事由是否成立

本院认为，《专利法》第十一条对于方法专利的权利范围明确规定为"使用其专利方法以及使用、许诺销售、销售、进口依照该专利方法直接获得的产品"，而"使用其专利方法"的表述却未规定在专利法第六十九条第一款第（一）项中。这也进一步说明，在立法者看来，"使用方法专利"不存在权利用尽的问题或者没有规定权利用尽的必要，故"使用方法专利"不属于我国专利法规定的权利用尽的范畴。该案中，涉案专利为使用方法专利，而非制造方法专利，据此，被告主张的 IWN A2410 设备为实现涉案专利的专用设备、由原告合法销售进而原告专利权用尽等理由均缺乏适用的法律基础，故原告销售检测设备的行为并不会导致其权利用尽。

本院认为，在现行法律框架下，判断专利侵权与否的法律依据为专利法第十一条的规定，具体的判断规则为"全面覆盖原则"，上述相关法律条款和司法解释判断规则中并未区分相关专利是普通专利还是标准必要专利，即专利侵权的构成要件并不会因为涉案专利是否为标准必要专利而改变。

本院认为，FRAND 许可声明仅系专利权人作出的承诺，系单方民事法律行为，该承诺不代表其已经作出了许可，即仅基于涉案 FRAND 许可声明不能认定双方已达成了专利许可合同。

4. 被控侵权行为是否侵犯原告专利权

根据专利法第十一条的规定，被告未经许可在被控侵权产品的设计研发、生产制造、出厂检测等过程中进行了 WAPI 功能测试，使用了涉案专利方法，侵犯了原

告的专利权。

本院认为,《中华人民共和国侵权责任法》(以下简称《侵权责任法》)第十二条明确规定"分别实施侵权行为",也就是说,各侵权人的行为均应独立具备构成侵权行为的全部要件,无论是一般的侵权行为要件,还是特殊的侵权行为要件。而该案中涉案专利需要通过终端 MT、接入点 AP 和认证服务器 AS 三个物理实体方能实施,很显然被控侵权产品作为 MT 一方,与 AP、AS 各方的行为均未独立构成侵害涉案专利权。在此基础上,原告主张被告构成《侵权责任法》第十二条意义上的共同侵权行为不能成立。

本院认为,一般而言,间接侵权行为应以直接侵权行为的存在为前提。但是,这并不意味着专利权人应该证明有另一主体实际实施了直接侵权行为,而仅需证明被控侵权产品的用户按照产品的预设方式使用产品将全面覆盖专利权的技术特征即可,至于该用户是否要承担侵权责任,与间接侵权行为的成立无关。之所以这样解释,是因为在一些使用方法专利中,实现"全面覆盖"涉案专利权利要求技术特征的主体多为用户,而用户因其"非生产经营目的"不构成专利侵权,此时如果机械适用"间接侵权行为应以直接侵权行为的存在为前提",将导致涉及用户的使用方法专利不能获得法律保护,有违专利法针对该类使用方法授予专利权的制度初衷。被告明知被控侵权产品中内置有 WAPI 功能模块组合,且该组合系专门用于实施涉案专利的设备,未经原告许可,为生产经营目的将该产品提供给他人实施涉案专利的行为,已经构成帮助侵权行为。

二审法院认定争议焦点(核心部分)及相应判决:

1. 涉案标准是否全面覆盖了涉案专利权利要求

本院认为,判断涉案专利是否属于标准必要专利需要对涉案标准中的技术方案是否全面覆盖涉案专利权利要求 1 进行认定。GB 15629.11—2003/XG1—2006 标准系对 GB 15629.11—2003 标准中涉及无线局域网安全的部分进行了修改。该标准虽形式上属于国家强制标准,但是,根据 2004 年第 44 号《公告》,该标准被延期实施。因此,从效力来看,上述技术标准应当被视为推荐性国家标准。鉴于双方当事人均认可索尼中国公司制造、销售的涉案 35 款手机具有 WAPI 功能,且其实现 WAPI 功能的技术就是涉案标准。因此,本院仅需认定涉案专利上述争议的技术特征与标准中技术方案中的相应技术特征是否相同或等同。

2. 索尼中国公司的行为是否侵犯了西电捷通公司的涉案专利权

（1）索尼中国公司的行为是否构成《专利法》第十一条规定的直接侵权行为。

索尼中国公司认可被诉侵权产品能够实施涉案专利，且认可被诉侵权产品符合 GB 15629.11—2003/XG1—2006 标准，如上所述，涉案标准中的相关技术方案已经全面覆盖涉案专利权利要求 1，由此可以直接认定索尼中国公司制造、销售的被诉侵权产品在与 AP、AS 一起工作时侵犯了西电捷通公司的涉案专利权。其次，根据移动通信设备制造厂商的通行惯例，WAPI 功能测试属于型号核准的测试项目，一般在型号核准、认证前检测阶段进行，而且是抽取一定样机进行测试。索尼中国公司认可自 2009 年左右开始，智能手机只有通过 WAPI 检测才能获得工信部批准的电信设备型号和入网许可，而且也认可其在研发阶段对部分型号的被诉侵权产品进行了 WAPI 功能测试。由此可见，至少在设计研发或样品检测阶段，索尼中国公司未经许可完整地实施了涉案专利技术方案。由此也可以认定索尼中国公司在制造被诉侵权产品的过程中未经许可实施了涉案专利，侵犯了西电捷通公司的涉案专利权。鉴于索尼中国公司认可涉案等 35 款手机均具有 WAPI 功能，本院合理推定索尼中国公司在涉案 35 款手机测试过程中使用了涉案专利方法。

虽然现有证据不能证明索尼中国公司在生产制造、出厂检测阶段使用了涉案专利，但是，就手机制造行业而言，无论在产品设计研发、产品定型后的生产制造以及出厂测试的哪个阶段使用了涉案专利，均构成专利法意义上的实施涉案专利的行为。据此，索尼中国公司在其被诉侵权产品的生产制造过程中实施了涉案专利，侵犯了西电捷通公司的涉案专利。索尼中国公司关于其不构成直接侵权的上诉主张不能成立，本院不予支持。

（2）关于索尼中国公司的行为是否构成《侵权责任法》第九条第一款规定的帮助侵权。

单一主体未完整实施专利技术方案、未"全面覆盖"专利技术方案的不完全实施行为，即所谓的"间接侵犯专利权行为"，构成帮助侵权需以直接侵犯专利权行为的存在为前提。"间接侵权"行为人之所以与直接侵权行为人承担连带责任的原因在于"间接侵权"行为与直接侵权行为的成立具有因果关系，而且"间接侵权"行为人存在明显的主观过错。这有助于提高专利撰写的质量，避免"多余指定原则"的适用。在此情况下，"间接侵权"行为人行为符合《侵权责任法》第九条第一款关于帮助侵权的构成要件，应当与直接侵权行为人承担连带责任。在特殊情况下，直接实施专利权的行为人为"非生产经营目的"的个人或直接实施专利权的行为属于《专利法》第六十九条第三、四、五项的情形。由于直接实施行为不构成侵犯专利权，如果不能判令"间接侵权"行为人承担民事责任，则相当一部分通信、软件使用方法专利不能获得法律有效或充分保护，不利于鼓励科技创新及保护权利人合法权益。但是，由于直接实施人不侵犯专利权而由"间接侵权"行为人承担民事责任属于例外情况，应当符合下列要件：①行为人明知有关产品系专门用于实施涉案专利技术方案的原材料、中间产品、零部件或设备等专用产品，未经专利权人许可，为生产经营目的向直接实施人提供该专用产品；②该专用产品对涉案专利技术方案具有"实质性"作用，即原材料、中间产品、零部件或设备等有关产品对实现涉案专利技术方案而言，不但不可或缺，而其占有突出的重要地位，而不是任何细小的、占据很次要地位的产品；③该专用产品不具有"实质性非侵权用途"，即原材料、中间产品、零部件或设备等有关产品并非通用产品或常用产品，除用于涉案专利技术方案外无其他合理的经济和商业用途；④有证据证明存在直接实施人且该实施人属于"非生产经营目的"的个人或《专利法》第六十九条第三、四、五项的情形。除第三个要件应当由"间接侵权"行为人承担举证责任外，其他要件的举证责任应当由专利权人承担。

该案中，索尼中国公司认为被诉侵权产品具有实质性非侵权用途，并非专门用于实施涉案专利的设备，西电捷通公司则主张被诉侵权产品中由 WAPI 芯片、WAPI 模块等组合而成的 WAPI 功能模块组合系实施涉案专利方法的专用设备。通过勘验，被诉侵权产品通过安装 WAPI 相关证书能够连接 WAPI 网络。对于被诉侵权产品中硬件和软件结合的 WAPI 功能模块组合而言，其在实施涉案专利之外，并无其他实质性用途，故应该被认定为专门用于实施涉案专利的设备。但是，涉案专利系方法专利，除需要在移动终端内置 WAPI 功能模块外，还需要 AP 和 AS 两个设备共同作用。由此可见，涉案专利系典型的"多主体实施"的方法专利，该技术方案在实施过程中需要多个主体参与，多个主体共同或交互作用方可完整实施专利技术方案。该案中，由于索尼中国公司仅提供内置 WAPI 功能模块的移动终端，并未提供 AP 和 AS 两个设备，而移动终端 MT 与无线接入点 AP 及认证服务器 AS 系三元对等安全架构，移动终端 MT 与无线接入点 AP 及认证服务器 AS 交互使用才可以实施涉案专利。因此，该案中，包括个人用户在内的任何实施人均不能独自完整实施涉案专利。同时，也不存在单一行为人指导或控制其他行为人的实施行为，或多个行为人共同协调实施涉案专利的情形。在没有直接实施人的前提下，仅认定其中一个部件的提供者构成帮助侵权，不符合上述帮助侵权的构成要件，而且也过分扩大对权利人的保护，不当损害了社会公众的利益。据此，根据专利应用法律司法解释二第二十一条第一款的规定，索尼中国公司的行为不构成帮助侵权。

3. 索尼中国公司主张的抗辩事由是否成立

由于西电捷通公司出售的 IWNA2410 设备系实施涉案专利方法的专用设备，现有证据不能证明该设备本身系西电捷通公司的专利产品或其产品制备方法专利直接获得的产品，不涉及专利权用尽的问题。一审判决关于西电捷通公司销售检测设备的行为并不会导致其权利用尽认定并无不当，本院予以认可。索尼中国公司关于涉案专利已经权利用尽的上诉主张不能成立，本院不予支持。

根据高通公司针对一审法院《协助调查取证通知书》作出的书面回函，高通公司及其子公司未获得涉案专利的许可，故索尼中国公司关于专利权用尽的抗辩主张亦缺乏事实依据。

涉案专利被纳入国家标准并不能作为索尼中国公司不侵权抗辩的理由。据此，索尼中国公司关于涉案专利纳入国家强制标准因此其不构成侵权的上诉理由不能成立，本院不予支持。

4. 关于索尼中国公司侵权民事责任的承担

由于权利人在标准必要专利上作出公平、合理、无歧视许可声明。因此，标准必要专利侵权民事责任的承担应当考虑双方谈判的过程和实质条件，判断由哪一方为谈判破裂承担责任。

根据实务中的通常做法，一般谈判过程中权利人都会在双方签订保密协议的前提下提供权利要求对照表。在此情形下，专利权人要求双方签署保密协议的主张具有合理性。据此，西电捷通公司在同意提供权利要求对比表的基础上要求签署保密协议是合理的。因此，西电捷通公司在谈判过程中没有过错。

据此，双方当事人迟迟未能进入正式的专利许可谈判程序，过错在索尼中国公司。在此基础上，原审判决认定索尼中国公司停止侵权行为具有事实和法律依据，本院予以支持。

三、述　评

该案是信息技术领域内具有典型意义的专利纠纷案件，其不仅综合了 SEP、FRAND 声明、使用方法专利等多个信息技术专利领域的热点问题，同时还在判决层面出现了一些创新性的观点。

思考一：使用方法专利的权利用尽问题

北京知识产权法院认为，根据《专利法》第六十九条第一款第（一）项的规定，专利产品或者依照专利方法直接获得的产品，由专利权人或者经其许可的单位、个人售出后，使用、许诺销售、销售、进口该产品的，不视为侵犯专利权。据此，在我国现行法律框架下，方法专利的权利用尽仅适用于"依照专利方法直接获得的产品"的情形，即"制造方法专利"，单纯的"使用方法专利"不存在权利用尽的问题。此外，专利法第十一条规定："发明和实用新型专利权被授予后，除本法另有规定的以外，任何单位或者个人未经专利权人许可，都不得实施其专利，即不得以生产经营目的制造、使用、许诺销售、销售、进口其专利产品，或者使用其专利方法以及使用、许诺销售、销售、进口依照该专利方法直接获得的产品。"可见，《专利法》第十一条对于方法专利的权利范围明确规定为"使用其专利方法以及使用、许诺销售、销售、进口依照该专利方法直接获得的产品"，而"使用其专利方法"的表述却未规定在《专利法》第六十九条第一款第（一）项中。这也进一步说明，在立法者看来，"使用方法专利"不存在权利用尽的问题或者没有规定权利用尽的必要，故"使用方法专利"不属于我国专利法规定的权利用尽的范畴。该案中，涉案专利为使用方法专利，而非制造方法专利，据此，被告主张的 IWN A2410 设备为实现涉案专利的专用设备、由原告合法销售进而原告专利权用尽等理由均缺乏适用的法律基础，故原告销售检测设备的行为并不会导致其权利用尽。

北京知识产权法院在使用方法专利的权利用尽问题上，从专利法的规定本身入手，通过严密的逻辑推理得到了在现行的专利法下使用方法专利不存在权利用尽这一结论。从立法者在《专利法》第六十九条第一款第（一）项与第十一条中不同的描述可以看出，在立法层面，立法者是有意将权利用尽这一理论限制在"专利产品或依照专利方法直接获得的产品"这一范畴内的。北京知识产权法院从司法层面明确这一点是本判决的一个亮点。当然，这种限制是否符合专利法的宗旨，会不会产生其他的问题，比如以后将产品专利和使用方法专利结合到一个产品上，专利权人是否能够突破权利用尽的限制继续要求使用方法专利的许可费，有待后续的司法解释或法院判决的进一步阐述。

 思考二：使用方法专利的拆分侵权问题

该案中北京知识产权法院认为，"一般而言，间接侵权行为应以直接侵权行为的存在为前提。但是，这并不意味着专利权人应该证明有另一主体实际实施了直接侵权行为，而仅需证明被控侵权产品的用户按照产品的预设方式使用产品将全面覆盖专利权的技术特征即可，至于该用户是否要承担侵权责任，与间接侵权行为的成立无关。之所以这样解释，是因为在一些使用方法专利中，实现'全面覆盖'涉案专利权利要求技术特征的主体多为用户，而用户因其'非生产经营目的'不构成专利侵权，此时如果机械适用'间接侵权行为应以直接侵权行为的存在为前提'，将导致涉及用户的使用方法专利不能获得法律保护，有违专利法针对该类使用方法授予专利权的制度初衷。"

北京知识产权法院的这一段话耐人寻味。在该案中，涉案专利权利要求 1 有七个具体步骤，完整完成这七个步骤需要移动终端 MT、无线接入点 AP 以及认证服务器 AS 三个主体。因此单索尼中国一方并不能完成权利要求 1 的七个步骤，换句话说，就是不能满足"全面覆盖原则"。这便是在多步骤方法专利中隐含的一个专利法尚未解决的问题，即拆分侵权问题。北京知识产权法院为了在此案中解决这个问题，不仅借助了《侵权责任法》中有关共同侵权和帮助侵权的规定，还借助了专利法的制度初衷这种最有力量、也最没有力量的东西。

回看北京知识产权法院针对原告主张的共同侵权和帮助侵权的观点阐述部分，可以明显发现的一个内容就是，在现有的专利制度下，完全没有明确的直接或间接的规定解决这个问题。因此法院不得不用《侵权责任法》的基本原则来解决专利法下的特别问题。

在侵权认定的观点中，北京知识产权法院似乎有种以结果倒推理由的现象。北京知识产权法院以"有违专利法针对该类使用方法授予专利权的制度初衷"这样一个最兜底的理由来强行保护那些"涉及用户的使用方法专利"，将用户实施步骤的部分以"制度初衷"的理由来转嫁到被告侵权主体一方，不是太具有说服力。"之所以这样解释，是因为在一些使用方法专利中，实现'全面覆盖'涉案专利权利要求技术特征的主体多为用户，而用户因其'非生产经营目的'不构成专利侵权"，北京知识产权法院的这样一段话，似乎有种为了判定侵权而抛弃了"全面覆盖原则"的倾向。然而，在判决书这一段论述的前面一点有关 FRAND 声明许可的部分，北京知识产权法院刚刚强调了一次"全面覆盖原则"。❶ 判决书中这种前后矛盾的现象，值得深思。

二审中北京市高级人民法院给出了和北京知识产权法院不一致的观点。虽然北京市高级人民法院同样支持"间接侵权行为应以直接侵权行为的存在为前提"的突破，但是却并没有判决构成帮助侵权。北京市高级人民法院指出，"在特殊情况下，直接实施专利权的行为人为'非生产经营目的'的个人或直接实施专利权的行为属于《专利法》第六十九条第三、四、五项的情形。由于直接实施行为不构成侵犯专利权，如果不能判令'间接侵权'行为人承担民事责任，则相当一部分通信、软件使用方法专利不能获得法律有效或充分保护，不利于鼓励科技创新及保护权利人合法权益"。在此基础上，北京市高级人民法院突破了原有的间接侵权的认定框架，但是在此基础上又增加了 4 个要件，相对北京知识产权法院的避而不谈来讲，可谓是非常小心翼翼。

同时，北京市高级人民法院针对多主体实施的方法专利的拆分侵权问题，相对北京知识产权法院，给出了相反的观点。北京市高级人民法院认为"该案中，包括个人用户在内的任何实施人均不能独自完整实施涉案专利。同时，也不存在单一行为人指导或控制其他行为人的实施行为，或多个行为人共同协调实施涉案专利的情形。在没有直接实施人的前提下，仅认定其中一个部件的提供者构成帮助侵权，不符合上述帮助侵权的构成要件，而且也过分扩大对权利人的保护，不当损害了社会

---

❶ 判决书中"本院认为"的第二（三）3 部分："其次……在现行法律框架下，判断专利侵权与否的法律依据为专利法第十一条的规定……具体的判断规则为《最高人民法院关于审理侵犯专利权纠纷案件应用法律若干问题的解释》（简称专利侵权司法解释）第七条规定的'全面覆盖原则'"。

公众的利益"。可以看出，北京市高级人民法院是不支持拆分侵权的认定的，其立场仍然是站在传统的专利侵权认定基础上。那么此处其实存在一个问题，即北京市高级人民法院最终明确认定的侵权行为只有索尼中国在设计研发阶段中的直接侵权，相当于仅涵盖了在设计研发过程中内部的测试，而否认了在出厂后用户使用的过程中索尼中国生产的产品仍然存在侵权行为。北京市高级人民法院虽然没有对拆分侵权作详细的阐述，但其观点在一定程度上也明显缩小了多主体实施的方法专利的可保护范围。这种观点是否会对后续此类专利的撰写产生直接的影响，导致申请时以各种形式实现单侧撰写，有待后续案件的出现。

　　当然，该案并不是一个典型的针对使用方法专利拆分侵权的案件，北京知识产权法院也只用很少的一段话来简单论述了其自身的观点，同时判决理由的不严谨也不代表判决的对错、好坏。但是，当中暴露出来的专利制度问题，如专利制度下没有相关规定解决使用方法专利拆分侵权问题，以及法院甚至都不能给出一个符合现有专利制度的严谨逻辑论断而只能采用"违背制度初衷"甚至抛弃基本原则的做法，值得立法者和司法者多多思考。

思考三：标准必要专利的谈判

　　二审中北京市高级人民法院指出："在标准必要专利的许可谈判中，谈判双方应本着诚实信用的原则进行许可谈判。作出公平、合理和无歧视许可声明的专利权人应履行该声明下所负担的相关义务；请求专利权人以公平、合理和无歧视条件进行许可的被诉侵权人也应以诚实信用的原则积极进行协商以获得许可。由于权利人在标准必要专利上作出公平、合理、无歧视许可声明，因此，标准必要专利侵权民事责任的承担应当考虑双方谈判的过程和实质条件，判断由哪一方为谈判破裂承担责任"。北京市高级人民法院在判决中多次指出西电捷通诚意推动许可谈判，但索尼中国明显有拖延谈判的故意，并且也据此支持了停止侵权行为的民事侵权责任。

　　北京市高级人民法院的论述在北京知识产权法院的基础上再次强调了在标准必要专利的许可谈判中专利权人和被许可人之间的对等地位，FRAND 原则的适用并不偏向于哪一方，因此在许可谈判中专利权人和被许可人都应当具有诚意地推动谈判的进展，否则就会成为后续诉讼中非常不利的因素。该案中，索尼中国正是因为对 NDA 和 CC 的非常理性要求导致谈判一直无法进展，最后承担了停止侵权的败诉后果。同理，在华为诉三星的标准必要专利案 ❶ 中，深圳市中级人民法院指出，"从 2011 年 7 月华为和三星开始谈判至今已六年多，原告华为在谈判过程中无明显过错，符合 FRAND 原则；而三星在和原告华为进行标准必要专利交叉许可谈判时，在程序和实体方面均存在明显过错，不符合 FRAND 原则。原告华为在努力寻求谈判和试图通过仲裁等方式来解决双方之间的标准必要专利交叉许可问题已不可能的情况下，向本院寻求禁令救济。经本院组织双方进行调解，三星在调解过程中仍然存在恶意拖延谈判的情形，鉴于此，原告要求三星被告停止侵害其专利权，亦即停止实施其涉案 4G 标准必要专利技术，本院予以支持"。三星正是因为其在交叉许可谈判过程中的故意拖延、不予配合而遭受了禁令的惩罚。由此可以看出，在标准必要专利的侵权诉讼中，许可方和被许可方在专利许可谈判中的态度往往是法院所着重关注的，这也是 FRAND 原则在 SEP 许可中的另一种适用。

---

❶ 深圳市中级人民法院（2016）粤 03 民初 816 号、深圳市中级人民法院（2016）粤 03 民初 840 号

1.7　侵权警告的正当性审查：双环诉本田确认不侵权纠纷案

作　　者　李裕民 *

指导教师　何　隽

确认不侵犯知识产权诉讼是对知识产权权利人和义务人法律关系的调整，处于不确定法律风险中的义务人可以主动向法院提起诉讼，请求确认其某一行为并不构成侵犯知识产权，从而制止知识产权滥用。石家庄双环汽车股份有限公司（以下简称双环股份公司）与本田技研工业株式会社（以下简称本田株式会社）确认不侵害专利权、损害赔偿纠纷案（以下简称该案）是最高人民法院发布的 2015 年十大知识产权案之一，是确认不侵犯知识产权诉讼的经典案例，其中重要的争议焦点是本田株式会社发送警告函的行为究竟是合理维权还是滥用知识产权进行不正当竞争。

一、双环诉本田确认不侵权纠纷案

案　号

一审：河北省高级人民法院（2013）冀民三初字第 1 号民事判决书

二审：最高人民法院（2014）民三终字第 7 号民事判决书

当事人

上诉人（原审原告）：石家庄双环汽车股份有限公司。

上诉人（原审被告）：本田技研工业株式会社。

* 李裕民，重庆人，2017 年获得清华大学法律硕士学位，现为重庆市选调生，就职于重庆市渝中区解放碑街道办事处。硕士论文：《集成电路布图设计专有权确权制度研究》。

案情简介

该案涉及了专利纠纷中的管辖异议、专利无效复审、专利侵权与确认不侵权诉讼等众多内容，历时长达 12 年，关联案件错综复杂。

2003 年，本田株式会社多次以双环股份公司生产和销售的 "LAIBAOS-RV" 汽车（以下简称涉案汽车）侵害了本田株式会社享有的 01319523.9 号外观设计专利（以下简称涉案专利）为由，多次向双环股份公司及其经销商发送 "警告信"。双环股份公司在与本田株式会社协商未果的情况下，向石家庄市中级人民法院提起诉讼，请求确认双环股份公司生产和销售的涉案汽车外观设计未侵害涉案专利权，后又增加诉讼请求，要求一并确认其不侵害本田株式会社的另外两件外观设计专利。

而后，本田株式会社向北京市高级人民法院起诉称双环股份公司侵害其多项专利。因此案与该案存在相关的法律关系，最高人民法院于 2004 年指定将涉及涉案专利的诉讼移送石家庄市中级人民法院合并审理。期间，双环股份公司等向国家知识产权局专利复审委员会（以下简称专利复审委员会）提出涉案专利权无效宣告请求，石家庄市中级人民法院遂于 2005 年年初裁定中止审理。不久，河北省高级人民法院决定石家庄市中级人民法院将侵害专利权案件和确认不侵权案件一并移送河北省高级人民法院合并审理。但石家庄市中级人民法院一直未予移送。2006 年专利复审委员会作出第 8105 号无效宣告请求审查决定（以下简称第 8105 号无效决定），宣告涉案专利专利权无效。本田株式会社不服第 8105 号无效决定，提起行政诉讼。北京市第一中级人民法院一审和北京市高级人民法院二审均判决维持无效决定。

2008 年年初，河北省高级人民法院以影响案件提级管辖的情况已不存在为由，将案件指定石家庄市中级人民法院审理。双环股份公司向石家庄市中级人民法院增加损害赔偿诉讼请求。石家庄中级人民法院决定恢复审理，并于 2009 年 7 月 6 日作出（2003）石民五初字第 131 号民事判决，判令驳回本田株式会社的诉讼请求，并由本田株式会社赔偿双环股份公司经济损失人民币 2578.989 万元。

本田株式会社不服，上诉至河北省高级人民法院。审理中因本田株式会社不服关于涉案专利无效行政诉讼二审判决，向最高人民法院提出申请再审，河北省高级人民法院遂裁定中止审理。最高人民法院判决撤销二审行政判决和专利无效决定。由此，河北省高级人民法院裁定撤销石家庄市中级人民法院的民事判决，案件发回重审。2011 年，本田株式会社从石家庄中级人民法院撤回起诉后，增加了侵权赔偿数额，又向河北省高级人民法院提起侵害涉案专利权诉讼。双环股份公司提出管辖异议，主张该纠纷应依法指定或移送石家庄市中级人民法院管辖，河北省高级人民法院裁定交由石家庄市中级人民法院审理。本田株式会社不服该裁定，向最高人民法院提出上诉。最高人民法院裁定撤销河北省高级人民法院的裁定，指定河北省高级人民法院作为一审法院，一并审理该案和侵权之诉。

河北省高级人民法院一审判决确认双环股份公司生产、销售的涉案"LAIBAOS-RV"汽车不侵害本田株式会社涉案 01319523.9 号外观设计专利权，本田株式会社赔偿双环股份公司经济损失人民币 5000 万元。双方均不服一审判决，向最高人民法院上诉。最终，最高人民法院于 2015 年 12 月 8 日判决确认双环股份公司不侵权，同时，变更本田株式会社赔偿双环股份公司经济损失人民币 5000 万元为 1600 万元。

二、争议焦点及法院判决

该案的主要焦点是本田株式会社发送侵权警告函的行为是否正当。

双环股份公司认为：本田株式会社滥用专利权，在未经人民法院判定侵权的情况下，向双环股份公司连续多次发送恐吓、警告信；向双环股份公司全部经销商发送责令停止销售的警告信；通过众多报刊、网络等公共媒体向社会公众广为散布双环股份公司及产品侵权的舆论；还通过其关联公司向政府机关散布双环股份公司侵权的言论，对双环股份公司及产品进行诋毁和封杀，使刚刚步入成长期的双环股份公司的涉案汽车销量大幅急剧下降，上市仅三年四个月就被迫停产，大量投资不能收回。

本田株式会社认为：本田株式会社为了保护合法有效的专利权，根据《中华人民共和国民法通则》（以下简称《民法通则》）以及专利法赋予的民事权利，依法发送警告信，并在媒体采访中发表意见，不属于侵害双环股份公司名誉权或所谓"经营权"的行为，也不属于不正当竞争行为，本田株式会社更未造成双环股份公司的任何损失。

河北省高级人民法院一审认为：依照专利法的规定，专利权人在遭受侵权时可以采取自行协商、请求管理专利工作的部门处理以及向法院起诉等形式进行维权。

该案中，本田株式会社在 2003 年 9 月 18 日至 2003 年 10 月 15 日期间先后八次向双环股份公司发送警告信的同时，特别是在其已于 2003 年 11 月 24 日针对双环股份公司涉嫌侵害专利权行为向北京市高级人民法院提起诉讼后，仍然向双环股份公司包括新疆、云南、珠海、深圳、湖南、四川等地的全国经销商发送警告信的行为已经明显超出了专利法以及其他法律规定的合理范围。

最高人民法院二审认为：本田株式会社发送警告信可分为二个阶段。第一阶段是 2003 年 9 月 18 日至 2003 年 10 月 8 日，本田株式会社的委托代理人先后八次发送侵权警告信。期间，本田株式会社对涉案汽车经销商莱克汽车公司、旭阳恒兴公司分别多次发送警告信，称涉案汽车侵害涉案专利权；莱克汽车公司、旭阳恒兴公司的销售行为构成专利侵权，要求立即停止销售。第二阶段是，本田株式会社与双环股份公司均已寻求司法救济后，本田株式会社于 2004 年 1 月 9 日向双环股份公司在全国的十余家经销商发送警告信，经销商的范围包括北京、新疆、珠海、天津、深圳、广东、湖南、昆明、南京等。

判断侵权警告是正当的维权行为，还是打压竞争对手的不正当竞争行为，应当根据发送侵权警告的具体情况来认定，以警告内容的充分性、确定侵权的明确性为重点。从侵权警告信的发送对象看，针对不同的对象，权利人所履行的审慎注意义务也并不相同。向制造商的交易相对方发送侵权警告时，对确定被警告行为构成侵权而产生的注意义务要高于向制造者发送侵权警告的情形，其警告所涉信息应当详细、充分，如披露请求保护的权利的范围、涉嫌侵权的具体信息以及其他与认定侵权和停止侵权相关的必要信息。

三、述　评

🏛 思考一：我国确认不侵犯知识产权诉讼的确立

确认不侵犯知识产权诉讼，属于民事诉讼理论中三大基本类型之一——确认之诉的一种形态，是通过请求法院对某一权利或者法律关系进行法律评价，达到确认和宣告的效果。确认不侵犯知识产权诉讼是知识产权法领域中的程序制度，是指当知识产权权利人与特定义务人之间的法律关系，使义务人陷入不确定的法律风险之中时，义务人主动提请法院确认其行为不构成侵犯知识产权的一种诉讼制度。

确认不侵犯知识产权诉讼具有防止权利滥用的作用。例如，当某一权利人发出侵权警告函，并不是为了切实寻求路径解决侵权纠纷，而是意图达到排挤打压竞争对手、干扰正常市场秩序的商业企图。如果没有确认不侵犯知识产权诉讼，那么特定义务人就只能处于一种权利的不确定和不安全的状态，任凭权利人肆意以侵权之诉相威胁，忍受其商业骚扰；而有了确认不侵犯知识产权诉讼之后，特定义务人可以反客为主，主动提起诉讼请求确认其行为是否构成侵权，从而摆脱不确定的法律风险。

在 2000 年《中华人民共和国专利法》（以下简称《专利法》）修改以前，存在"使用或者销售不知道是未经专利权人许可而制造并售出的专利产品的"情形，不视为侵犯专利权的侵权除外规定，警告函、律师信等成为专利权人排除此条规定的重要手段，后来愈演愈烈。警告函成为了专利权人打击竞争对手的商业手段。2008 年《民事案由规定》修订，增加了"确认不侵权纠纷"作为第一百五十二项，包括：确认不侵犯专利权纠纷、确认不侵犯注册商标专用权纠纷和确认不侵犯著作权纠纷。2009 年 4 月 21 日最高人民法院出台《关于当前经济形势下知识产权审判服务大局若干问题的意见》提出要完善确认不侵权诉讼制度，第十三条 ❶ 明确正在实施或者准备实施投资建厂等经营活动的当事人，受到知识产权权利人以其他方式实施的有关侵犯专利权等的警告或威胁，主动请求该权利人确认其行为不构成侵权，且以合理的方式提供了确认所需的资料和信息，该权利人在合理期限内未作答复或者拒绝确认的，也可以提起确认不侵权诉讼。2009 年 12 月 28 日，最高人民法院出台《关于审理侵犯专利权纠纷案件应用法律若干问题的解释》明确了这一诉权的行使条件，第

---

❶ 《最高人民法院关于当前经济形势下知识产权审判服务大局若干问题的意见》（法发〔2009〕23 号）第十三条："完善确认不侵权诉讼制度，遏制知识产权滥用行为，为贸易和投资提供安全宽松的司法环境。继续探索和完善知识产权领域的确认不侵权诉讼制度，充分发挥其维护投资和经营活动安全的作用。除知识产权权利人针对特定主体发出侵权警告且未在合理期限内依法提起诉讼，被警告人可以提起确认不侵权诉讼以外，正在实施或者准备实施投资建厂等经营活动的当事人，受到知识产权权利人以其他方式实施的有关侵犯专利权等的警告或威胁，主动请求该权利人确认其行为不构成侵权，且以合理的方式提供了确认所需的资料和信息，该权利人在合理期限内未作答复或者拒绝确认的，也可以提起确认不侵权诉讼。探索确认不侵犯商业秘密诉讼的审理问题，既保护原告的合法权益和投资安全，又防止原告滥用诉权获取他人商业秘密。"

十八条❶规定了三项条件：（1）权利人向他人发出侵犯专利权的警告；（2）被警告人或者利害关系人经书面催告权利人行使诉权；（3）自权利人收到该书面催告之日起一个月内或者自书面催告发出之日起二个月内，权利人不撤回警告也不提起诉讼，被警告人或者利害关系人向人民法院提起请求确认其行为不侵犯专利权的诉讼。

不难看出，在我国，确认不侵权之诉主要是作为应对侵权警告的救济途径，在确认不侵权之诉的审理过程中，侵权警告的正当性审查自然成为了焦点问题。

⚖ 思考二：侵权警告的正当性审查

对于侵权警告的正当性审查主要分为两种模式：一是反不正当竞争法模式；二是知识产权法模式。"第一，反不正当竞争法模式，即通常在商业诋毁之诉的框架中对传统警告函案件进行类型化并形成较为成熟案例群……第二，知识产权法模式，即通常在知识产权专门法中制定明确条文对传统警告函案件进行规制，这些国家不存在专门的反不正当竞争法，知识产权法中的相关条文在历史上发源于商业侵权之诉。"❷。反不正当竞争法模式注重知识产权权利人在行使其权利时对相关市场而言是否妥当，知识产权法模式则关注权利人行使权利是否符合知识产权法本身的目的。虽然两种路径的立足点不同，但是对于恶意侵权警告的价值取向却是一致的。从《最高人民法院关于当前经济形势下知识产权审判服务大局若干问题的意见》来看，完善确认不侵权诉讼制度其目的在于"遏制知识产权滥用行为，为贸易和投资提供安全宽松的司法环境"。由此可见我国的确认不侵权制度注重于反不正当竞争，这也为侵权警告正当性审查提供了出发点和落脚点。

从该案的判决来看，最高人民法院对侵权警告的正当性审查包括两部分内容：一是侵权警告的具体情况，二是权利人发出警告的行为是否损害了公平竞争。

侵权警告的具体情况主要考虑侵权警告的内容、发送对象、发送范围和权利人发出警告时是否具有恶意，以及权利人在发出侵权警告时对所警告行为构成侵权是否尽到了合理的注意义务等。就侵权警告的内容而言，以警告内容的充分性、确定

---

❶ 《最高人民法院关于审理侵犯专利权纠纷案件应用法律若干问题的解释》（法释〔2009〕21号）第18条："权利人向他人发出侵犯专利权的警告，被警告人或者利害关系人经书面催告权利人行使诉权，自权利人收到该书面催告之日起一个月内或者自书面催告发出之日起二个月内，权利人不撤回警告也不提起诉讼，被警告人或者利害关系人向人民法院提起请求确认其行为不侵犯专利权的诉讼的，人民法院应当受理。"

❷ 刘维. 知识产权侵权警告函的正当性边界 [J]. 比较法研究，2016（2）：182–191.

侵权的明确性为重点。侵权警告的内容不应空泛和笼统,对于权利人的身份、所主张的权利的有效性、权利的保护范围以及其它据以判断被警告行为涉嫌构成侵权的必要信息应当予以披露。权利人发送侵权警告信时,对象不同,权利人所履行的审慎注意义务不同:向交易相对方发送侵权警告时,对确定被警告行为构成侵权而产生的注意义务要高于向制造者发送侵权警告的情形,其警告所涉信息应当详细、充分,如披露请求保护的权利的范围、涉嫌侵权的具体信息以及其他与认定侵权和停止侵权相关的必要信息。

虽然判决中提出权利人在发出侵权警告时对所警告行为构成侵权是否尽到了合理的注意义务,并不以最终侵权是否成立为判断标准。当权利人发送侵权警告行为得当,不存在过错时,即使最终被警告的行为不构成侵权,也可能不属于滥用权利,无须对竞争者的损失进行赔偿。但是权利人对于审慎注意义务的把握还是缺乏一个可操作性的标准。权利人如何在事前、站在其自身的立场上达到事后、法官居中裁判立场上认为的尽到了审慎注意义务,通过个案情况的分析依然是难以起到全面、准确、有效的指导作用,可能导致权利人因为担心过于严格的侵权警告判断标准而不敢发送侵权警告,降低自力救济的积极性和主动性;还可能导致某些人对照判决字面意思规避滥用权利的风险,另辟滥用权利的途径。

除了权利人发出侵权警告的具体情况之外,还须判断权利人发出警告的行为是否损害了公平竞争。《中华人民共和国反不正当竞争法》(以下简称《反不正当竞争法》)与侵权警告相关的规定主要是第二条和第十四条、第十四条规定,要求经营者不得捏造、散布虚伪事实,对于警告信中书面内容属实的,似乎缺乏约束力。在该案中,判决引用《反不正当竞争法》第二条规定"经营者在市场交易中,是否遵循自愿、平等、公平、诚实信用的原则,遵守公认的商业道德"为依据,认为本田株式会社在没有进一步获得证据证明的情况下,在第二阶段扩大发送内容不明确的警告信的行为违反了不正当竞争法。虽然判决已经对本田株式会社发送侵权警告信不当进行了大量分析,但是在援引《反不正当竞争法》第二条这样的兜底条款的时候,并没有深入分析其不正当行为对于公平竞争的损害。近年来随着知识产权的市场价值和商业意义越来越重要,在知识产权纠纷案中常涉及《反不正当竞争法》的适用,但是大量判决中出现以兜底条款为依据的情况,一方面凸显了当前《反不正当竞争法》难以适应现实的需求,另一方面也存在着扩大《反不正当竞争法》适用的嫌疑。

四、小 结

该案从侵权警告信件本身的正当性，以及侵权警告与公平竞争的关系等方面，对判断侵权警告是正当的维权行为还是打压竞争对手的不正当竞争行为，以及由此造成的损害赔偿如何负担进行了深入的论述。最高人民法院二审最终明确了权利人发送侵权警告维护自身合法权益是其行使民事权利的应有之义，但行使权利应当在合理的范围内，在采取维护权利行为的同时，也要注重对公平竞争秩序的维护，避免滥用侵权警告，侵犯竞争对手的合法权益。该案为知识产权侵权警告所引发纠纷的审理和相关法律规范的适用提供了重要的参考，为同类案件判决秩序的构建和维护提供了重要的标尺。

1.8　通知移除规则在专利领域适用：天猫案

作　　者　路小洒 *

指导教师　何　隽

《专利法修订草案（送审稿）》中增加了"通知与移除"规则。本文以 2015 年中国法院十大知识产权案件之一"嘉易烤与天猫上诉案"为切入点，分析"通知与移除"规则在专利领域中适用的特殊性。

一、嘉易烤与天猫上诉案

🔨 案　号

一审：浙江省金华市中级人民法院（2015）浙金知民初字第 148 号

二审：浙江省高级人民法院（2015）浙知终字第 186 号

🔨 当事人

原告：威海嘉易烤生活家电有限公司

被告：永康市金仕德工贸有限公司、浙江天猫网络有限公司

🔨 案情简介

原告嘉易烤公司是涉案专利（专利号 ZL200980000002.8）的专利权人。

2015 年 2 月 10 日，嘉易烤公司委托案外人张某军向淘宝网知识产权保护平台

---

* 路小洒，河南商丘人，2017 年获得清华大学法学硕士学位，现为上海市建纬（北京）律师事务所实习律师。硕士论文：《我国地理标志保护问题研究》。

上传了包含专利侵权分析报告和技术特征比对表在内的投诉材料，但淘宝网最终没有审核通过。

2015 年 4 月 7 日，原告嘉易烤公司以被告金仕德公司未经其许可，在天猫商城等网络平台上宣传并销售侵犯涉案专利产品构成专利侵权；被告天猫公司在嘉易烤公司投诉金仕德公司侵权行为的情况下，未采取有效措施，应与金仕德公司共同承担侵权责任为由，向法院起诉。

2015 年 5 月 5 日，天猫公司向浙江省杭州市钱塘公证处申请证据保全公证，由其代理人在公证处的监督下操作电脑，在天猫网益心康旗舰店搜索"益心康 3D 烧烤炉韩式家用不粘电烤炉无烟烤肉机电烤盘铁板烧烤肉锅"，显示没有搜索到符合条件的商品。

二、争议焦点及法院判决

该案争议焦点在于被控侵权产品是否落入涉案发明专利权利要求的保护范围？天猫公司是否应对金仕德公司的侵权行为承担连带责任？

浙江省金华市中级人民法院一审认为：被诉侵权产品落入涉案专利权利要求的保护范围。

嘉易烤公司提交的投诉材料符合天猫公司的格式要求，在其上传的附件中也以图文并茂的形式对技术要点进行比对，但天猫公司仅对该投诉材料作出审核不通过的处理。天猫公司提供的公证书仅能证明涉案产品在 2015 年 5 月 5 日已经下架，无法得知具体下架时间，**天猫公司声称于 2015 年 4 月 29 日对涉案产品进行下架及删除链接的处理，是在嘉易烤公司向原审法院起诉之后，显然其行为并未尽到合理的审查义务，也未采取必要的措施防止损害扩大**。根据《侵权责任法》第三十六条第二款的规定，应当对损害扩大的部分与金仕德公司承担连带责任。

浙江省高级人民法院二审法院认为：原审判决认定金仕德公司的涉案行为构成专利侵权正确。

天猫公司是否构成侵权，应结合其主体性质、嘉易烤公司"通知"的有效性以及其在接到嘉易烤公司的通知后是否应当采取措施及所采取的措施的必要性和及时性等进行综合考量。

经查，天猫公司对嘉易烤公司的投诉材料作出审核不通过的处理，其在回复中表明审核不通过原因是：烦请在实用新型、发明的侵权分析对比表表二中详细填写被投诉商品落入贵方提供的专利权利要求的技术点，建议采用图文结合的方式一一指出（需注意，对比的对象为卖家发布的商品信息上的图片、文字），并提供购买订单编号或双方会员名。

发明或实用新型专利侵权的判断往往并非仅依赖表面或书面材料就可以作出，因此专利权人的投诉材料通常需包括权利人身份、专利名称及专利号、被投诉商品及被投诉主体内容，以便投诉接受方转达被投诉主体。嘉易烤公司的投诉材料已完全包含上述要素。至于侵权分析比对，天猫公司一方面认为其对卖家所售商品是否侵犯发明专利判断能力有限；另一方面却又要求投诉方"详细填写被投诉商品落入贵方提供的专利权利要求的技术点，建议采用图文结合的方式一一指出"。考虑到互联网领域投诉数量巨大、投诉情况复杂的因素，天猫公司的上述要求基于其自身利益考量虽也具有一定的合理性，而且也有利于天猫公司对于被投诉行为的性质作出初步判断并采取相应的措施。但就权利人而言，**天猫公司的前述要求并非权利人投诉通知有效的必要条件**。况且，嘉易烤公司在该案的投诉材料中提供了多达 5 页的以图文并茂的方式表现的技术特征对比表，天猫公司仍以官僚格式化的回复将技术特征对比作为审核不通过的原因之一，处置失当。至于天猫公司审核不通过并提出提供购买订单编号或双方会员名的要求，法院认为，投诉方是否提供购买订单编号或双方会员名并不影响投诉行为的合法有效。而且，**天猫公司所确定的投诉规则并不对权利人维权产生法律约束力，权利人只需在法律规定的框架内行使维权行为即可，投诉方完全可以根据自己的利益考量决定是否接受天猫公司所确定的投诉规则**。更何况投诉方可以无须购买商品而通过其他证据加以证明，也可以根据他人的购买行为发现可能的侵权行为，甚至投诉方即使存在直接购买行为，但也可以基于某种经济利益或商业秘密的考量而拒绝提供。

该案中，在确定嘉易烤公司的投诉行为合法有效之后，需要判断天猫公司在接受投诉材料之后的处理是否审慎、合理。天猫公司作为电子商务网络服务平台的提供者，基于其公司对于发明专利侵权判断的主观能力、侵权投诉胜诉概率以及利益平衡等因素的考量，并不必然要求天猫公司在接受投诉后对被投诉商品立即采取删除和屏蔽措施，对被诉商品采取的必要措施应当秉承审慎、合理原则，以免损害被投诉人的合法权益。但是将有效的投诉通知材料转达被投诉人并通知被投诉人申辩当属天猫公司应当采取的必要措施之一。被投诉人对于其或生产，或销售的商品是否侵权，以及是否应主动自行停止被投诉行为，自会作出相应的判断及应对。而天猫公司未履行上述基本义务的结果导致被投诉人未收到任何警示从而造成损害后果的扩大。至于天猫公司在嘉易烤公司起诉后即对被诉商品采取删除和屏蔽措施，当属审慎、合理。

三、述　评

思考一：专利法领域的"通知与移除"规则是指什么

最早确立"通知与移除"规则的是美国 1998 年《千禧年数字版权法》(DMCA)。我国最早是在 2000 年最高人民法院颁布的《关于审理涉及计算机网络著作权纠纷案件适用法律若干问题的解释》(已被 2013 年最高人民法院《关于审理侵害信息网络传播权民事纠纷案件适用法律若干问题的规定》所废止)中规定了该规则。后来，国务院颁布的《信息网络传播权保护条例》对此有更为详细的规定。

"通知与移除"规则，是指权利人认为自己的权益受到侵害时，有权向网络服务提供者发出侵权通知，网络服务提供者在收到该通知时采取删除、屏蔽或断开链接等必要措施移除侵权信息，同时并将该通知转达被指控侵权的服务对象。如果被服务对象认为没有侵权的，网络服务提供者应当采取措施恢复该信息。只要履行上述程序，如果被指控的信息确实构成侵权的，也应当由网络用户承担赔偿责任，网络服务提供者不承担侵权赔偿责任(《信息网络传播权保护条例》第二十三条)；如果被指控的信息不构成侵权的，应当由发出错误通知的人向被服务对象承担赔偿责任，网络服务提供者不承担责任(《信息网络传播权保护条例》第二十四条)。由此可见，"通知与移除"规则为网络服务提供者建立了一个"避风港"，因此，该规则也被称为"避风港"规则。❶

我国专利法领域的"通知与移除"规则是由《专利法修订草案(送审稿)》在第

---

❶　程啸. 侵权责任法 [M]. 北京：法律出版社，2011：333.

六十三条第二款中增加的："专利权人或者利害关系人有证据证明网络用户利用网络服务侵犯其专利权或者假冒专利的，可以通知网络服务提供者采取前款所述必要措施予以制止。网络服务提供者接到合格有效的通知后未及时采取必要措施的，对损害的扩大部分与该网络用户承担连带责任。"

思考二："通知"和"必要措施"应如何认定

在"通知与移除"规则下，什么是有效的通知以及网络服务提供者在接到通知后应采取的必要措施包括哪些，并不是一成不变的。正如上述案例中二审法院在判决书中论述的那样：

"通知"是认定网络服务提供者是否存在过错及应否就危害结果的不当扩大承担连带责任的条件。"通知"是指被侵权人就他人利用网络服务商的服务实施侵权行为的事实，向网络服务提供者所发出的要求其采取必要技术措施，以防止侵权行为进一步扩大的法律行为。通知既可以是口头的，也可以是书面的。通常，通知内容应当包括权利人身份情况、权属凭证、证明侵权事实的初步证据以及指向明确的被诉侵权人网络地址等材料。符合上述条件的，即应视为有效通知。发明或实用新型专利侵权的判断往往并非仅依赖表面或书面材料就可以作出，因此专利权人的投诉材料通常需包括权利人身份、专利名称及专利号、被投诉商品及被投诉主体内容，以便投诉接受方转达被投诉主体。

网络服务提供者接到通知后所应采取必要措施包括但并不限于删除、屏蔽、断开链接。"必要措施"应根据所侵害权利的性质、侵权的具体情形和技术条件等来加以综合确定。但是将有效的投诉通知材料转达被投诉人并通知被投诉人申辩，当属天猫公司应当采取的必要措施之一。否则权利人投诉行为将没有任何意义，权利人的维权行为也将难以实现。网络服务平台提供者应该保证有效投诉信息传递的顺畅，而不应成为投诉信息的黑洞。

思考三："通知与移除"规则在专利法领域中适用的特殊性

网络服务提供者识别网络用户专利侵权的行为比识别其他网络侵权行为要困难得多，毕竟，在专利侵权领域，判断是否构成专利侵权需要进行技术特征比对等一系列较为复杂而专业的过程，而网络服务提供者只是经营者，并不具备专业的判断专利侵权的能力。

因此，有学者认为，电子商务交易平台服务商应当对专利权人发出的"通知"和网络卖家发出的"反通知"的有效性进行审查，具体可按照以下程序：对于权利人的"通知"中附有的人民法院或者行政执法机关认定专利侵权成立的判决书或裁决书，电子商务交易平台服务商应当根据"通知"对侵权信息的定位，及时对侵权产品的信息采取删除、屏蔽、断开链接等措施；对于权利人发出的附有执法机关裁决书以外的通知，电子商务交易平台服务商应将该通知送达给网络卖家，要求其在一定时间内提出反通知。若网络卖家在规定的合理时间内，未提出反通知，则推定网络卖家侵权成立，电子商务交易平台服务商应对通知中所列出的商品信息采取必要的移除措施；如果网络卖家提出反通知，且该反通知能够证明，网络卖家侵犯专利权的可能性不太大，则电子商务交易平台服务商应通知专利权利人请求法院或行政执法机关处理此纠纷，电子商务交易平台服务商将根据判决或裁决结果采取相应措施。❶

由此可见，专利权领域的"通知与移除"规则的适用相较于著作权等其他领域的适用比较特殊，需要特殊考虑网络服务商的识别专利侵权的能力，这样才能更好的实现专利权人、网络服务提供者、网络用户之间的利益平衡。

---

❶ 祝建军. 电子商务交易平台服务商侵害专利权责任的认定 [J]. 人民司法，2013（16）: 72.

1.9 网络交易平台在第三方侵权中的责任认定：
嘉易烤诉天猫案、捷顺诉天猫案

作　者　杜梦婷*

指导教师　何　隽

　　本文将通过"嘉易烤案"和"捷顺案"对网络交易平台提供商在第三方交易行为中是否存在侵权连带责任进行分析，并通过对阿里巴巴、京东、苏宁等平台的知识产权保护规则进行描述，为网络交易平台提供商如何规避侵权提出建议。

一、嘉易烤诉天猫等侵害发明专利权纠纷案

🔨 案　号

一审：浙江省金华市中级人民法院（2015）浙金知民初字第 148 号

二审：浙江省高级人民法院（2015）浙知终字第 186 号

🔨 当事人

原告：威海嘉易烤生活家电有限公司

被告：永康市金仕德工贸有限公司、浙江天猫网络有限公司

🔨 基该案情

原告嘉易烤公司是专利号为 ZL200980000000.8 的专利权人，嘉易烤公司发现被

＊ 杜梦婷，湖北武汉人，2017 年获得中国农业大学管理学学士学位，现为清华大学清华—伯克利深圳学院数据科学和信息工程专业硕士研究生。

告金仕德公司未经原告许可，在天猫商城等网络平台大肆宣传并销售原告专利权的产品，严重损害了嘉易烤公司的合法权益。2015 年 1 月 29 日，嘉易烤公司的委托代理机构向北京市海城公证处申请证据保全公证，在天猫商城购买了侵权商品。2015 年 2 月 10 日，嘉易烤公司委托案外人张某军向淘宝网知识产权平台上传了包含专利侵权分析报告和技术特征比对表在内的投诉材料，但淘宝网仅对该投诉材料作出审核不通过的处理。

嘉易烤公司于 2015 年 4 月 7 日向法院起诉称：金仕德公司未经嘉易烤公司的许可在天猫平台上销售专利号为 ZL200980000002.8 的专利产品，构成专利侵权；天猫公司在嘉易烤公司提交投诉申请后未采取有效措施，应与金仕德公司共同承担侵权责任，请求法院判令两公司停止侵权，连带赔偿损失 50 万元。

一审法院浙江省金华市中级人民法院经审查后判决被告金仕德公司立即停止销售侵犯专利号为 ZL200980000002.8 的发明专利权的产品，赔偿原告嘉易烤公司经济损失 15 万元，被告天猫公司对此赔偿金额中的 5 万元承担连带赔偿责任。被告天猫公司因不服一审判决，向浙江省高级人民法院提起上诉。二审法院认为原判认定事实清楚，适用法律正确，对于被告天猫公司提出的上诉理由不予支持。

🔨 争议焦点及法院判决

案件较大的一个争议点在于天猫公司是否该承担连带责任。天猫公司答辩称由于涉案产品是否侵权及是否使用在先均无法确定，且天猫公司在嘉易烤公司起诉后已删除了涉案产品链接，故由其承担连带责任缺乏事实和法律依据。

浙江省金华市中级人民法院一审认为，根据《侵权责任法》第三十六条第二款规定，网络用户利用网络服务实施侵权行为的，被侵权人有权通知网络服务提供者采取删除、屏蔽、断开链接等必要措施。网络服务提供者接到通知后未及时采取必要措施的，对损害的扩大部分与该网络用户承担连带责任。该案中，嘉易烤公司向淘宝网知识产权平台上传了详细的投诉材料，符合相关规定，属于有效的"通知"。天猫公司以"烦请在实用新型、发明的侵权分析对比表表二中详细填写被投诉商品落入贵方提供的专利权利要求的技术点，建议采用图文结合的方式——指出，并提供购买订单编号或双方会员名"为理由，驳回了嘉易烤公司的投诉申请。且天猫公司在嘉易烤公司向法院提起诉讼之后才对涉案产品进行了下架和删除链接的处理，而这之间是否采取了必要措施以防止损失扩大，无法得到证实。因而天猫公司未尽到合理的审查义务，应当对损害扩大的部分与金仕德公司承担连带责任。

故一审法院于 2015 年 8 月 12 日判决：金仕德公司立即停止侵权行为并赔偿嘉易烤公司 15 万元，天猫公司对其中的 5 万元承担连带赔偿责任。天猫公司因不服判决提起上诉。

浙江省高级人民法院二审认为，天猫公司涉案被诉侵权行为是否构成侵权，应该从天猫公司主体性质、嘉易烤公司"通知"有效性、天猫公司接到通知后是否应该采取措施、采取措施的必要性和及时性等出发进行分析并作出判断。

（1）天猫公司是网络服务的提供商，网络服务提供者在接到侵权投诉后应及时采取必要措施，防止被侵权人的损失进一步扩大。

（2）嘉易烤公司向淘宝网知识产权保护平台上传了被投诉商品链接及专利侵权分析报告、技术特征对比表等投诉材料。由于发明或实用新型专利的判断不能仅依靠表面或书面材料，因此专利权人的投诉材料通常只需包括权利人身份、专利名称及专利号、被投诉商品及被投诉主体内容，以便投诉接受方转达被投诉主体。在该案中，嘉易烤公司的投诉材料已完全包含上述要素，嘉易烤公司可以根据自己利益的考量决定是否接受天猫公司的投诉规制，故本院对于天猫公司辩称嘉易烤公司未提供"购买订单号"及"交易双方会员名"的理由不予认可。

（3）天猫公司在接到通知后作出了审核不通过的处理，并要求嘉易烤公司"将被投诉商品落入贵方提供的专利权利要求的技术点用图文结合的方式一一指出"。虽然天猫公司要求投诉方提交更详细的材料有利于对被投诉行为的性质作出初步判断并采取相应措施，但这不能成为权利人投诉通知有效的必要条件。在该案中，嘉易烤公司提交的投诉材料图文并茂，内容翔实，天猫公司仍以格式化的回复驳回了投诉申请，处置失当。

（4）天猫公司作为网络服务平台的提供者，基于其公司对于发明专利侵权判断的主观能力、侵权投诉胜诉概率以及利益平衡等因素的考量，并不必然要求天猫公司在接受投诉后对被投诉商品立即采取删除和屏蔽措施。对被诉商品采取的必要措施应当秉承审慎、合理原则，以免损害被投诉人的合法权益。但是将有效的投诉通知材料转达被投诉人并通知被投诉人申辩，当属天猫公司应当采取的必要措施之一。

被投诉人对于其或生产或销售的商品是否侵权，以及是否应主动自行停止被投诉行为，自会作出相应的判断及应对。而天猫公司未履行上述基本义务的结果，导致被投诉人未收到任何警示，从而造成损害后果的扩大。至于天猫公司在嘉易烤公司起诉后即对被诉商品采取删除和屏蔽措施，当属审慎、合理。

综上，天猫公司对损害的扩大部分应与金仕德公司承担连带责任。天猫公司就此提出的上诉理由不能成立。关于天猫公司所应承担责任的份额，一审法院综合考虑侵权持续的时间，及天猫公司应当知道侵权事实的时间，确定天猫公司对金仕德公司赔偿数额的 5 万元承担连带赔偿责任，并无不当。遂于同年 11 月 17 日二审法院判决：驳回上诉，维持原判。

二、捷顺诉天猫等侵害实用新型专利权纠纷案

🔨 案　号

一审：浙江省杭州市中级人民法院（2016）浙 01 民初 1004 号

🔨 当事人

原告：嘉兴捷顺旅游制品有限公司

被告：广州市好媳妇日用品有限公司、浙江天猫网络有限公司

🔨 基该案情

原告捷顺公司拥有专利号为 ZL20062010××××.3 的独占实施权，后经捷顺公司调查取证发现被告天猫公司和被告好媳妇公司未经专利权人许可实施了侵犯专利权的行为，涉案产品经对比完全落入涉案专利的保护范围。捷顺公司于 2016 年 8 月 30 日向浙江省杭州市中级人民法院提起诉讼，要求法院判令好媳妇公司停止侵权行为，天猫公司和好媳妇公司共同赔偿捷顺公司经济损失和相关费用共计 50 万元。

经当事人陈述和审查确认的证据，本院认定被控侵权商品落入涉案专利权保护范围，属侵权产品。在涉案专利有效期内，好媳妇公司未经许可，制造和销售涉案专利权的产品，构成侵权。而天猫公司是网络服务提供者，未直接实施侵权行为，

且起到了合理的注意义务，不承担共同侵权责任。一审法院最终判决好媳妇公司赔偿捷顺公司经济损失 6 万元，维权合理费用 1 万元。

⚖️ **争议焦点及相应判决**

该案的争议焦点在于天猫公司是否应该承担侵权责任。

天猫公司辩称，其作为网络服务提供者，不参与买卖行为，未实施直接的侵权行为；在捷顺公司起诉前，并不知晓侵权信息的存在，对侵权行为的发生不存在主管的过错；捷顺公司在起诉前未通过阿里巴巴知识产权保护平台进行投诉。天猫公司在收到了诉状后已经将涉案产品进行删除，并将其提供浙江省知识产权研究与服务中心进行咨询，基于咨询结果进行处理。

浙江省杭州市中级人民法院一审认为，在涉案专利权有效期内，天猫公司未经许可，在其货架上展示，并实际销售侵害涉案专利权的产品，构成许诺销售、销售侵权行为。但天猫平台上所售产品均由好媳妇公司提供，来源合法，作为网络服务提供者，天猫公司未直接实施制造、销售、许诺销售侵权产品的行为，不构成直接侵权。捷顺公司亦无证据证明其在起诉前向天猫公司投诉，而天猫公司提交证据证明侵权产品链接已经删除，故天猫公司对侵权行为的发生或结果的扩大不存在过错，不承担共同侵权责任。一审法院判定天猫公司不承担连带赔偿责任。

三、述 评

⚖️ **思考一：网络服务提供者在第三方专利侵权行为中责任分类**

在国外，网络服务提供者在第三方侵权行为中的侵权责任可以分为直接侵权和间接侵权，其中间接侵权责任是指损害的后果并非由网络服务提供者造成，但由于其未尽到避免和防止损害扩大等义务，所以需要承担相应的责任。间接侵权责任也会根据网络服务提供者是否有主观损害他人利益的想法、是否知情、是否从中获利等有所不同。❶

长期以来，我们经常提到的"间接侵权"概念在中国缺乏法律基础，所以在

---

❶ 吴艳. 网络服务提供者在第三方侵权行为中的责任认定 [J]. 科技与法律，2012（04）：88-92.

2013 年的《专利侵权判定指南》中，北京市高级人民法院将 2001 年发布的《专利侵权判定若干问题的意见（试行）》中的"间接侵权"一词换成了"共同侵权"。在北京市高级人民法院发布的最新版《专利侵权判定指南（2017）》中规定，"两人或两人以上共谋实施或者相互分工协作实施侵犯专利权行为的，构成共同侵权。""明知他人的实施行为构成专利法第十一条规定的侵犯专利权行为，而予以教唆、帮助的，教唆人或帮助人与实施人为共同侵权人，应当承担连带责任。" ❶

根据《侵权责任法》的规定，我国网络服务提供者侵权责任的类型可以划分为两类：一类是网络服务提供者对自己实施的侵权行为应该承担责任；另一类是网络用户利用网络服务实施侵权行为与网络服务提供者承担共同责任。❷ 在"嘉易烤案"中，天猫公司并未尽到注意义务，在收到嘉易烤公司投诉材料后，没有积极采取必要措施，所以需要承担连带责任。而在"捷顺案"中，天猫公司在捷顺公司上诉前并不知情，在收到投诉后，也删除了商品链接，防止捷顺公司的损失进一步扩大，所以不需要承担连带责任。

在实际情况中，侵权责任的判定和分类还存在着很多的问题，前述的案例都属于"间接侵权"而不是直接侵权。比如，天猫作为一个网络交易平台提供商，其主要营利方式是为商家打广告、做推广等，被告商家在平台进行产品销售过程中，天猫公司也会为其产品进行宣传推广，在某种意义上，这种行为会进一步扩大专利权人的损失。我国现有的法律中并未将这些特殊的侵权情况考虑在内，只着重于"是否侵权"的判断，这也给法院确定网络交易平台提供商在案件中赔付比例增加了难度。

思考二：网络交易平台提供商在第三方专利侵权中连带责任认定

（1）"避风港原则"——"通知—删除"规则。

"避风港原则"正式形成于 1998 年美国制定的《数字千禧年版权法》，根据其第五百一十二条规定"网络服务提供者使用信息定位工具，包括目录、索引、超文本链接、在线存储网站，如果由于其链接、存储的相关内容涉嫌侵权，在其能够证明自己并无恶意，并且及时删除侵权链接或者内容的情况下，网络服务提供者不承担

---

❶ 北京市高级人民法院.《专利侵权判定指南（2017）》，[2017 年 4 月 20 日]

❷ 李崇廷. 论网络服务提供者的侵权责任 [J]. 法制博览，2017（16）：112–113.

赔偿责任。"

　　虽然我国法律条文上没有"避风港原则"这一术语，但其立法的精神在《信息网络传播权保护条例》《侵权责任法》《最高人民法院关于审理侵害网络传播权民事纠纷案适用法律若干问题的规定》《最高人民法院关于审理利用信息网络侵害人身权益民事纠纷案件适用法律若干问题的规定》等法律法规和司法解释中都有所体现。❶ 比如，现行的《侵权责任法》第三十六条规定："网络用户、网络服务提供者利用网络侵害他人民事权益的，应该承担侵权责任。网络用户利用网络服务实施侵权行为的，被侵权人有权通知网络服务提供者采取删除、屏蔽、断开链接等必要措施。网络服务提供者接到通知后未及时采取必要措施的，对损害的扩大部分与该网络用户承担连带责任。"这也从反面规定了"避风港原则"的内容。

　　"通知—删除"规则（即"避风港原则"）对网络服务提供者起到了保护的作用，但也存在很多的弊端。首先，平台为了避免承担侵权责任可以在接收到投诉通知后立即作出相应的删除措施，这样的做法可能会导致虚假投诉、诈骗等情况的增加，不利于网络环境良好健康的发展。其次，各类的增值服务如店铺租金、服务交易费、宣传广告费、物流直通车等是网络交易平台提供商主要的盈利来源❷，这样的做法势必会减少平台的收入来源、损害自身的利益。但是平台未及时采取行动，则很有可能会承担更严重的后果。在嘉易烤案中，天猫公司因未能在短时间内删除侵权商品链接而赔偿嘉易烤公司 5 万元，这也说明了在知识产权保护越来越受重视的今天，合理防范侵权风险变得格外重要。最后，由于专利侵权的复杂性和专业性，平台方在处理专利投诉时没有足够的能力作出侵权与否的判断，这也常常使得网络交易平台提供者陷入两难的境地，对于了解相关领域的人员而言，嘉易烤公司提交的材料可能已经足够充分，但考虑到天猫公司的投诉处理后台是人工操作，而工作人员的知识储备及认知能力等都是有限的，所以可能对材料内容的具体程度要求更高。

　　（2）"通知"的界定。

　　"网络用户利用网络服务实施侵权行为的，被侵权人有权通知网络服务提供者采

---

❶　徐明. 避风港原则前沿问题研究——以"通知 - 删除"作为诉讼前置程序为展开［J］. 东方法学，2016（05）：28-36.

❷　秦敏花. 电子商务盈利模式分析——以淘宝网为例［J］. 电子商务，2013（07）：16-17.

取删除、屏蔽、断开链接等必要措施。"在嘉易烤案中，嘉易烤公司向淘宝网知识产权平台上传了详细的投诉材料，天猫公司以材料不详实为由驳回了嘉易烤公司的投诉申请。而二审法院认为由于发明或实用新型专利的判断不能仅仅依靠表面或书面材料，因此专利权人的投诉材料通常只需包括权利人身份、专利名称及专利号、被投诉商品及被投诉主体内容，以便投诉接受方转达被投诉主体。由此可见，不同的主体对于"通知"的具体内容有着不同的界定。结合有关规定，有效的通知要件一般包括：权利人的姓名、联系方式、地址；要求删除或断开链接的侵权产品、方法、行为等；专利权有效的证明；专利权人对于侵犯专利权产品等的具体证明材料等。❶

（3）"必要措施"的范围和时效性。

随着互联网平台上知识产权类案件不断增多，以及"通知—删除"原则的弊端逐渐显露，很多平台开始采取"通知—反通知—删除""通知—反通知—等待法院判决"等各种其他形式❷。《侵权责任法》规定网络服务提供者接到通知后应当采取必要措施，而条款描述中仅提到了"删除、屏蔽、断开链接等"，对于除这三种措施之外的其他措施是否属于必要措施并没有详细解释，那么"反通知"是否属于必要措施则不是很明确，具有一定的主观性和不确定性。

对于采取必要措施的时效性，法律条文中也缺少相应的规定。在捷顺案中，捷顺公司于2016年8月30日向法院提起了上诉，控告好媳妇公司和天猫公司侵权，基该案情中提到2017年3月17日商品链接被删除。经过了半年多的时间，天猫公司才采取了相应的措施。在这期间，好媳妇的侵权商品仍在继续销售，损失也随之扩大，而天猫公司并未承担连带责任。对于"有效通知"而言，"上诉"是否算作是有效通知的一种，而上诉后天猫公司是否应该参与到举证的过程中，天猫公司应该在权利人上诉后立即采取必要措施还是等待法院评审结束等，都应该进一步明确。

思考三：网络交易平台提供商如何规避侵权风险

网络交易平台提供商为了规划自身平台的管理，严格把控侵权行为的发生，往往会制定属于平台自身的投诉规则，如阿里巴巴就建立了一套完整的知识产权保护

---

❶ 韩鑫鑫. 论网络服务提供者在专利侵权中的义务规则［J］. 法制与经济，2017（04）：29-30.
❷ 冯术杰. 网络服务提供者的商标侵权责任认定——兼论《侵权责任法》第36条及其适用［J］. 知识产权，2015（05）：10-19.

体系，阿里巴巴知识产权保护平台 ❶ 可以为权利人提供维权投诉、品牌合作、知识产权投诉政策和规则等各种服务，将知识产权保护与商家信用等级等进行挂钩，以规范商家的销售行为。

不同于一般的"通知—处理"原则，阿里巴巴公布的投诉规则"通知—转通知—反通知—处理"原则将商家的信用等级与"是否在接到有效投诉后立即删除商品链接"联系在一起，无论是投诉方还是被投诉方均要在阿里巴巴的知识产权平台上进行实名验证和知识产权权利验证，旨在减少知识产权恶意投诉情况的发生。权利人在自身权利受到侵害后，可以登录平台按规定提交相应的材料，被投诉方将在平台上看到被投诉的信息。若被投诉方属于初次被投诉且信用良好，则有三天的时间准备未侵权证明材料；若被投诉方不是初次被投诉或信用一般，阿里巴巴则会先进行链接删除，再等待被投诉方的"反通知"。

这一流程不仅适用于阿里巴巴，也适用于其他的网络交易平台。但即使流程在不断地更改和完善，却仍旧存在很多的问题。如投诉材料和反通知材料的要求十分烦琐，准备材料本身就是一件十分困难的事情，需要耗费大量的时间和精力；"通知—转通知—反通知—处理"的时间跨度往往很长，对于被投诉方来说，仅有短短几天时间来准备反通知所需要的材料，否则商品就会被下架，有失公允。若投诉失败，被投诉方在这期间所产生的损失应该由平台还是投诉方或者被投诉方自行承担，仍值得进一步探究；法律并未明确规定"转通知"属于必要措施，实际情况复杂多样，规则本身在不受法律认可的情况下能有多大的效力还不能确定；在海量的交易环境下，知识产权侵权案件数量逐年上升，凭借人工处理，效率很低下，他们是否能够遵守平台规则，认真完成投诉处理等工作也是很关键的。

有效规避侵权责任风险应该从预防、监测、投诉处理等几个方面同时进行。

（1）提前预防。

对于网络交易平台提供商而言，在允许商家进驻平台、许可商品上架时就应该严格把控商家的相关资质和商品信息。目前阿里巴巴的信息审核比以前严格了许多，明面上的售假现象明显有所控制，但是仍存在很多商家钻空子，如对商品描述和图片等进行修改仿冒然后销售的情况。为了更好地实施知识产权保护政策，对于前期入驻、商品发布等规定应该更为严格。

---

❶ https：//ipp. alibabagroup. com/index. htm.

（2）过程检测。

在商家入驻后，平台也应该对其在经营过程中的商品上架、下架信息等进行防控，由于平台上存在着海量的数据，审核处理起来难度都非常大，不可能做到百分之百准确，所以不定时地对一些重要的品牌商品等进行审查是很有必要的。

（3）投诉处理。

在投诉处理方面，网络交易平台提供商的规则制定应该进一步完善。比如捷顺案中好媳妇公司的信用等级高，品牌影响力大，按照阿里巴巴的规定，并不会对好媳妇公司的商品作出马上删除链接的处理。虽然知名度高的公司不容易侵权，但知名度高的公司侵权给当事人造成的损失也会更大。对于阿里巴巴提到的是否是"首次投诉"也存在不足，"首次投诉"并不能表示该商家侵权的可能性低，而被投诉次数多的商家也不一定侵权可能性就高。所以对于商家的评定应该综合多方面因素进行考虑，除了信用等级、被投诉次数，还要考虑被投诉结果、品牌知名度、甚至商品销量等其他因素。

网络交易平台提供商不仅仅要制定和完善规则，还应该加强工作人员的培训和管理，提升他们的综合业务能力。随着大数据、人工智能和深度学习等的发展，利用技术进行简单投诉的自动处理也会提高处理的效率和水平。

思考四：网络交易平台如何提高知识产权保护水平

亚马逊的平台由自营和商家入驻两个部分组成，在商品进驻之前就有进行严格的审核，所以知识产权侵权类案件相比于阿里巴巴要少很多，但知识产权侵权现象在每个平台都是存在的。近几年来，亚马逊平台商品屡遭投诉，其商品是真是假也变得很难判断。2016 年 10 月，苹果公司调查发现，亚马逊上售卖的苹果公司专用的充电器和线缆都是"山寨货"，亚马逊自营配件 90% 都是假货，自营商城沦陷后，第三方商家的管理也十分混乱。❶ 亚马逊目前采用的是"通知—转通知 / 删除—反通知"原则，投诉者举报侵权行为无须登录亚马逊平台，投诉者需要提交的信息也相对简单很多，仅包括投诉种类、具体内容、品牌标识及受保护元素、其他信息和亚马逊标准识别码或产品链接，平台、商家和投诉者之间的联系多半都是通过邮件完成，这也导致了虚假投诉屡屡发生。亚马逊的做法虽然有效避免了自己承担侵权

---

❶ http://finance. sina. com. cn/consume/2016 – 10 – 20/doc – ifxwztru6639815. shtml.

连带责任的情况，但是对于商家而言却是极不公平的，他们缺少与投诉者联系的渠道和反通知的渠道，很多时候商家的账号可能因为被投诉而受到影响。

京东商城和苏宁易购也分为自营和商家入驻两个部分，但与亚马逊的知识产权保护制度相比要完善很多，这也与京东、苏宁是中国的企业，而亚马逊的总部在美国有很大的关系。京东的知识产权维权系统❶采用的是"提交投诉—资料审核—申诉通知—结果处理"方式，投诉方需要提供主体资格证明、权利证明、被投诉商品信息和承诺及其他证明，投诉周期大概在半个月左右。2017 年 3 月，苏宁易购知识产权保护中心建立，成为江苏上线的首个全功能电子商务平台知识产权保护系统❷。可以为专利、商标、著作权权利人提供全流程、方便透明的知识产权投诉服务，其流程也分为"权利人信息审核—提交投诉—处理"等步骤。

在互联网时代，对于网络服务提供者而言，知识产权保护已经不仅仅只是提供者自身的事情。在捷顺案中，我们可以看到侵权商品不仅仅在天猫、淘宝平台上销售，在京东、苏宁等其他的电商平台也均有销售。如果严格遵循"投诉 - 处理"的原则，则会严重损害权利人的利益。不论是投诉、上诉还是等待平台处理，都是漫长的过程，需要耗费很高的成本，这也给权利人维权造成了极大的阻碍。知识产权保护的生态圈亟待建立，各平台之间资源共享、信息互通也可以促进行业更健康快速的发展。

---

❶ http://help. jd. com/user/issue/343 - 1067. html.
❷ www. nanjing. gov. cn.

第 2 章　商标权纠纷案例评析

　　本章选取最高人民法院、北京市高级人民法院、广东省高级人民法院、湖北省高级人民法院、北京知识产权法院、北京市第一中级人民法院、宿迁市中级人民法院终审的 9 个案件，探讨的问题涉及名人姓名能否注册为商标、期刊名称的商标注册问题、商标案件中在先权利的界定、商标反向混淆案件中如何确定侵权赔偿额、立体商标显著性认定、假冒注册商标行为的多个面相。

2.1 名人姓名能否注册为商标：姚明案、张学友案、刘翔案

作   者 宁宜文 *

指导教师 何 隽

将名人姓名进行商标注册的行为屡见不鲜，由此类行为引发的争议也不在少数，那么名人姓名究竟能否注册为商标？对名人姓名权保护的边界又究竟在哪里？

以下将对姚明案、张学友案和刘翔案进行分析。

一、姚明案

📌 案　号

一审：武汉市中级人民法院（2011）武民商初字第 66 号

二审：湖北省高级人民法院（2012）鄂民三终字第 137 号

📌 当事人

原告：姚明

被告：武汉云鹤大鲨鱼体育用品有限公司（以下简称武汉云鹤公司）

📌 基该案情

武汉云鹤公司擅自将姚明的姓名及包含其姓名的"姚明一代"产品作为商业标

---

* 宁宜文，河南开封人，2017 年获得清华大学法律硕士学位，现任职于中国银行间市场交易商协会。硕士论文：《商业外观的法律保护》。

识进行使用，谋取利益。

一审武汉市中级人民法院认为：武汉云鹤公司在商品销售的宣传过程中，多次使用姚明的姓名及肖像，将其生产和销售的运动型产品与姚明相联系，借鉴姚明良好的社会形象及在消费者中具有的影响力，对其生产和销售的产品进行引人误解的宣传，使消费者对商品的来源产生混淆，违背了诚实信用原则，既侵害了姚明的姓名权及肖像权，也构成不正当竞争。法院判决：武汉云鹤公司立即停止侵害姚明姓名权和肖像权及对姚明的不正当竞争行为，并在《中国工商报》《中国体育报》《解放军报》《楚天都市报》上刊载声明向姚明赔礼道歉、消除影响，同时赔偿姚明经济损失 30 万元。姚明以一审判决赔偿数额过低为由，提起上诉。

二审法院湖北省高级人民法院认为：未经权利人授权或许可，任何企业或个人不得擅自将他人姓名、肖像、签名及其相关标识进行商业性使用。武汉云鹤公司作为市场经营者，违反公认的商业道德，违背诚实信用原则，其行为不仅严重损害权利人的合法权益，也严重损害消费者的合法权益，严重扰乱社会经济秩序，应予立即和严厉制止。依照武汉云鹤公司侵权行为的性质、后果、持续时间及其主观过错等因素，确定由武汉云鹤公司赔偿姚明包括维权合理费用在内的经济损失共计 100 万元。

二、张学友案

🔨 案　号

商评字【2003】第 1247 号

🔨 当事人

申请人：张学友制作有限公司

被申请人：潮阳市港轩制衣实业有限公司

🔨 基该案情

潮阳市港轩制衣实业有限公司在第 25 类衣物等商品上注册使用第 1132643 号"张学友 ZHANGXUEYOU 及图"商标。

商标评审委员会认为：《中华人民共和国商标法》（以下简称《商标法》）明确规定商标的使用不得有害于社会主义道德风尚或者有其他不良影响。该案中，虽然作为被申请人公司人员的张学友享有姓名权，被申请人以其姓名作为商标申请注册是经其合法授权的，但被申请人以其姓名作为商标注册于衣物、衬衫等商品上，因争议商标文字与香港艺人张学友姓名相同，后者已具有一定的社会知名度，其姓名已为公众所熟知，争议商标核定使用的商品与后者所从事的演艺事业有密切联系，故在实际使用中易使消费者产生联想，将被申请人的上述商品与著名香港艺人张学友联系在一起，从而发生商品来源的误认，并对著名香港艺人张学友个人声誉造成不良影响。因此，被申请人行使权利已超出合法的界限，损害了广大消费者及香港艺人张学友的合法权益，具有不良影响。争议商标均应予以撤销。

三、刘翔案

🏛 案　号

北京市第一中级人民法院（2012）一中知行初字第 3472 号

🏛 当事人

原告：耐克国际有限公司

被告：中华人民共和国国家工商行政管理总局商标评审委员会（简称商标委）

🏛 基该案情

1986 年，上海某企业注册了"刘翔牌"商标，申请注册的种类为服装类，商标专用权期限至 2017 年。作为刘翔的赞助商，耐克公司于 2006 年 5 月向商评委申请注册"刘翔"为商标时遭到拒绝。耐克公司认为，刘翔具有较高知名度，其姓名有巨大的商业和经济价值，姓名权及其商品化权也应该受到法律保护，耐克公司经刘翔本人授权有权把刘翔的姓名、形象作为商标进行商业化使用，遂将商评委告上北京市第一中级人民法院。

北京市一中院认为：该案中，耐克公司的申请商标与此前已经注册的刘翔牌商标构成近似，二者使用在同一种商品上，容易导致相关公众对商品的来源产生混淆和误认。刘翔确系中国体坛的知名人物，其本人及经过其授权的公民或者法人有权利用其知名度获取商业利益。但在商标注册领域，《商标法》采取先申请原则，即在不违反相关法律规定的情况下，对于相同或者近似商标仅核准注册申请在先的商标。因此，耐克公司即便得到了刘翔的授权，也并不意味着其具有获得在服装商品上注册申请商标的当然权利，法院遂支持了商评委所做的决定，驳回了耐克公司的诉讼请求。

四、述 评

综合分析上述三个案例，法院或商评委的裁判思路主要从以下四个方面出发：第一，是否构成侵犯姓名权；第二，是否使消费者产生混淆并带来不良影响；第三，是否违反商业活动中诚实信用原则；第四，是否存在在先申请。在另外一些案例中，还存在将姓名权作为在先权利，防止商标注册损害他人在先权利的情形。

上述三个案件的裁判结果也有所不同，相比于"张学友"案和"姚明"案中对原告方姓名权的维护，"刘翔"案的裁决则是支持了原有"刘翔牌"商标的存续。论及原因，是因为在该案中，虽然"刘翔牌"商标与飞人刘翔重名，却因上海刘翔实业有限公司早在1986年即申请注册此商标，且该商标的取名主要是因为申请人姓刘，住在毅翔村，取"翔"字又有"一飞冲天"的寓意；而彼时运动员刘翔年仅3岁。因此，该公司的注册行为显然不是借刘翔的知名度而为的"搭便车"之举，不存在恶意。❶ 同时，依据商标法的先申请原则，仅核准注册申请在先的商标。不管刘翔的知名度有多高，都不能侵犯在先商标的权利，因此审判结果也与前两个案例截然不同。

在探讨名人姓名权的问题时，首先需要明确的问题便是何谓姓名权。依据《民法通则》第九十九条的规定，**公民享有姓名权，有权决定、使用和依照规定改变自己的姓名，禁止他人干涉、盗用或假冒。**而名人作为一种特殊群体，因其公众性和较高的知名度，不仅能如大众一般享有姓名权带给自己的人格精神利益，更可通过姓名与自身名气的连结，获得相应的经济利益。因而在实践中更易被人利用以谋求私利，从而更值得法律深一层次的关注。

❶ 桂爽. 名人姓名商标注册的类型化分析与规制建议［J］. 中华商标，2015，(11)：42.

　　放眼我国法律对名人姓名商标注册的保护，并无明确系统的规定。除了上文提到的《民法通则》中对于姓名权广泛的保护条款外，**《最高人民法院关于贯彻执行〈中华人民共和国民法通则〉若干问题的意见》中进一步规定，盗用、假冒他人姓名、名称造成损害的，应当认定为侵犯姓名权、名称权的行为。而《商标法》中亦有商标注册不得损害他人现有在先权利的规定，姓名权作为在先权利的一种，在此条款中亦得到保护。**除此之外，商标注册不得损害道德风尚等规定，在某些情况下亦可用来为恶意注册名人姓名为商标的行为进行维权。然而现有法条中，尚缺乏明确清晰的禁止他人以名人姓名为注册商标的法律规范，这也使得此类案件的维权成本与难度居高不下。

　　现实生活中，以名人姓名或其变体衍生形式等为商标进行注册的情形纷繁多样，不仅包括姓名谐音，亦有以艺名、昵称等别称为名进行注册的，甚至包括已故名人的姓名。这种变体形式恰是人们眼中显而易见的擦边球行为，却往往因当事人难以证明姓名与商标名完全相同而以失败告结。为了避免上述欠缺公正的结果出现，可以从两个层面出发来思考解决方式。其一，司法实践中对于达到何种程度的相似即构成侵权的标准的划定。这一点应延续商标法上的混淆标准，即当注册商标足以使一般消费者将之与名人联系起来从而产生混淆，误以为该品牌产品是名人旗下或获其授权时，就应认定混淆的存在；再辅以注册时的恶意（已知）判断，便可认定构成侵权。其二，立法层面的完善。最佳方式无疑是在商标法或其司法解释中加入恶意注册名人姓名为商标的禁止性规定，从而清楚明确地杜绝借他人东风为己牟利的行为。

2.2 期刊名称的商标注册问题："交大法学"商标注册案

作　　者　路小洒 *

指导教师　何　隽

学界一般认为期刊名称不能当然地获得商标注册，在什么情况下期刊名称可以被注册为商标是值得思考的问题。本文以"交大法学"商标注册案为例对该问题进行分析。

期刊名称和商标的功能不同，期刊名称一般用于简要提示内容，而商标的意义则在于区分出版物来源。因此学界一般认为期刊名称不能当然的获得商标注册。那么期刊名称在什么情况下可以被注册为商标，是值得我们思考的一个问题。本文将以"交大法学"商标注册案为例对该问题进行分析。

一、"交大法学"商标注册案

🔨 案　　号

北京知识产权法院（2016）京 73 行初 134 号

🔨 当事人

原告：上海交通大学

被告：国家工商行政管理总局商标评审委员会

---

* 路小洒，河南商丘人，2017 年获得清华大学法学硕士学位，现为上海市建纬（北京）律师事务所实习律师。硕士论文：《我国地理标志保护问题研究》。

🔨 基该案情

原告：上海交通大学

被告：国家工商行政管理总局商标评审委员会（以下简称商评委）

原告上海交通大学于 2013 年 12 月 25 日向商标局提出商标注册申请，申请商标为"交大法学"，指定使用的商品类别为第 16 类，包括小册子、印刷品、书籍、印刷出版物、证书、杂志（期刊）、平版印刷工艺品、书籍封皮、学校用品（文具）、教学材料（仪器除外）。

商标局认为该申请商标直接表示了商品的内容等特点，用在"杂志（期刊）"上易使消费者产生误认，不得作为商标注册，根据《商标法》第十条第一款第七项、第十一条第一款第二项的规定，驳回了注册申请。上海交通大学不服，在法定期限内提出复审申请，认为申请商标并不构成《商标法》第十一条第一款第七项、第十一条第一款第二项规定的情形，且经过长期使用已经取得了显著特征，应当予以注册。

商评委认为：第 13803205 号"交大法学"商标指定使用在"教学材料（仪器除外）"等商品上，直接表示了商品的内容等特点，缺乏商标应有的显著特征，且上海交通大学提供的在案证据不足以证明该申请商标在中国大陆地区经过使用已具有一定知名度，进而产生标识商品来源的显著性。若将该申请商标使用在"杂志（期刊）"等商品上则易导致相关公众对商品的内容等特点产生误认，属于《商标法》第十条第一款第（七）项所指的"不得作为商标使用"的标志。商评委根据《商标法》第十条第一款第（七）项、第十一条第一款第（二）项、第三十条和第三十四条的规定，决定对申请商标的注册申请予以驳回。因此，商评委于 2015 年 11 月 27 日作出商评字〔2015〕第 0000092865 号关于第 13803205 号"交大法学"商标驳回复审决定书。

二、争议焦点及法院判决

该案的争议焦点是申请商标是否构成《商标法》第十条第一款第（七）项、第十一条第一款第（二）项所指之情形，以及是否经过使用取得了显著特征。

1. 申请商标是否构成《商标法》第十条第一款第（七）项之情形

《商标法》第十条第一款第（七）项规定的是"带有欺骗性，容易使公众对商品的质量等特点或者产地产生误认的"的标志不得作为商标使用。该条规定的是标志本身或者其构成要素具有欺骗性，容易使相关公众对商品产生错误的认识的情形，且申请人的申请注册行为在主观上具有恶意。该案中，"交大法学"中的"交大"来自"上海交通大学"的学校名称，且"交大"为上海交通大学的注册商标，申请人上海交通大学主观上并无与其他"交通大学"混淆的故意，相关公众对商品的来源不会产生误认。从申请商标的实际使用来看，"交大法学"亦是使用在法学类杂志期刊上，相关公众对商品的内容也不会产生错误认识。因此并无适用《商标法》第十条第一款第（七）项的余地。

2. 申请商标是否构成《商标法》第十一条第一款第（二）项之情形

《商标法》第十一条第一款第（二）项规定的是"仅直接表示商品的质量、主要原料、功能、用途、重量、数量及其他特点的"的标志不得作为商标注册。从"交大法学"四个字本身来说，因"交大"是高校名称简称，"法学"亦是常见学科，所以其是描述性标志。但描述性标志能否注册为商标，应当对标志进行综合全面的考量。《最高人民法院关于审理商标授权确权行政案件若干问题的意见》第五条规定："人民法院在审理商标授权确权行政案件时，应当根据诉争商标指定使用商品的相关公众的通常认识，从整体上对商标是否具有显著特征进行审查判断。标志中含有的描述性要素不影响商标整体上具有显著特征的，或者描述性标志是以独特方式进行表现，相关公众能够以其识别商品来源的，应当认定其具有显著特征。"故描述性标志并非绝对属于《商标法》第十一条第一款第（二）项规定的不得作为商标注册的情形。在该案中，"交大法学"四字系江平教授的书法作品，在整体呈现方式上具有独特性，增加了该标志的固有显著特征；"交大"作为上海交通大学在第16类印刷品、印刷出版物、教学材料（仪器除外）等商品上的注册商标，已经和上海交通大学建立了较为稳定的对应关系，相关公众能够识别商品的来源。故商标评审委员会仅从文字组成上判断申请商标构成《商标法》第十一条第一款第（二）项规定情形，属于适用法律不当。

3. 申请商标是否经过使用取得了显著特征

《商标法》第十一条第二款同时规定，经过使用取得显著特征并便于识别的上述类型的标志（即《商标法》第十一条第一款规定的固有显著特征先天不足的标志），可以作为商标注册。上海交通大学还主张申请商标经过长期使用，取得了显著特征，可以识别并起到区分商品来源的作用。根据上海交通大学提交的使用证据,"交大法学"主要的使用方式是以期刊名称进行使用。故该案还需要审查以期刊名称的使用能否认定为商标意义上的使用。出版物(包括期刊)的名称一般在于简要提示内容,而商标的意义则在于发挥区分出版物来源的功能。因此,出版物名称和商标在保护范围上不能等同,出版物名称不能当然注册为商标。但期刊是一种具有连续性的出版物,在使用上具有反复性和一贯性。正是这种连续性,让期刊名称和期刊的主办单位建立了较为紧密的联系,能够发挥商标所应有的区分作用。该案中,期刊《交大法学》从创刊到正式发行,从纸质期刊到电子期刊,不断通过各种途径增强《交大法学》的知名度,在涉及 180 余种期刊的相关排名中亦相对较为靠前,与上海交通大学之间建立了较为紧密的联系。申请商标"交大法学"与期刊《交大法学》同名,使用在"教学材料(仪器除外)""杂志(期刊)"等商品上,相关公众能够识别其提供者即上海交通大学,亦不会与其他相同或类似商品的提供者产生混淆。同时,一般来说,教学类、期刊类相关公众的专业性程度较高,注意力亦较高,对"交大法学"使用在该案指定的商品类别上并不容易导致混淆误认。上海交通大学提交的申请商标的使用证据主要集中于"杂志(期刊)",但基于"杂志(期刊)"与"小册子、印刷品、书籍、印刷出版物、书籍封皮、教学材料(仪器除外)"具有一定的重合性以及联系甚为紧密,属于相同或类似商品,故法院认为,上海交通大学在"杂志(期刊)"上通过使用获得的显著特征可以及于"小册子、印刷品、书籍、印刷出版物、书籍封皮、教学材料(仪器除外)"等商品上。

三、述 评

期刊名称对期刊来说意义重大,中国期刊协会将其主办的《期刊锦绣》杂志更名为《中外期刊文萃》后,使期刊特色跃然于期刊名称之中,读者望"名"知"义",订量飙升。❶我国发生过很多期刊名称因被抢注为商标而被迫改名的案例,如西南农业大学和湖北省曾分别主办过同名的《农民之友》杂志,由于后者的期刊名称注册了商标,迫使前者的期刊更名为《科技兴农》,而后逐渐失去了原来的读者群,直至

❶ 范军. 论期刊刊名的虚与实 [J]. 出版科学,2001(4):32-34.

被市场淘汰。❶ 因此，加强对期刊名称的保护至关重要。

对于期刊名称能否获得商标注册，法院通过该案表明了立场：期刊名称能否获得商标注册，判断的标准需要回归到商标法本义上去，即从商标法的角度考察期刊名称是否具备商标注册的绝对条件（显著性、合法性、非功能性等）和相对条件（不侵犯他人的在先权利等）。在这个意义上，期刊名称的商标注册和普通标志的商标注册并无区别。比较特殊的地方在于期刊名称往往一方面为描述性标志，而另一方面又可以通过期刊的使用获得显著性。因此，需要法院衡量的在于期刊名称作为描述性标志是否在使用过程中获得了显著性，而这也是实践过程中最容易产生争议的地方。在该案中，"交大法学"从字面含义理解确属于描述性标志，但其通过《交大法学》期刊的使用获得了显著性，因此可以获得商标注册。

---

❶ 吕金柱. 期刊名称的商标权保护与开发利用 [J]. 中国科技期刊研究，2012（4）：616–619.

2.3　商标案件中在先权利的界定：创维案、功夫熊猫案

作　者　杨　阳*

指导教师　何　隽

　　我国《商标法》2001 年修改后，明确规定了在先权利制度。法院在司法实践中也越来越多地直接适用《商标法》第三十二条中关于在先权利的相关规定。但是现有制度仍存在诸多缺陷，即修订后的《商标法》虽然明确了对在先权利的保护，却没有进一步对在先权利的概念、特征、种类、范围等方面作出明确的规定。由于立法技术的不完善，在先权利的法律条文仍有诸多矛盾之处，这使我们不得不重新审视我国商标法对在先权利的界定。

一、"创维"商标案：诉争商标是否损害在先字号权

案　号

一审：北京市第一中级人民法院（2009）一中行（知）初字第 2685 号

二审：北京市高级人民法院（2010）高行终字第 337 号

再审：最高人民法院（2012）行提字第 22 号

当事人

申请再审人（一审原告、二审上诉人）：深圳创维 – RGB 电子有限公司

被申请人（一审被告、二审被上诉人）：国家工商行政管理总局商标评审委员会

---

　　*　杨阳，吉林镇赉人，2017 年获得清华大学法律硕士学位，现为北京知识产权法院审判第二庭法官助理。硕士论文：《商标法在先权利适用范围问题研究》。

第三人：中山市新时代公关广告有限公司

🔨 案情简介

新时代公司在第 9 类假币检测器等商品上申请注册了第 1586269 号 "创维 SKYHIGH" 商标（即诉争商标），并于 2001 年 6 月 14 日被核准注册。创维公司主张诉争商标损害了其在先字号权，向商标评审委员会提出撤销申请。商标评审委员会作出商评字（2009）第 11698 号裁定，裁定诉争商标予以维持认定。创维公司不服该裁定，向北京市第一中级人民法院提起诉讼，北京市第一中级人民法院作出（2009）一中行（知）初字第 2685 号行政判决书，判决维持商标评审委员会第 11698 号裁定。创维公司不服一审判决，向北京市高级人民法院提起上诉，北京市高级人民法院作出（2010）高行终字第 337 号行政判决书，判决驳回上诉，维持原判。创维公司向最高人民法院申请再审，最高人民法院认为新时代公司将创维公司的 "创维" 字号作为自己的商标申请注册的行为，属于 2001 年《商标法》第三十一条规定的损害他人在先权利的行为。创维公司据此申请撤销诉争商标于法有据，应予支持。

🔨 争议焦点及法院判决

一、二审法院认为：创维公司在商标评审阶段提交的证明其企业字号知名度的证据与前述证明驰名商标的证据相同，这些证据材料不足以证明创维公司的企业名称在争议商标申请日之前已经具有了较高的知名度，并且创维公司的经营范围也与争议商标的核定使用商品不同，故创维公司有关侵犯其在先权利的主张缺乏事实依据。

最高院再审认为：《商标法》第三十一条规定（笔者注：2001 年《商标法》第三十一条即 2013 年《商标法》第三十二条），申请商标注册不得损害他人现有的在先权利。创维公司成立于 1988 年，而争议商标申请注册于 2000 年，期间相隔 12 年之久。"创维" 既是创维公司的注册商标的主要部分，也是创维公司的企业字号。根据创维公司在商标评审期间及一审期间提交的相关证据，虽然不能认定引证商标在争议商标申请注册时已经达到驰名可以跨类保护的程度，但该等证据足以证明创维公司的企业字号已经具有一定的市场知名度，并为相关公众所知悉。因创维公司享有的在先字号权受法律保护，故新时代公司将创维公司的 "创维" 字号作为自己的商标申请注册的行为，属于《商标法》第三十一条规定的损害他人在先权利的行为。创维公司据此申请撤销争议商标于法有据，应予支持。因此，法院认为创维公司的企业字号已经构成所谓的在先字号权，适用当时《商标法》第三十一条关于在先权利的规定。

二、"功夫熊猫"案：诉争商标是否损害在先商品化权

🔨 案　号

一审：北京市第一中级人民法院（2014）一中行（知）初字第 4257 号

二审：北京市高级人民法院（2015）高行（知）终字第 1969 号

🔨 当事人

上诉人（原审原告）：梦工场动画影片公司

被上诉人（原审被告）：中华人民共和国国家工商行政管理总局商标评审委员会

🔨 基该案情

胡某在第 12 类"方向盘罩"等商品上申请注册"KUNGFUPANDA"商标（即"诉争商标"）。商标异议期内，梦工场公司向商标局提出异议，主张梦工场公司拍摄的《功夫熊猫》电影自 2005 年起在新闻报道、海报等宣传材料中以"功夫熊猫"作为电影名称对上述电影进行了持续宣传。商标局作出异议裁定后，商标评审委员会经复审于 2013 年 11 月 11 日作出商评字 [2013] 第 105133 号《关于第 6806482 号"KUNGFUPANDA"商标异议复审裁定书》，裁定对诉争商标予以核准。梦工场公司不服前述裁定，向北京市第一中级人民法院提起行政诉讼。北京市第一中级人民法院作出（2014）一中行（知）初字第 4257 号行政判决书，判决维持上述裁定。梦工场公司不服一审判决，上诉至北京市高级人民法院。北京市高级人民法院作出（2015）高行（知）终字第 1969 号行政判决书，判决撤销一审判决及商标评审委员会前述裁定，认定"功夫熊猫 KUNGFUPANDA"作为在先知名的电影名称及其中的人物形象名称应当作为在先"商品化权"，适用 2001 年《商标法》第三十一条规定的在先权利予以保护，并判决商标评审委员会重新作出裁定。

⚖️ 争议焦点及法院判决

北京市一中院一审认为：该案应适用 2001 年《商标法》进行审理（笔者注：因该案中被异议商标系第 6806482 号"KUNGFUPANDA"商标，于 2008 年 12 月 22 日向中华人民共和国国家工商行政管理总局商标局〈简称商标局〉提出注册申请，指定使用在第 12 类的"方向盘罩"等商品上。引证商标一系第 5400891 号"KUNGFUPANDA"商标，于 2006 年 6 月 6 日申请注册，核定使用在第 9 类"计算机外围设备"等商品上；引证商标二系第 5400892 号"KUNGFUPANDA"商标，于 2006 年 6 月 6 日申请注册，核定使用在第 28 类"活动玩偶玩具"等商品上。截至该案审理时，上述引证商标仍为有效商标，故法院审理时适用 2001 年《商标法》）。**法定权利是指法律明确设定，并对其取得要件、保护内容等均作出相应明确规定的权利，法律未明确设定的权利均不被认定为法定权利。鉴于现有的法律中并未将所谓"商品化权"设定为一种法定权利，故其并不属于 2001 年《商标法》第三十一条中所规定的在先权利中的法定权利。**此外，"商品化权"亦非法律所保护的民事权益，其权益内容和权益边界均不明确，亦难以认定梦工场公司对"KUNGFUPANDA"名称在商标领域享有绝对、排他的权利空间。因此，被异议商标的申请注册并未违反 2001 年《商标法》第三十一条的规定。

北京市高院二审认为：2001 年《商标法》第三十一条规定，申请商标注册不得损害他人现有的在先权利。该条款所指的"在先权利"不仅包括现行法律已有明确规定的在先法定权利，也包括根据《民法通则》和其他法律的规定应予保护的合法权益。梦工场公司主张的其对"功夫熊猫 KUNGFUPANDA"影片名称享有的"商品化权"确非我国现行法律所明确规定的民事权利或法定民事权益类型，但当电影名称或电影人物形象及其名称因具有一定知名度而不再单纯局限于电影作品本身，与特定商品或服务的商业主体或商业行为相结合，电影相关公众将其对于电影作品的认知与情感投射于电影名称或电影人物名称之上，并对与其结合的商品或服务产生移情作用，使权利人据此获得电影发行以外的商业价值与交易机会时，则该电影名称或电影人物形象及其名称可构成适用 2001 年《商标法》第三十一条"在先权利"予以保护的在先"商品化权"。

北京高院认为，如将上述知名电影名称或知名电影人物形象及其名称排斥在受法律保护的民事权益之外，允许其他经营者随意将他人知名电影名称作品、知名电影人物形象及其名称等作为自己商品或服务的标识注册为商标，借此快速占领市场，获取消费者认同，不仅助长其他经营者搭车抢注商标的行为，而且会损害正常的市场竞争秩序。这显然与商标法的立法目的相违背。因此，将知名电影作品名称、知名电影人物形象及其名称作为民事权益予以保护，将鼓励智慧成果的创作激情与财产投入，促进文化和科学事业的发展与繁荣，亦符合相关法律规定及知识产权司法保护的本意。

三、述　评

在先权利的概念我国最早出现在 1993 年制定的《商标实施细则》中。当时是将侵犯他人合法的在先权利进行注册解释成 1993 年《商标法》第二十七条规定的以**"欺骗的手段或其他不正当手段取得注册"**的行为。2001 年《商标法》修改时，为了与 TRIPS 协议相一致，在先权利的保护制度被明确纳入了商标法体系中，主要体现在 2013 年《商标法》第九条，第三十二条和第四十五条。

严格地说，**在先权利既包括在先商标，也包括其他在先权利**。在先商标最容易与在后商标注册直接发生冲突，具体分为在先注册的商标、在先初步审定的商标、在先申请的商标、同日申请在先使用的商标、被代理人或被代表人的商标、在先使用并有一定影响的商标以及驰名商标。其他在先权利在中国尚无明确的界定，但在专利法司法解释中提到的外观专利的在先权利可以作为参考。一般来说，不得侵犯他人合法取得的在先权利，主要包括人身权中的姓名权和肖像权、著作权、外观设计专利权、企业名称权、知名商品的特有名称、包装或装潢权、地理标志权、特殊标志权及奥林匹克标志权等。❶

无论是创维案中的在先字号权，还是功夫熊猫案中的在先商品化权，都不是严格意义上的在先权利，至少不属于前述在先权利的基本内容。2001 年《商标法》第三十一条规定："申请商标注册不得损害他人现有的在先权利，也不得以不正当手段抢先注册他人已经使用并有一定影响的商标。""他人现有的在先权利"是指在商标注册申请人提出商标注册申请之前，他人已经取得的权利，比如外观设计专利权、著作权、企业名称权等。商标权容易与这些权利发生冲突，所以本条规定申请商标注

---

❶　黄晖. 商标法 [M]. 北京：法律出版社，2004，81.

册不应损害他人现有的在先权利，即不得将他人已获得权利的外观设计等作为商标申请注册（2001年《商标法》第三十一条释义）。王太平老师认为**第三十一条前半段是将"在先使用并有一定影响的商标"看作和前半段规定的"在先权利"不同的事物，即不是权利，而是权益。**❶

审视《商标法》第三十二条的逻辑关系，我国商标法对于阻却他人抢注未注册商业标识设定了在先使用并有一定影响的门槛。根据我国《商标法》的规定，除非达到驰名程度，未注册商标不受《商标法》的保护。未注册商标可能受到的保护是《反不正当竞争法》的保护。但《反不正当竞争法》仅通过禁止不正当竞争行为而保护相关当事人的合法权益，并不创设未注册商标权。正因"在先使用并有一定影响的商标"并不构成商标权，《商标法》第三十二条才将其列于前半段规定的在先权利之外。我国商标法适用注册制，如果他人注册成功在先使用人的商标，且在先使用人也无合法理由使该商标无效，基于现行商标法，两者可以共存，各自区别使用。

❶ 王太平.商标法：原理与案例［M］.北京：北京大学出版社，2015：142.

2.4 商标反向混淆案件中如何确定侵权赔偿额：新百伦案

作　者　陈　桥*

指导教师　何　隽

在商标反向混淆案件中，以侵权获利来主张赔偿数额会导致赔偿数额过高。新百伦案中，广东高院指出计算侵权赔偿数额时，应当注重侵权人的产品利润总额与侵权行为之间的直接因果关系。

在商标侵权赔偿案件中，侵犯商标权的赔偿数额由侵权人在侵权期间因侵权所获得的利益，或者被侵权人在被侵权期间因被侵权所受到的损失，包括被侵权人为制止侵权行为所支付的合理开支所确定。在司法实践中，被侵权方通常会取侵权获利或被侵权损失中较高者来主张侵权赔偿额，法院在确认侵权后亦会支持这种主张。然而，在商标反向混淆案件中，以侵权获利来主张赔偿数额会导致赔偿数额过高。新百伦案中，广东高院指出计算侵权赔偿数额时，应当注重侵权人的产品利润总额与侵权行为之间的直接因果关系。

一、新百伦案

案　号

一审：广州市中级人民法院（2013）穗中法知民初字第 574 号

二审：广东省高级人民法院（2015）粤高法民三终字第 444 号

---

*　陈桥，湖北武汉人，2017 年获得清华大学法学院法律硕士学位，完成国际知识产权项目并获得学业证书，现为深圳市大疆创新科技有限公司知识产权工程师。硕士论文：《物联网专利法律问题研究》。

⚖ 当事人

原告：周某某

被告：新百伦贸易（中国）有限公司

⚖ 案情简介

周某某是第 865609 号"百伦"、第 4100879 号"新百伦"注册商标的所有人，"百伦""新百伦"商标核定使用的商品类别均为第 25 类。

周某某于 2013 年 7 月 15 日向法院起诉称：新百伦公司未经许可，长期使用"新百伦"标识销售鞋等商品，侵犯了其"百伦""新百伦"注册商标专用权，新百伦公司的侵权行为严重损害了周某某的商标权益，造成了恶劣的影响，且新百伦公司具有明显的故意和恶意。新百伦公司对"新百伦"商标的长期使用已经造成相关公众对双方当事人产品来源的误认和混淆，严重损害了周某某的商标权益和商标声誉。[1]"新百伦贸易（中国）有限公司（以下简称新百伦公司）则辩称，NewBalance 品牌的总公司新平衡公司于 2007 年授权新百伦公司成为 NewBalance 品牌在大陆地区的独家经销商，新百伦公司使用"新百伦"的行为，属于经授权，合理使用其在先字号权的行为。同时，新百伦公司就"新百伦""NewBalance/新百伦"和"NB/新百伦"享有在先的知名商品之特有名称权。"新百伦""NewBalance/新百伦""NB/新百伦""NewBalance 新百伦及图"标识都是新百伦公司在先使用并具有一定影响的未注册商标。因此，新百伦公司对"新百伦"标识享有多项在先权利，不侵害周乐伦的"新百伦"商标专用权。"

二、争议焦点及法院判决

一审法院认定争议焦点及相应判决：

1.周某某依法享有"百伦""新百伦"商标的注册商标专用权

经查证，"百伦""新百伦"注册商标至今合法有效，周某某依法享有两商标的专用权。从权利人、注册时间和核准使用类别等因素来看，周某某申请"新百伦"

---

❶ 根据起诉时间，该案应适用 2001 年修订的《商标法》——笔者注

注册商标具有合理性和正当性。在周某某"新百伦"商标的初审公告时，新百伦公司的关联公司新平衡公司曾提出异议，后该异议被商标局驳回，故新百伦公司主张周某某注册"新百伦"商标属恶意抢注的主张缺乏事实依据。

2. 新百伦公司使用"新百伦"字样的行为是否属于商标性使用行为

新百伦公司在其"天猫"旗舰店及"京东商城"旗舰店上销售商品时在商品图片下方的文字介绍中使用"新百伦"字样属于商标性使用；

新百伦公司的分公司销售鞋类产品时，在销售小票中使用"新百伦"字样属于商标性使用；

新百伦公司在其官方网站、新浪微博、宣传手册及视频广告中宣传商品时使用"新百伦"字样属于商标性使用。

综上所述，新百伦公司存在将"新百伦"用于标识和介绍其在网络销售的涉案产品、用于其专卖店的售货票据及其产品宣传等商标性使用的事实。

3. 新百伦公司使用"新百伦"的行为是否侵犯周某某"百伦""新百伦"注册商标权

新百伦公司侵犯了周某某的"百伦"及"新百伦"注册商标权。具体分析如下：（1）新百伦公司将"新百伦"用于标识和介绍其在网络销售的涉案产品、用于其专卖店的售货票据及其产品宣传等行为，均属商标性使用；（2）双方产品相似；（3）"百伦"及"新百伦"商标在文字上均无通用含义，属臆造性词组，新百伦公司使用的"新百伦"标识与周某某的"百伦"注册商标相似，更与周某某的"新百伦"注册商标相同；（4）新百伦公司的使用行为导致混淆；（5）"新百伦"并非"NEWBALANCE"的音译或意译。新百伦公司称其关联公司"New Balance Athletic Shoe, Inc."为"新平衡运动鞋公司"，其也称之前的产品为"纽巴伦"。因此，新百伦公司使用"新百伦"标识具有主观恶意。

4. 新百伦公司使用"新百伦"字样行为的法律责任

新百伦公司应对其商标侵权行为承担相应的法律责任，周某某要求新百伦公司停止侵犯其"百伦"及"新百伦"注册商标专用权的行为及向其赔偿损失的主张合理。

5. 赔偿数额的问题

依据《商标法》（2001 年修订）第五十六条规定，侵犯商标专用权的赔偿数额，为侵权人在侵权期间因侵权所获得的利益，或者被侵权人在被侵权期间因被侵权所受到的损失，包括被侵权人为制止侵权行为所支付的合理开支。周某某明确以新百伦公司的获利来确定赔偿数额，根据保全的证据材料中记载新百伦公司财务数据及利润数据的情况来看，新百伦公司在周某某主张侵权期间的获利共约 1.958 亿元，综合考虑新百伦公司所销售的产品本身没有使用"新百伦"标识，其仅是在销售过程中使用"新百伦"来介绍和宣传其产品，故新百伦公司属于销售行为侵权，原审法院酌情确定**新百伦公司向周某某赔偿的数额应占其获利总额的二分之一，即 9800 万元**（含合理支出），超出部分不予支持。

二审法院认定争议焦点相应判决：

1. 新百伦公司对"新百伦"标识是否享有在先企业名称字号权、未注册商标先用权、知名商品特有名称权，周某某是否恶意抢注"新百伦"商标

首先，新百伦公司直到 2006 年 12 月 27 日才注册登记成立，其最早使用"新百伦"字号的行为只能是 2006 年 12 月 27 日之后，显然晚于周某某涉案"百伦""新百伦"注册商标的申请日。因此，新百伦公司以其本身企业名称中"新百伦"的字号权来对抗周某某的在先注册商标权，缺乏法律依据。新百伦公司虽然提供了"新百伦 NewBalance 公司"于 2003 年 11 月正式登陆中国市场的报道，但只有少量的新闻媒体报道，不足以证明在周某某申请注册"新百伦"商标之前其关联公司对"新百伦"字号的使用已经"具有一定的市场知名度、为公众所知悉"，即现有证据不足以证明新平衡公司对"新百伦"标识享有在先的企业名称字号权，新平衡公司授权新百伦公司使用"新百伦"字号缺乏权利基础。综上，新百伦公司认为其对"新百伦"享有在先的企业名称字号权，理由不成立。

其次，"新百伦 NewBalance 公司"登陆中国市场的时间明显晚于周某某涉案"百伦"商标的申请时间 1994 年 8 月 25 日，也晚于该商标获得核准注册的时间 1996 年 8 月 21 日，并且所使用的"新百伦"字样与周某某"百伦"商标只有一字之差，属于近似商标。另外，新百伦公司没有证据证明其已经实际使用了"新百伦"标识并在中国具有一定的影响。因此，上述证据不足以证明新百伦公司对"新百伦"标识享有未注册商标先用权。

另外，新百伦公司提供的证据不足以证明周某某恶意抢注"新百伦"商标。

2. 新百伦公司是否侵害周某某涉案注册商标专用权

（1）新百伦公司使用"新百伦"标识是否会导致相关公众的混淆。

新百伦公司被诉侵权商品与周某某涉案注册商标核定使用的商品均属于《类似商品和服务区分表》中第 25 类中第 2507 类似群的商品，两者属于相同商品，原审法院认定两者属于类似商品，属认定不当，二审法院予以纠正。

周某某"百伦"及"新百伦"商标在文字上均无通用含义，属臆造性词组，新百伦公司使用的"新百伦"标识与周某某的"百伦"注册商标相似，与周某某的"新百伦"注册商标相同。因此，新百伦公司在同种商品上使用了与周某某涉案注册商标相同或者近似的商标。

新百伦公司的使用行为足以使相关公众将"新百伦"标识与新百伦公司的特定商品产生联系，误以为该被诉侵权标识就是新百伦公司的商标，致使周某某在其制造、销售的鞋类产品上使用其"百伦""新百伦"注册商标时，相关公众会产生关于周某某使用的商标是假冒新百伦公司的商标，周某某攀附了新百伦公司的商誉，侵害了新百伦公司的商标权等错误认识。新百伦公司的行为割裂了周某某与其该案注册商标之间的联系，损害了周某某依法享有的注册商标专用权，因此，新百伦公司侵害了周某某涉案注册商标专用权。

（2）新百伦公司对"新百伦"标识的使用是否属于合理使用。

新百伦公司的企业名称全称为"新百伦贸易（中国）有限公司"，而其在实际销售或者广告宣传中简化、突出使用"新百伦"标识，并非规范性使用其企业名称，容易使相关公众产生误认，因此构成侵权，不属于对其企业名称的合理使用。

新百伦公司对于"新百伦"标识的使用是自己在销售产品过程中对自己产品的宣传推广，属于在销售本人产品过程中对商标的使用，因此，新百伦公司的使用属于在第 25 类中鞋类商品上的使用，而不是在第 35 类广告和销售项目"推销（替他人）"等服务上使用。

因此，新百伦公司未经周某某许可，在相同商品上使用与周某某该案注册商标相同或者近似的标识，侵害了周某某该案注册商标专用权，不属于合理使用。

（3）赔偿数额如何确定。

关于周某某因被侵权所遭受的损失问题。由于新百伦公司的侵权行为割裂了周某某与其注册商标之间的特定联系，挤占了周某某的市场发展空间，致使周某某遭受经济损失。但是，对于上述损失的具体数额应如何计算，周某某没有提供证据予以证明。因此，难以将周某某因被侵权所遭受的经济损失作为确定赔偿数额的依据。

关于新百伦公司因侵权所获得利益的问题。**在计算侵害商标专用权赔偿数额时，应当注重侵权人的产品利润总额与侵权行为之间的直接因果关系。**虽然周某某提供了证据证明其涉案注册商标在全国部分地区有实际使用的事实，但没有提供更为充分的证据证明在被诉侵权行为发生之前其"百伦""新百伦"注册商标在相关公众中具有较高的知名度。鉴于新百伦公司企业本身的经营规模、市场销售量和较高的企业声誉，尤其是被诉侵权产品上使用了新平衡公司具有较高市场商誉的"N""NB""NEWBALANCE"商标，故消费者购买新百伦公司商品更多地考虑"N""NB""NEWBALANCE"商标较高的声誉及其所蕴含的良好的商品质量，新百伦公司的经营获利并非全部来源于侵害周某某"百伦""新百伦"的商标。周某某无权对新百伦公司因其自身商标商誉或者其商品固有的价值而获取的利润进行索赔。周某某主张以新百伦公司被诉侵权期间的全部产品利润作为计算损害赔偿数额的依据，理由不成立。

但是，侵权人不能因侵权行为而获得非法利益，这是侵害商标专用权赔偿可以侵权人因侵权获利作为赔偿依据的合理性之所在。新百伦公司提供的北京名牌资产评估有限公司出具的京名评报字（2015）第3009号《资产评估报告》证明："新百伦"中文标识在评估基准日期间内对新百伦公司的利润贡献率为0.76%，如果以新百伦公司在2011年1月1日至2013年11月30日净利润为基础，那么"新百伦"中文标识在该期间的利润贡献额为1 487 907.97元，如果只考虑对新百伦公司的鞋类产品的贡献额，则数额约为1 458 149.81元。从新百伦公司自己提供的证据可以看出，其在被诉侵权期间因侵权所获得的利益最少在145万元以上，即足以证明新百伦公司因侵权获利明显超过商标法规定的法定赔偿最高限额50万元。因此，根据周某某的请求并综合考虑证据，该案应在法定最高限额以上合理确定赔偿额。

在具体确定新百伦公司的赔偿数额时，尤其要考虑新百伦公司的侵权主观因素，新百伦公司在其关联公司新平衡公司对"新百伦"商标提出的异议被国家商标局裁定不成立的情况下，明知或应知周某某对"百伦""新百伦"商标享有权利，但其仍在标识及宣传其产品时持续地、广泛地使用"新百伦"字样，无视他人商标权的存在和中国商标法的相关规定，侵权故意明显，在确定赔偿数额时应予考虑。除此之外，还应综合考虑下列各种因素：①周某某因被侵权遭受的经济损失。②新百伦公司侵权标识使用方式。③新百伦公司的侵权规模。④新百伦公司侵权的持续时间。

周某某在一审诉讼中明确计算赔偿损失的期间为 2011 年 7 月至 2014 年 2 月。⑤周某某为制止侵权行为所支付的合理开支，包括逾 5 万元的公证费用、应支付的律师费 60 万元及为保全侵权证据而公证购买物品的费用等。

综合考虑上述各种因素，二审法院判决新百伦公司赔偿周某某经济损失及为制止侵权行为所支付的合理开支共计 500 万元，对周某某超过该数额的赔偿请求部分，不予支持。原审判决以新百伦公司被诉侵权期间销售获利总额的二分之一作为计算赔偿损失的数额，忽略了被诉侵权行为与侵权人产品总体利润之间的直接的因果关系，二审法院予以纠正。

三、述　评

商标侵权案件中，在判定是否构成类似商品或近似商标时，商标混淆，也即被诉侵权商标是否会造成相关公众混淆误认，是论证的核心要点之一。

反向混淆不同于一般的商标混淆。一般的商标混淆中相关公众会误认为被诉侵权人的商品来源于商标权人，而反向混淆中被诉侵权人属于市场优势方，相关公众会误认商标权人的商品来源于被诉侵权人。反向混淆的理论源自美国，我国虽未有相关的法律规定，但在百事可乐的"蓝色风暴"案中已经开始使用反向混淆理论。

在商标构成反向混淆的情况下，通常侵权人商品的知名度会远远超出商标权人的商品，此时侵权方虽然存在侵权行为，但其经营活动、利润获取很大部分来自于自身的经营以及其他商标的配合使用，并非主要借助注册商标权人商誉的因素。这也是为何二审广东高院纠正广州中院关于赔偿数额的判决，从 9800 万元直接降至500 万元。

思考一：反向混淆的认定

二审广东高院判定新百伦公司对"新百伦"标识的使用已经导致了相关公众混淆。其判决理由为：新百伦公司的使用行为足以使相关公众将"新百伦"标识与新百伦公司的特定商品产生联系，误以为该被诉侵权标识就是新百伦公司的商标，致使周某某在其制造、销售的鞋类产品上使用其"百伦""新百伦"注册商标时，相关公众会产生关于周某某使用的商标是假冒新百伦公司的商标，周某某攀附了新百伦公司的声誉，侵害了新百伦公司的商标权等错误认识。

广东高院的这一段论述是典型的反向混淆认定的论述。

思考二：对赔偿数额的认定

在商标侵权案件中，原告在主张赔偿数额时，通常会从被侵权所遭受的损失和侵权所获得的利益两方面来衡量。在有明确的相关数据证据的情况下，法院亦会考虑这两方面因素，综合得出赔偿数额。

二审广东高院同样从这两方面来认定赔偿数额。

法院认为周某某没有提供证据证明如何计算其因被侵权所遭受的损失，故法院对该部分赔偿不予支持。而在侵权获利方面，法院认为，"在计算侵害商标专用权赔偿数额时，应当注重侵权人的产品利润总额与侵权行为之间的直接因果关系"。据此法院对以新百伦公司被诉侵权期间的全部产品利润作为计算损害赔偿数额的主张不予支持。同时法院采用了《资产评估报告》中商标对企业利润贡献的比例的证据，并依此作出了应在最高法定赔偿额 50 万元以上合理确定赔偿额的判决。

在具体确定赔偿数额时，广东高院提出了以下考量因素：被侵权方因被侵权所遭受的损失；被侵权方为制止侵权行为所支付的合理开支；侵权方的侵权主观故意程度；侵权方的侵权标识使用方式；侵权方的侵权规模；侵权方的侵权持续时间。

"新百伦"一案，法院明确地在反向混淆案件中将侵权获利排除在计算赔偿数额的范围之外。这种将侵权获利排除在商标反向混淆案件赔偿数额之外的判决，实则体现了民事侵权赔偿的基本原则。在我国民法体系下，"填平原则"是民事侵权赔偿的一个基本原则。类似于"恢复原状"，"填平原则"的初衷是使被侵权人恢复到如同侵权行为没有发生时应处的状态。对于超出这一原则的赔偿数额判定，法院应有足够的事实证据及法律规定支撑，否则便应恢复填平状态。被侵权人的权利需要获得保障，但同时不应对侵权人加以不合适的惩罚。另对于 2013 年《商标法》第六十三条规定的 1 倍以上 3 倍以下的惩罚性赔偿规则，由于它也超出了填平的基本赔偿原则，故立法者对其加上"恶意侵权且情节严重"的限制性条件。惩罚性赔偿在一定程度上可以减少侵权行为发生的可能性，但在另一层面它也扩大了商标权利人的权利范围，需要配以相当的限制条件来防止权利滥用。

广东高级人民法院指出，"应当注重侵权人的产品利润总额与侵权行为之间的直接因果关系"。在一般的商标混淆案件中，由于侵权人通常是借助被侵权知名商标的商誉来进行经营活动，是一种典型的"搭便车"行为，因此侵权获利是直接来源于商标侵权行为的，故不论是侵权获利或是被侵权造成损失，均可认为与上述侵权行为间有着直接的关系。而这种"直接因果关系"在反向混淆案件中显得尤为重要。反向混淆案件中，侵权方所获取利益绝大部分源于自身良好的经营而绝非源于使用了侵权商标。这种侵权获利与侵权行为之间的直接因果关系反映了规定商标侵权赔偿的核心价值。若不对这种核心价值加以强调，而是一味简单地套用法律规定，则可能与法律初衷背道而驰。《商标法》第一条即规定："为了加强商标管理，保护商标专用权，促使生产、经营者保证商品和服务质量，维护商标信誉，以保障消费者和生产、经营者的利益，促进社会主义市场经济的发展，特制定本法。"倘若在反向混淆中仍旧支持侵权获利损害赔偿，商标法在某种程度上便会变成弱小企业用于攫取大型企业现成利润的工具，有违商标法维护良好市场竞争机制的初衷，同时造成商标权的滥用，扰乱市场。广东高院将赔偿数额从9800万元降至500万元，近乎降到了原审判决的1/20，既考虑到给予被侵权方合理的补偿，也考虑到不应对良好经营极具知名度的侵权方造成过重的赔偿负担甚至是市场打击。这有助于维持一个良好的竞争市场。另外，法院在确定赔偿数额时所提出的六个因素，也对今后的商标侵权案件的诉讼活动有着一定的借鉴意义。

2.5 立体商标显著性认定分析：迪奥香水瓶案

作　　者　孙　亮*

指导老师　何　隽

　　根据立体商标和商品的关系，可以将立体商标分为三类：与商品本身无关的立体形状、商品外形的立体形状、商品包装或容器的立体形状。❷其中对于由商品自身形状或包装的形状所构成的立体商标的显著性认定一直是立体商标认定的核心。迪奥香水瓶案，为我们从商标本身的特点、实际使用的情况、消费者的认知能力、审查的一致性等方面认定立体商标的显著性，提供一条行之有效的认定路径。

一、迪奥香水瓶案

⚖ 案　　号

北京知识产权法院（2016）京 73 行初 3047 号

北京市高级人民法院（2017）京行终 744 号

最高人民法院（2017）最高法行申 7969 号

最高人民法院（2018）最高法行再 26 号

⚖ 当事人

原告：克里斯蒂昂迪奥尔香料公司（以下简称迪奥公司）

---

　　* 孙亮，山东滨州人，2016 年获得清华大学法律硕士学位，现为北京市通州区人民法院法官助理。硕士论文：《录音制品法定许可制度研究》。

　　❷ 北京市高级人民法院知识产权庭. 商标授权确认的司法审查［M］. 北京：中国法制出版社，2014：113－114.

被告：国家工商行政管理总局商标评审委员会（以下简称商标评审委员会）

🔨 基该案情

该案涉及的申请商标为国际注册第 1221382 号图形商标（以下简称申请商标）❶，申请人为：迪奥公司，申请日为 2014 年 4 月 16 日，指定使用商品（第 3 类，类似群 0301；0305-0306）：香料制品、芳香淋浴凝胶、肥皂、香水、浓香水、花露水、香水精、身体芳香乳液、身体用芳香洗剂和油等。2014 年 8 月 8 日，迪奥公司向世界知识产权组织国际局（以下简称国际局）提出指定保护国为中国的领土延伸保护申请。2014 年 11 月 6 日，国际局将申请移至中国工商行政管理总局商标局（以下简称商标局）。2015 年 7 月 13 日，商标局以申请商标缺乏显著性为由驳回申请商标全部指定商品在中国的领土延伸保护申请。法定期限内，迪奥公司向商标评审委员会提出复审申请。2016 年 2 月 22 日，商标评审委员会以申请商标缺乏显著性为由驳回其复审申请。迪奥公司向北京知识产权法院提起诉讼，2016 年 9 月 29 日，北京知识产权法院以申请商标缺乏显著性为由驳回其诉讼请求。迪奥公司不服上述判决，继续向北京市高级人民法院提起上诉，2017 年 5 月 23 日，北京市高级人民法院作出驳回起诉维持原判的判决。迪奥公司不服，向最高人民法院提起再审申请。2018 年 4 月 26 日，最高人民法院认定，商标评审委员会作出的行政决定程序违法，撤销一审、二审判决，判令商标评审委员会重新针对涉案商标作出复审决定。

图 1　申请商标

---

❶　详见图 1。

二、争议焦点及法院判决

迪奥香水瓶案中，有两个争议点：其一是商标评审委员会关于申请商标的审查决定是否违反法定程序；其二是申请商标是否具备显著性。本文对该案中涉及的程序问题暂不予评论，主要就第二个争议点展开论述。

该案中，无论是作出具体行政决定的商标评审委员会，还是一审、二审法院，均一致否定了申请商标的显著性，而最高人民法院在再审判决中要求商标评审委员会就申请商标显著性方面再次进行审查并作出认定。申请商标是否具备显著性主要涉及两个具体问题：申请商标是否具备固有显著性，申请商标是否通过使用获得了显著性。

问题一：立体商标固有显著性认定

北京知识产权法院一审认为，申请商标大体为呈圆锥形的香水瓶，瓶颈部分缠绕有金色丝线。虽然申请商标的瓶体造型及外观装饰组合方式具有一定的特点，但是相关公众一般会将申请商标视为商品的容器，不会将该瓶体作为商标进行识别。因此申请商标不具有商标标志所应具有的显著特征，缺乏注册为商标所应具备的固有显著性。

北京市高级人民法院二审认为，判断申请商标是否具有显著特征，应当综合考虑商标标志本身、商标指定使用商品、相关公众的认知习惯以及商标指定使用商品所属行业的实际使用情况等因素。该案中，申请商标是由圆锥形香水瓶图案构成的图形商标，虽然该图案在瓶体造型和装饰上具有一定特点，但作为图形商标指定使用在香水、香料制品等商品上，根据一般消费者的识别能力，易将其作为商品包装或装饰图样进行识别，难以起到区分商品来源的作用。申请商标缺乏固有的显著特征。

一、二审法院均从商标标识本身、商标指定使用商品及相关公众的认知习惯三方面对申请商标固有显著性进行认定，均认可申请商标在外观设计上确有一定的特点，但结合商标所指定使用的商品，容易让相关公众视为商品的容器，故申请商标起不到区别商品来源的作用，所以两审法院否定了申请商标的固有显著性。

最高人民法院亦认为，商标局、商标评审委员会在对申请商标的固有显著性进行重新审查时应当重点考虑商标本身的特点和消费者的认知能力。

综上，在商标固有显著性认定方面，司法实践主要从商标本身的特点及相关公众的认知方面进行考量。

📖 问题二：经过使用取得显著性认定

北京知识产权法院一审认为，通常情况下，如果申请商标要具备商标所必需的显著性，应当在申请日之前通过大量使用，使相关公众能够据此识别商品或服务的来源。迪奥公司提交的网页信息、广告信息、销售记录等证据，不能证明申请商标经使用已经具有区分商品来源的显著性。

北京市高级人民法院二审认为，在申请商标标志本身缺乏显著特征的情形下，应当结合相关证据判断该标志是否属于通过实际使用取得显著特征并便于识别的情形。该案中，迪奥公司提交的证据虽然能够证明该公司"J'adore真我"香水系列商品在中国市场上进行了较为广泛的销售，但尚不足以证明在申请商标作为普通图形商标的情况下，相关公众能够在该商标指定使用的香水、香料制品等商品上将其作为标示商品来源的标志进行识别从而获得显著特征。

最高人民法院认为，在认定申请商标是否经过使用取得显著性方面，特别是重点考虑申请商标进入中国市场的时间，在案证据能够证明的实际使用与宣传推广的情况，以及申请商标因此产生识别商品来源的可能性。

在对迪奥香水瓶是否经过使用取得显著性方面认定时，一、二审法院均简单地以证据不足为由，对迪奥香水瓶使用取得显著性进行了否定。最高人民法院尽管未对迪奥香水瓶是否通过使用取得显著性进行认定，但是对此给出了几点需要考量的因素，即申请商标在国内使用的时间、实际使用和宣传推广的情况以及产生识别商品来源的可能性。最高人民法院在该案中的论述，为以后案件在举证证明商标经过使用取得显著性方面，提供了举证证明的大致方向。

当然，除了以上两点之外，最高人民法院还重审了一条商标审查时需把握的原则，即"审查标准一致性原则"。商标评审及司法审查程序虽然要考虑个体情况，但审查的基本依据均为商标法及其相关行政法规规定，不能以个体审查为由忽视执法标准的统一性问题。❶ "审查标准一致性原则"和"个案审查原则"均是商标审查中的两大基本原则，迪奥香水瓶案商标评审委员会曾引用"个案审查原则"来否认

---

❶ 冯飞. 迪奥香水瓶："我"是一件三维立体商标［N］. 中国知识产权报，2018-11-20（9）.

申请商标的显著性，而最高人民法院在再审中重审"审查标准一致性原则"。最高人民法院实质是明确"审查标准一致性原则"与"个案审查原则"适用之间的协调问题。

三、述 评

⚖ 思考一：立体商标固有显著性认定的考量因素

立体商标的认定中最大的问题就是对其固有显著性的认定。对于固有显著性的认定，需要考量以下两个因素。

第一，立体商标的外形特征。依据《商标法》第十一条规定，进行通用形状、功能性形状的否定性判断，仅以商品自身形状及功能需要而形成的三维立体，因起不到区分商品来源的作用，故不宜认定为具有显著性特征。商标的外形具有其自身的特点且这一特点非其商品自身形状及功能需要即可以认定其具有一定显著性。两审法院均认为迪奥香水瓶的外形具有一定的特点。另外，商标本身的形状同商品之间的功能性联系越疏远，则该商标的显著性就越强。例如，同样是作为香水的商标，一个手枪形状的香水瓶商标的显著性就比一个啤酒瓶形状的香水瓶的显著性强。

第二，相关公众的认知习惯。鉴于商品外形或者包装固有立体外形的特点，容易使得相关公众将立体商标作为商品识别而不是来源识别。故相关公众对有关商品或包装的商标认知习惯，要根据所涉商品上的立体标识在市场上的使用实践予以认定。[1] 在考量相关公众对立体商标的认知习惯方面，两审法院均将相关公众限定在申请商标指定商品的相关消费者。法院认为根据相关公众的认知习惯来判断，申请商标易被认定成商品的外包装，所以申请商标起不到区分商品来源的作用。

立体商标固有显著性认定的一般路径，首先考量立体商标的外形特征，如果立体商标的外形特征不是很明显，则结合相关公众的认知习惯来综合考量立体商标的特征。如果立体商标外形特征不明显但是相关公众能够识别其商品来源，则可以认定该立体商标具有固有显著性。但在实践中，以上两大考量因素，法官、评审员的自由裁量权比较大，所以在认定的时候，法官、评审员的主观认识起到很大的作用。此时，

---

❶ 冯术杰. 论立体商标的显著性认定 [J]. 法学，2014，12（6）：51.

笔者认为，可以通过加强对"审查标准一致性原则"的适用来限制法官、评审员的自由裁量权。"审查标准一致性原则"强调的是法律适用问题，即商标评审及司法审查的基本依据是我国《商标法》及相关法律规定，审查标准在法律适用及执行上标准要保持一致性和统一性。[❶] 在对商标进行审查的时候，如果申请人能够举证证明，之前有类似的商标同本申请商标的构成要件基本一致且已经被认定为有固有显著性，为了维护法律的权威性、可预测性，亦将该申请商标认定为具有固有显著性。

思考二：经过使用取得显著性认定的考量因素

《最高人民法院关于审理商标授权确权行政案件若干问题的规定》第九条规定，仅以商品自身形状或者自身形状的一部分作为三维标志申请注册商标，相关公众一般情况下不易将其识别为指示商品来源标志的，该三维标志不具有作为商标的显著特征。上述标志经过长期或者广泛使用，相关公众能够通过该标志识别商品来源的，可以认定该标志具有显著特征。法律明文规定，商标经过使用也可以取得显著性。该案中，一、二审法院在否定迪奥香水瓶的固有显著性之后，在论述其经过使用取得显著性方面的时候，均以现有证据不足以证明申请商标经过使用取得显著性，予以否定申请商标经过使用取得显著性。在这方面的认定中，两审法院的表述非常简单，我们从中很难发现举证的标准到底是什么。在这方面，最高人民法院认为，应当从申请商标在国内使用的时间、实际使用和宣传推广的情况以及产生识别商品来源的可能性的方面来考量。综上，笔者认为立体商标经过使用取得显著性的认定，需要考量以下三个因素：

第一，立体商标在申请区域实际使用的年限。由于知识产权的地域性特点，所以在审查商标经过使用取得显著性方面，需要重点考量该商标是否在某一特定区域、持续、实际使用达到一定的年限。比如，迪奥香水瓶如果在国内已经不间断的实际使用了较长的时间，则其更有可能通过使用取得显著性。

第二，立体商标实际使用和宣传推广的情况。该商标的商品广泛的销售于该欲注册商标区域且在该区域达到一定的销售规模。该立体商标因知识产权纠纷在相关机构进行处理的案件达到一定数量。与此同时，申请人能够通过各种途径对该商标商品进行各种的宣传，这种宣传具有持续性、多样性和广泛性。如此，则该商标更

---

❶ 毛利国. 商标审查标准一致性及同案同判的公平原则 [N]. 中国知识产权报，2016-8-12（6）.

有可能通过使用取得显著性。

第三，立体商标产生识别商品来源的可能性。产生识别商品来源，这是认定经过使用取得显著性的关键。达到什么样的标准即可认定立体商标经过使用取得显著性呢？这取决于法官、审查员自由心证，没有统一的标准。司法实践中，可以通过降低这方面的举证责任来有效地限制自由心证的空间，只要能够举证证明立体商标经过使用有较强的可能性产生了识别商标来源的作用即可。

在立体商标经过使用取得显著性方面认定，尽量通过一些能够量化的方面对其进行考量，这有利于立体商标取得显著性认定形成可操作性的认定路径。

⚖ 思考三：领土延伸保护在商标注册中的适用

所谓领土延伸保护即商标国际注册的注册人将自己的商标指定到马德里联盟成员国予以保护的申请。随着我国商标法的不断完善和发展，我国商标法的相关规定已经逐步和世界接轨。在迪奥香水瓶案中，迪奥公司依据《商标国际注册马德里协定》和《商标国际注册马德里协定有关协议书》的规定，通过世界知识产权组织国际局向我国提出领土延伸保护申请。❶ 最高人民法院再审认为，商标局并未如实记载迪奥公司在国际注册程序中对商标类型作出的声明，且在未给予迪奥公司合理补正机会，并欠缺当事人请求与事实依据的情况下，迳行将申请商标类型变更为普通商标，并作出不利于迪奥公司的审查结论。商标评审委员会在迪奥公司明确提出异议的情况下，对此未予纠正的做法，均可能损害行政相对人合理的期待利益，有违行政程序正当性的原则。最高人民法院从履行国家义务的角度，认为迪奥公司在国际注册中的材料应予以认定。迪奥香水瓶案，因涉及商标的领土延伸，我国的商标法实施条例对该制度也有详细的规定。

该案中最高人民法院在再审判决中的论述，强化了对履行商标领土延伸申请的国际义务，譬如要重视对国际申请材料审查，这是以往的判决中少有的。最高人民法院在适用领土延伸保护方面，采取了更加开放态度，以最有利于保护申请者的姿态，来对国际商标的领土延伸申请进行审查。最高人民法院的这一新的指导思想，势必影响到商标行政机关和司法机关对国际注册商标的领土延伸申请的审理。

---

❶ 冯晓青. 立体商标在我国的领土延伸保护［N］. 人民法院报，2018-5-3（2）.

⚖ **思考四："审查标准一致性原则"与"个案审查原则"的协调**

　　最高人民法院要求要充分考虑商标"审查标准一致性原则"，该原则是同"个案审查原则"相对应的原则。"审查标准一致性原则"强调的是法律适用的问题，审查标准在法律适用上要保持一致性。"个案审查原则"强调的是事实审查的问题，不同情况适用相同的法律可能得出不同的结论，但绝不是适用法律的个案灵活处理。❶ 这两个原则并非是相互排除的，而是侧重的重心不一样，在一个案件中应当合理的协调两个原则的适用。在"盖璞内衣"案❷中，最高人民法院认为，"盖璞内衣"商标在指定使用商品及商标构成要素上高度近似，商标评审委员会并未举证证明该商标具有必须予以特殊考量的个案因素，故该案中商标评审委员会应当遵循"审查一致性原则"对该商标进行审查。在"星巴克"❸案中，最高人民法院就以星巴克公司未证明其引证商标同申请商标构成要件一致为由，不予采信其认为商标评审委员会违反"审查标准一致性原则"。通过上述最高人民法院的三个案例，我们不难发现，在审查中可以通过分配举证责任的方式实现两个原则的协调适用。如果两商标的构成要件一致，之前已经被认定为注册商标，则应当适用"审查标准一致性原则"。但是，如果有充足证据证明申请商标有需要个案审查的因素，则应当适用"个案审查原则。"

---

❶ 毛利国. 商标审查标准一致性及同案同判的公平原则［N］. 中国知识产权报，2016－8－12（6）.
❷ 详见最高人民法院（2016）最高法行再 7 号民事判决书。
❸ 详见最高人民法院（2017）最高法行申 7125 号民事判决书。

2.6 假冒注册商标行为的多个面相：最高院第 87 号指导案例

作 者 秦瑞杰 *

指导老师 何 隽

最高人民法院第 87 号指导案例的裁判要点，关注的是假冒注册商标犯罪存在"网络刷单"时对非法经营数额、违法所得数额应如何认定的问题，属于证据法范畴。❷ 但该案中诉讼各方均未将与假冒注册商标罪有密切关联的其他罪名置入考察视野，对为何将该案认定为假冒注册商标罪而不是其他犯罪也没有进一步说明。本文认为，构成假冒注册商标罪的行为，并不排斥其同时符合诈骗罪、生产、销售伪劣产品罪等其他犯罪的构成要件。对类似案例均以假冒注册商标罪论处，有违罪行相适应原则，也不符合刑法的正义理念。

一、郭某升、郭某锋、孙某标假冒注册商标案 ❸

📍 案 号

江苏省宿迁市中级人民法院（2015）宿中知刑初字第 0004 号刑事判决（最高人民法院第 87 号指导案例）

---

* 秦瑞杰，河北广平人，2016 年获得清华大学法律硕士学位，现为北京市天为律师事务所实习律师。硕士论文：《侵犯著作权刑事责任实证研究》。

❷ 关于这方面的研究，可参见姜瀛. 网络假冒注册商标犯罪中被告人"刷单"辩解的证明模式和证明标准——以第 87 号指导案例及相关案例为分析对象［J］. 政治与法律，2017（09）：34-44.

❸ 详见 http://www. court. gov. cn/shenpan-xiangqing-37702. html。最后访问日期：2018 年 7 月 21 日。原始判决书可参见 http://www. pkulaw. com/pfnl/a25051f3312b07f34ed7fce23d534eacb0948cf8175b1d98b dfb. html?keyword=%EF%BC%882015%EF%BC%89%E5%AE%BF%E4%B8%AD%E7%9F%A5%E5%88%91 %E5%88%9D%E5%AD%97%E7%AC%AC0004%E5%8F%B7#anchor-documentno。

⚖ 当事人

被告：郭某升、郭某锋、孙某标

⚖ 案情简介

"SΛMSUNG"是三星电子株式会社在中国注册的商标，该商标有效期至 2021年 7 月 27 日；三星（中国）投资有限公司是三星电子株式会社在中国投资设立，并经三星电子株式会社特别授权负责三星电子株式会社名下商标、专利、著作权等知识产权管理和法律事务的公司。

2013 年 11 月，被告人郭某升通过网络中介购买店主为"汪亮"，账号为 play2011-1985 的淘宝店铺，并改名为"三星数码专柜"，在未经三星（中国）投资公司授权许可的情况下，从深圳市华强北远望数码城、深圳福田区通天地手机市场批发假冒的三星 I8552 手机裸机及配件进行组装，并通过"三星数码专柜"在淘宝网上以"正品行货"进行宣传、销售。被告人郭某锋负责该网店的客服工作及客服人员的管理，被告人孙某标负责假冒的三星 I8552 手机裸机及配件的进货、包装及联系快递公司发货。至 2014 年 6 月，该网店共计组装、销售假冒三星 I8552 手机 20 000 余部，非法经营额 2000 余万元，非法获利 200 余万元。

江苏省宿迁市人民检察院于 2015 年 4 月 9 日以被告人犯假冒注册商标罪向宿迁市中级人民法院提起公诉。

二、法院判决

宿迁市中院认为，被告人在未经"SΛMSUNG"商标注册人授权许可的情况下，购进假冒"SΛMSUNG"注册商标的手机机头及配件，组装假冒"SΛMSUNG"注册商标的手机，并通过网店对外以"正品行货"销售，属于未经注册商标所有人许可在同一种商品上使用与其相同的商标的行为，非法经营数额达 2000 余万元，非法获利 200 余万元，属情节特别严重，其行为构成假冒注册商标罪。

宿迁市中院于 2015 年 9 月 8 日作出判决，以被告人郭某升犯假冒注册商标罪，判处有期徒刑 5 年，并处罚金人民币 160 万元；被告人孙某标犯假冒注册商标罪，判处有期徒刑 3 年，缓刑 5 年，并处罚金人民币 20 万元；被告人郭某锋犯假冒注册商标罪，判处有期徒刑 3 年，缓刑 4 年，并处罚金人民币 20 万元。

三、述 评

犯罪构成是认定犯罪的唯一标准，当行为符合某个犯罪的犯罪构成时即构成该罪。至于最终以何罪处罚，则是罪数论讨论的问题，没有必要特别关注罪名之间的区分问题。

以该案为例，除法院判决的罪名之外，行为人的行为至少可能同时符合诈骗罪、生产、销售伪劣产品罪和销售假冒注册商标的商品罪的犯罪构成。❶

⚖ 思考一：是否符合诈骗罪的犯罪构成

构成诈骗罪要求行为人虚构事实或者歪曲、隐瞒真相，即就事实进行欺骗。而所谓事实，就是可以验证的、过去或现在的具体的事件或状态。❷ 在该案中，被告人通过"三星数码专柜"在网上以"正品行货"进行宣传，但其销售的却是"假冒"三星手机，属于虚构事实；"有人问真假，就说是真的"，则属于隐瞒真相。

但据此尚不足以认定被告人构成诈骗罪。因为诈骗罪中的诈骗行为必须具有使一般人陷入错误的可能。❸ 如果完全没有使人陷入认识错误的可能，则不是诈骗罪意义上的欺骗行为。具体到该案，如果在考虑到行为人是以"明显低于"市场的价格进行销售这一因素，是否仍能认定其实施了诈骗？本文对此持肯定回答。理由如下：

第一，诈骗行为虽然必须具有使一般人陷入错误的可能性，但这只是一种"可能性"要求，目的是为了限制处罚范围，将商人使用夸张性用语宣传其商品或服务的行为排除在犯罪之外。但以假冒三星手机冒充正品三星手机，则明显不是夸张性宣传，而是欺骗。在网络销售的背景下，买家收到货物之前并不能实际查看商品的

---

❶ 《最高人民法院、最高人民检察院关于办理侵犯知识产权刑事案件具体应用法律若干问题的解释》第 13 条对行为涉及假冒注册商标罪和销售假冒注册商标的商品罪的处理有明文规定。即实施刑法第 213 条规定的假冒注册商标犯罪，又销售该假冒注册商标的商品，构成犯罪的，应当依照刑法第 213 条的规定，以假冒注册商标罪定罪处罚。实施刑法第 213 条规定的假冒注册商标犯罪，又销售明知是他人的假冒注册商标的商品，构成犯罪的，应当实行数罪并罚。限于篇幅，本文仅讨论诈骗罪与生产、销售伪劣产品罪。

❷ 王钢. 德国判例刑法（分则）[M]. 北京：北京大学出版社，2016：195.

❸ 黎宏. 日本刑法精义 [M]. 北京：法律出版社，2008：432.

真实情况，比"一手交钱一手交货"更依赖商家所提供的信息，商家更应保证信息的真实性，也是诚实信用的当然要求。

第二，即使低价销售，也应保证品质为真。换言之，低价并不是售假/欺骗的理由。

第三，消费者在购物时没有"货比三家"的义务，相反，经营者向消费者提供有关商品或者服务的质量、性能等信息时却应当真实、全面，不得作虚假或者引人误解的宣传。❶

第四，所谓欺骗行为，行为人必须是捏造了重要事实，换言之，如果交易对方知道该重要事实，便不会实施财产处分行为。❷行为是否属于诈骗罪中足以使一般人陷入或者维持错误的欺骗行为，要根据行为当时的各种具体情况判断，最重要的就是虚假表示的内容。❸手机品质是否为真，显然属于重要事实和重要内容。

除了就事实进行欺骗外，成立诈骗罪还要求行为人通过欺骗行为使被骗者产生或者继续维持认识错误。❹即使存在以使对方实施处分（交付）行为为目的的欺骗行为，但如果事与愿违，对方并未陷入错误，而是出于其他理由（如出于怜悯）交付了财物的，由于切断了诈骗罪所预定的因果进程（因果关系），因而止于构成未遂犯罪。❺

该案中的消费者是否陷入了认识错误？由于涉及被害人的主观心理状态，归根结底，这依赖个案中法官自由心证的判断。但从"对方如果知道事实真相，就不会交付财物"的立场来看，交付财物的行为本身就反证了买家已陷入认识错误，除非有证据证明买家"知假买假"。

财产处分也是诈骗罪不可或缺的要件。所谓财产处分就是任何直接导致经济意义上的财产减少的法律或者事实性的作为、容忍和不作为。❻该案中的被害人支付了手机款，有财产处分行为，这里不做过多论述。

有必要讨论的是财产损失问题：被害人虽然支付了手机价款，但却得到了一部

---

❶ 《消费者权益保护法》第二十条第一款。

❷ 西田典之. 刑法各论 [M]. 王昭武, 刘明祥, 译, 北京：法律出版社, 2013：201.

❸ 张明楷. 论诈骗罪的欺骗行为 [J]. 甘肃政法学院学报, 2005（05）：12.

❹ 张明楷. 刑法学 [M]. 北京：法律出版社, 2016：1002.

❺ 西田典之. 刑法各论 [M]. 王昭武, 刘明祥, 译, 北京：法律出版社, 2013：203.

❻ 王钢. 德国刑法诈骗罪的客观构成要件——以德国司法判例为中心 [J]. 政治与法律, 2014（10）：38.

（假）手机，在这种情况下其是否仍有财产损失？对此，存在个别财产损害说与整体财产损害说的对立。

"个别财产损害说认为，诈骗罪所造成的损害是被害人个别财产的损失，没有行为人的欺诈行为，被害人就不会交付财物，财产占有就不会丧失，因交付而丧失占有就是财产损失的内容，即使行为人向被害人支付了相当的对价，也对诈骗罪的成立没有影响。整体财产损害说认为，使用欺骗方法骗取财物，但同时支付了相当价值的财物，被害人财产整体并未受到损害，所以在此场合不成立诈骗罪。"❶ 个别财产损害说是有力说。❷

按照个别财产损害说，该案中的行为人虽然提供了价值相当的商品，但无疑也成立诈骗罪。即便采纳整体财产损害说，在行为人"售假"的情况下，买受人支付的价款和手机应有的价格（如鉴定价格）之间也存在价差，买受人的整体财产也可谓受有损失，仍有成立诈骗罪的余地。国外学者一般也认为，即便提供了价格相当的商品，但如果告知真相对方便不会交付货款的情况应构成诈骗罪。❸

⚖ 思考二：是否符合生产、销售伪劣产品罪的犯罪构成

生产、销售伪劣产品罪的行为包括四种：在产品中掺杂、掺假，以假充真，以次充好和以不合格产品冒充合格产品。本罪中的伪产品主要是指以假充真的产品。❹ 从文义理解，以组装的手机充当正品三星手机无疑属于以假充真。但是，《最高人民法院、最高人民检察院关于办理生产、销售伪劣商品刑事案件具体应用法律若干问题的解释》第一条规定，"以假充真"，是指以不具有某种使用性能的产品冒充具有该种使用性能的产品的行为。有学者认为以假充真不包含同种产品之间的假冒。❺

但将同种产品之间的假冒排除在"以假充真"之外，会大大缩小处罚范围——同种产品之间的假冒并不鲜见，而且既然是假冒，一般都是在某些方面具有类似属

---

❶ 周光权. 刑法各论 [M]. 北京：中国人民大学出版社，2016：127.

❷ 张明楷、黎宏和周光权等均主张个别财产损害说。参见张明楷. 刑法学 [M]. 北京：法律出版社，2016：939；黎宏. 刑法学各论 [M]. 北京：法律出版社，2016：330；周光权. 刑法各论 [M]. 北京：中国人民大学出版社，2016：127. 当然，也有学者认为诈骗罪中的财产损害应理解为整体的或实质的财产损害，不能将骗取财物的同时支付了相当价值财物的行为作为诈骗处理。参见刘明祥. 论诈骗罪中的财产损害 [J]. 湘潭工学院学报（社会科学版），2001（01）：49.

❸ 山口厚. 刑法各论 [M]. 王昭武，译，北京：中国人民大学出版社，2011.

❹ 张明楷. 刑法学 [M]. 北京：法律出版社，2016：735.

❺ 黎宏. 刑法学各论 [M]. 北京：法律出版社，2016：79.

性或性能，否则难以假冒。❶ 正如周光权教授所言："虽然严格按照法律确定的国家标准生产产品，但是假冒他人知名商标的产品，也属于以假充真。例如，合格的香烟生产企业在自己生产的香烟上使用其他知名商标的，也是生产伪劣产品。"❷——若以符合国家标准的产品冒充知名商标产品尚且属于以假充真，以自己组装的且未必符合国家质量标准的手机充当正品三星手机，就更没有理由否认属于以假充真。有学者就批评上述司法解释明显缩小了"以假充真"的范围。❸

退一步讲，即使该案中行为人的行为不属于"以假充真"，但仍有构成"以次充好"的余地——涉案手机可以被"以低等级、低档次产品冒充高等级、高档次产品，或者以残次、废旧零配件组合、拼装后冒充正品或者新产品"❹ 的语义所涵盖，从而符合"以次充好"的要件 ❺，进而构成生产、销售伪劣产品罪。

思考三：理论与实践均不排斥三罪之间的竞合

《最高人民法院、最高人民检察院关于办理生产、销售伪劣商品刑事案件具体应用法律若干问题的解释》第十条规定："实施生产、销售伪劣商品犯罪，同时构成侵犯知识产权、非法经营等其他犯罪的，依照处罚较重的规定定罪处罚。"可见，司法实践也并不排斥生产、销售伪劣商品犯罪的同时构成侵犯知识产权犯罪的可能。反过来说，构成侵犯知识产权犯罪的，同样有可能构成生产、销售伪劣商品犯罪。

同样，生产、销售伪劣产品罪和诈骗罪也并不互相排斥。不能认为凡是出卖伪劣商品的行为均不成立诈骗罪。❻ 否认生产、销售假冒伪劣商品的行为同时符合诈骗罪的构成要件，是将生产、销售伪劣商品类罪当作诈骗罪的特别法条的结果。但事实上，两类犯罪的保护法益并不相同，在行为同时触犯两类犯罪时应认定为想象竞

---

❶　对于以普通白酒（白酒本身没有质量问题）冒充飞天茅台的案例，张明楷认为是"典型的以次充好，也可以说是以假充真，以假茅台充当真茅台"，"只不过司法解释毫无理由地限定了以假充真的意思"。参见张明楷. 刑法的私塾（之二）[M]. 北京：法律出版社，2017：369-370. 如果张明楷的判断正确，以普通白酒充当茅台属于以假充真，就没有理由否认以假三星手机充当真三星手机属于以假充真。

❷　周光权. 刑法各论 [M]. 北京：中国人民大学出版社，2016：206.

❸　张明楷. 刑法的私塾（之二）[M]. 北京：法律出版社，2017：370.

❹　《最高人民法院、最高人民检察院关于办理生产、销售伪劣商品刑事案件具体应用法律若干问题的解释》第 1 条对"以次充好"的界定。

❺　司法实践中，也有将假冒手机认定为"以次充好"的案例。参见宾县人民法院（2015）宾刑初字第 120 号刑事判决书。

❻　张明楷. 刑法学 [M]. 北京：法律出版社，2016：1009.

合从一重罪处罚。国外基本上没有规定生产、销售伪劣产品之类的犯罪，就是因为对他人销售伪劣产品时，完全可能成立诈骗罪。❶

事实上，对于销售假冒手机的行为，在司法实践中既有按照诈骗罪定罪处罚的案例❷，也有按照生产、销售伪劣产品罪处理的案例。❸对于类似的案件❹，张明楷教授认为，行为人实际上触犯了四个罪名：诈骗罪，生产、销售伪劣产品罪，假冒注册商标罪，销售假冒注册商标的商品罪。❺

在这种情况下，唯有按想象竞合处理，才能对案件内容作出全面的评价。因为想象竞合时场合，行为实质上侵犯了数个法益，触犯了数个罪刑规范，需要将其认定为数罪。在宣告判决时，必须对行为人构成的犯罪一一列出，这样才能作出充分评价，以便被告人和一般人都能够从判决中知晓行为触犯了几个犯罪。这便是想象竞合具有的明示机能。❻

⚖ 思考四：个案中的现实考量

实际上，对与该案类似的销售假冒手机的行为，在假冒注册商标罪之外，司法机关未必没有意识到其可能构成其他犯罪。例如，在有的案件中，被告人以涉嫌诈骗罪被逮捕，法院最终认定构成销售伪劣产品罪；❼有的案件以诈骗罪被起诉并最终认定为诈骗罪；❽有的案件中，办案人员明确意识到可能涉嫌诈骗罪、生产、销售伪劣产品罪和销售假冒注册商标的商品罪。❾如果判决不能准确认定罪名，必将导致犯

---

❶　张明楷. 刑法的私塾［M］. 北京：法律出版社，2014：288.

❷　参见湖南省长沙市芙蓉区人民法院（2017）湘 0102 刑初 328 号刑事判决书，广州市白云区人民法院（2017）粤 0111 刑初 107 号刑事判决书，广东省广州市海珠区人民法院（2016）粤 0105 刑初 797 号刑事判决书，上海市嘉定区人民法院（2016）沪 0114 刑初 946 号刑事判决书，广东省广州市天河区人民法院（2015）穗天法刑初字第 2132 号刑事判决书，金华市婺城区人民法院〔2013〕金婺刑初字第 748 号刑事判决书，广东省佛山市中级人民法院（2018）粤 06 刑终 344 号刑事裁定书。

❸　参见大连市甘井子区人民法院（2017）辽 0211 刑初 446 号刑事判决书，河北省泊头市人民法院（2015）泊刑初字第 112 号刑事判决书，广东省东莞市第一人民法院（2015）东一法知刑初字第 8 号刑事判决书，黑龙江省宾县人民法院（2015）宾刑初字第 23 号刑事判决书，甘肃省文县人民法院（2010）文刑初字第 32 号刑事判决书，江苏省无锡市锡山区人民法院（2018）苏 0205 刑初 58 号刑事判决书。

❹　普通白酒（白酒本身没有质量问题）冒充飞天茅台销售案。

❺　张明楷. 刑法的私塾（之二）［M］. 北京：法律出版社，2017：371.

❻　张明楷. 犯罪论的基本问题［M］. 北京：法律出版社，2017：386-388.

❼　江苏省无锡市锡山区人民法院（2018）苏 0205 刑初 58 号刑事判决书。

❽　湖南省长沙市芙蓉区人民法院（2017）湘 0102 刑初 328 号刑事判决书。

❾　陈功. 销售假冒"苹果"手机应当如何定性［N］. 人民公安报，2016-4-11（005）.

罪与刑罚之间的失衡，进而违背罪行相适应原则。

诈骗罪的财产损失数额指的是犯罪嫌疑人使用诈骗手段骗取的财物的价值，而非其实际获取的经济利益的价值。❶ 在该案中，法院认定行为人"非法经营额 2000 余万元，非法获利 200 余万元"。按诈骗罪处理，该案的诈骗数额应认定为 2000 万，而非 200 万。❷ 按照《最高人民法院、最高人民检察院关于办理诈骗刑事案件具体应用法律若干问题的解释》第一条的规定，诈骗公私财物 50 万元以上的为数额特别巨大，其法定刑是 10 年以上有期徒刑或者无期徒刑，并处罚金或者没收财产。法院的现行处理和按诈骗罪处理两相比较，差别见表 1：❸

表 1　按假冒注册商标罪和诈骗罪的处理结果对比

	该案按假冒注册商标罪判决 ❺	按诈骗罪处理
主刑	5 年有期徒刑	10 年以上有期徒刑或无期徒刑
附加刑	罚金人民币 160 万	罚金或者没收财产

如前所述，该案的销售金额为 2000 余万元。根据《刑法》第一百四十条关于生产、销售伪劣产品罪的规定，法定刑是十五年有期徒刑或者无期徒刑，并处销售金额百分之五十以上二倍以下罚金或者没收财产。法院的现行处理和按生产、销售伪劣产品罪处理两相比较，差别见表 2：❹

表 2　按假冒注册商标罪和生产、销售伪劣产品罪的处理结果对比

	该案按假冒注册商标罪判决 ❻	按生产、销售伪劣产品罪处理
主刑	5 年有期徒刑	15 年有期徒刑或无期徒刑
附加刑	罚金人民币 160 万	1000 万 –4000 万罚金或者没收财产

从上面的两个表格可以看出，按不同的罪名处理，法定刑的差别很大。但对销

---

❶　黎宏. 刑法学各论 [M]. 北京：法律出版社，2016：330；

❷　实践中认定诈骗数额一般会扣除诈骗犯罪的成本，"但似乎以被害人所交付的财物总额作为犯罪数额为宜"。参见周光权. 刑法各论 [M]. 北京：中国人民大学出版社，2016：128. 即使扣除犯罪成本，以 200 万元计算诈骗数额，按照《最高人民法院、最高人民检察院关于办理诈骗刑事案件具体应用法律若干问题的解释》的规定，属于"数额特别巨大"，其法定刑也是 10 年以上有期徒刑或无期徒刑，并处罚金或者没收财产。

❸　该案中获刑最高者的刑罚。

❹　该案中获刑最高者的刑罚。

售假冒手机的行为，司法实践却更倾向于按假冒注册商标罪处理。❶ 司法实践的这种倾向，可能有如下原因。

首先，司法机关可能将生产、销售伪劣产品罪和假冒注册商标罪当作了诈骗罪的特别法条。在这种情况下，若按特别法条优先于普通法条处理，自然与按想象竞合处理不同。

其次，若按侵犯知识产权刑事案件处理，在案件的调查、证据的收集上较为便利。根据最高人民法院、最高人民检察院、公安部制定的《关于办理侵犯知识产权刑事案件适用法律若干问题的意见》第三条的规定，公安机关在办理侵犯知识产权刑事案件时，可以根据工作需要抽样取证，或者商请同级行政执法部门、有关检验机构协助抽样取证。抽样取证的运用，势必大幅减少取证的工作量——这是明确的授权性规定，司法机关运用起来没有法律障碍。

但是，对生产、销售伪劣产品罪和诈骗罪就没有抽样取证的授权性规定。由于诈骗罪涉及个人法益，若按诈骗罪处理，势必需要调查清楚所有的受害人情况，这就大大增加了调查的难度。❷

对生产、销售伪劣产品罪同样如此。若要调查清楚实际销售的伪劣产品的数量，从理论上讲，势必要确认每一件产品的质量。《最高人民法院、最高人民检察院关于办理生产、销售伪劣商品刑事案件具体应用法律若干问题的解释》第一条五款也规定，对于"在产品中掺杂、掺假""以假充真""以次充好"和"不合格产品"难以确定的，应当委托法律、行政法规规定的产品质量检验机构进行鉴定，而不可能采取抽样取证的方法确认每一件产品的质量。

最后，不得不考虑的是被害人的情况。虽然判决书没有提及该案的案发情况，但从三星（中国）投资有限公司出具的谅解书、三星公司的委托代理方广州盛祥知识产权服务有限公司出具的授权书、鉴定书、鉴定资质、公证书等大致可以推测，该

---

❶ 笔者在北大法宝"司法案例"数据库检索关键词"销售假冒手机"，刑事案例共有 188 个检索结果：破坏社会主义市场经济秩序罪 180 个（其中生产销售伪劣商品罪 3 个，侵犯知识产权罪 177 个），侵犯公民人身权利民主权利罪 2 个，侵犯财产罪 4 个（其中诈骗罪 3 个），妨害社会管理秩序罪 1 个，贪污贿赂罪 2 个。检索日期：2018 年 7 月 21 日。虽然检索较为粗糙，但大致可以看出，侵犯知识产权罪占绝对多数。

❷ 根据判决书的描述，该案实际销售的手机有 20000 余部，但公安也仅调查到"885 部假冒手机买受人提供的手机照片"。

案很有可能是由于三星公司或盛祥公司方面的告发而案发。❶ 如果这一推论可以成立，司法机关在处理此案时必然要考虑三星公司方面的诉求和关切。以假冒注册商标罪处理无疑回应了三星公司方面的关切；但若以生产、销售伪劣产品罪或者诈骗罪处理，显然无法使三星公司方面满意。

当然，因涉及公法益，无论是假冒注册商标罪还是生产、销售伪劣产品罪，都可以因为执法机关的检查而案发，❷ 但以这种方式被发现的犯罪，其处理结果如何，并不会有人特别在意。以告发的形式立案侦查的案件则不同，司法机关必然要考虑处理结果对报案人的影响。

四、总 结

生产、销售伪劣产品，同时构成侵犯知识产权犯罪的，属于想象竞合，应该依照处罚较重的犯罪处罚。❸ 以假冒注册商标方式生产、销售伪劣产品的，属于想象竞合，也应当从一重罪处罚。❹ 一个行为也完全可能同时触犯诈骗罪与销售伪劣产品罪，对此也应认定为想象竞合从一重罪处罚。❺ 通过上述分析，该案除了构成假冒注册商标罪之外，至少存在构成诈骗罪和生产、销售伪劣产品罪的可能。如果该结论可以成立，则应该按照想象竞合从一重罪处罚。

唯有对被告的行为所符合的犯罪一一作出认定，才能对被告的行为作出全面的评价；唯有从一重罪处罚，才符合罪行相适应原则。虽然个案中的处理未必没有其他的考量因素，但这种考量是否（全部）合适，是否符合罚当其罪的刑法正义理念，则有进一步探讨的空间。

---

❶ 判决书显示，"三星（中国）投资有限公司委托广州盛祥知识产权服务有限公司代表三星（中国）投资有限公司负责对侵犯其商标专用权及其他不法活动进行调查和收集证据、办理侵犯三星电子株式会社知识产权的证据保全公证事宜、依法对侵权人进行索赔、接受调解和解、代领侵权赔偿金及其他相关维权事宜"。

❷ 诈骗罪似乎难以以此种形式案发。这跟犯罪类型有关，诈骗罪的成立必然介入了受害人的情况。

❸ 张明楷. 刑法学 [M]. 北京：法律出版社，2016：739.

❹ 张明楷. 刑法学 [M]. 北京：法律出版社，2016：821－822.

❺ 张明楷. 刑法学 [M]. 北京：法律出版社，2016：1009.

第3章　著作权纠纷案例评析

本章选取山东省高级人民法院、北京知识产权法院、上海知识产权法院、北京市第二中级人民法院、南京市中级人民法院、温州市中级人民法院、武汉市中级人民法院、广州市天河区人民法院终审的 8 个案件，探讨的问题涉及教辅教材的著作权、IP 剧的著作权保护、影视作品著作权转让中的侵权问题、播放已发表文字作品的法定许可、同人作品的著作权和反不正当竞争问题、网络游戏作为类电影作品保护问题、诉前禁令在著作权领域的适用问题。

3.1 教辅教材著作权之争：仁爱教育案、人民教育出版社案

作　者　杨　阳*

指导教师　何　隽

　　同步教辅与特定教材配套使用，内容以特定教科书为基础，并冠以"配 × 版"。教材因其内容选择和编排的独创性，构成著作权法意义上的作品。那么，同步教辅使用教材内容并以此营利是否构成侵权？

　　初高中时代，相信很多同学都做过"王后雄学案教材完全解读""轻松过关"系列辅导书。这种同步教辅专门与特定教材配套使用，内容完全以特定教科书为基础，并冠以"配 × 版"（如"配人教版"，意即与人民教育出版社版本相配套）的名义编写出版。依据著作权法原理，教材对其内容的选择和编排上具有独创性，应当属于汇编作品的范畴。因此，教材构成著作权法意义上的作品，应受到《中华人民共和国著作权法》（以下简称《著作权法》）的保护。在这一前提下，同步教辅，这种借鉴、使用了他人享有著作权的教材并以此营利的行为，是否构成侵权呢？

一、仁爱教育研究所诉科学出版社等案

⚖ 案　号

　　一审：北京市第二中级人民法院（2005）二中民初字第 14024 号

　　* 杨阳，吉林镇赉人，2017 年获得清华大学法律硕士学位，现为北京知识产权法院审判第二庭法官助理。硕士论文：《商标法在先权利适用范围问题研究》。

当事人

原告：北京市仁爱教育研究所

被告：科学出版社

案情简介

该案争议焦点在于被告的教辅是否侵犯教材的著作权。

原告对中学教材《英语·七年级（上）》享有著作权，该书由四个单元组成，每个单元包括三个话题，每个话题下面有几个小的区域，分别包括课文、单词、语法、练习等内容。被告出版的《三点一测.英语》在整体结构上也包括四个单元，每个单元包括三个话题的编排顺序，即单元与话题的编排与原告作品基本一致；同时被告图书在每个话题下分别包括"重点难点分析、知识点精析与应用、快乐套餐、参考答案"等内容。

争议焦点及法院判决

法院认为，"（原告图书）属于教科书，在内容的选择和编排上具有独创性，应受著作权法的保护"，而教辅用书主要是配合教材来使用的，故在整体编排上参照了教材的编排顺序，但法院并没有认定此种结构性使用构成侵权。其核心理由是，被告图书在内容的选择和编排上具有独立构思，即在每个话题下分别安排了"重点难点分析、知识点精析与应用、快乐套餐、参考答案"四个板块，按照特定的创作目的组织编写每一部分的内容，这是原告作品所没有的。所以，即使双方图书"在整体框架结构方面存在一致性，……也仍然是在合理的限度内对已有作品的使用，不构成对……编排方式的侵害"。法院同时强调，"只要该作品在具体表达上没有以不合理的方式使用他人作品、没有将他人的作品据为己有，则不构成著作权法意义上的侵权"。

二、人民教育出版社诉江苏凤凰传媒集团案

案　号

一审：江苏省南京市鼓楼区人民法院（2011）鼓知民初字第 226 号

二审：江苏省南京市中级人民法院（2013）宁知民终字第 10 号

⚖ 当事人

上诉人（原审原告）：人民教育出版社有限公司

被上诉人（原审被告）：江苏凤凰出版传媒集团有限公司

被上诉人（原审被告）：江苏凤凰美术出版社有限公司

⚖ 案情简介

该案争议焦点在于被告的教辅是否侵犯教材的著作权。

被告江苏凤凰出版集团社依据原告出版的义务教育教科书《语文》出版了同步教辅。法院一方面认为，"（原告）将相关作品汇编成《教科书》，体现了其对书中内容的选择、组合与编排，该编排体系结构具有一定的独创性，故《语文》属于汇编作品，（原告）应当享有著作权"。但另一方面，法院并不支持被告对该编排结构的使用构成侵权。

⚖ 争议焦点及法院判决

法院不支持构成侵权的推理前提是，"汇编作品著作权的侵权应当体现为双方编排的结构、顺序、体例以及与之对应的内容（包括作品或非作品）均相同。"

该案中，双方作品仅仅是编排顺序、体例相同，而其中的内容不尽相同，不属于同样的作品。与此同时，虽然二者目录相同，但目录对应的内容并不同；虽然原作一些字、词、句、段落在被告教辅中有所再现，但这"只是被告为编写与设计教辅图书中的习题或问题的需要而对《教科书》相关字、词、句、段落的摘取"。"从整体上说，两者内容不尽相同，仅目录这一外在形式相同"；而"教辅图书的目录仅起到索引与指示的作用"，且必须体现国家教育方针和课程标准，因而其相同不构成侵权。

三、述　评

教材通常都是要按照教学大纲对有关知识进行介绍和讲解并辅以有关练习，尽管知识点是固定的，但用于讲解和练习的内容却是无限丰富的，这也是教材作品创作的空间之所在。作为汇编作品的教材本身，汇编作品保护范围的特殊性就在于其具有独创性的表达仅限于其对所采用内容的选择和编排，这就是其汇编作品的保护范围。❶

教材的体例结构应该受到版权的保护。一件作品的完成是该作者自己的选择、取舍、安排、设计、综合的结果，既不是依已有的形式复制而来，也不是依既定的程式（有称手法）推演而来。❷同步式教辅体例结构上对教材的套用已经令其贴上了"权利瑕疵"的标签，但对于"结构挪用"该如何定性的问题，涉及这种教辅版权属性以及以后可能出现的侵权认定和侵害程度等问题，需要进行分析。

同步教辅的"结构挪用"属于复制而不属于抄袭。复制与抄袭都体现为对原作品某种程度上的再现，但二者至少有两点不同：一是抄袭者一般不是将原作"原封不动"（即一字不改）地再现出来，通常会有改动，而复制是不增加再创作内容的"再现"。这种"再现"几乎是与原作完全一致的，它可以是被动的、奴性的，也可以是主动的、创造的。❸二是抄袭者均不标示出原作作者，却将非作者标为作者，而复制一般不具备这样的特征。审视同步式教辅，它在结构上对教材的挪用是"原封不动"的；同时也往往在醒目位置标识出"配合××版教材"的字样，未窜改其"结构来源"。同步式教辅的版权属性应当描述为"对教材结构复制后产生的作品"。❹

而上述教辅教材案例的共同处在于，法院均认为只有当教辅的特定结构与具体内容相结合构成整体作品时，方为合格的著作权保护对象。也就是说，教辅作品中的结构只是单纯的思想，而思想并不受著作权法的保护，因此单纯的结构相同不能认定为是对教材作品的侵犯。

就教材而言，任意一本教材作为一个整体，都可能体现出一定程度的独创性，而且这种独创性在很大程度上离不开独创的结构。但是抽象的结构框架本身作为一种编排"方法"，只是一种思想。这是因为，教材中对于主题的区分、依据主题进行

❶ 冯术杰. 寻找表演中的作品——对"表演"和"表达"的概念反思 [J]. 清华法学,2011,05(1):97－107.

❷ 刘春田. 知识产权法 [M]. 北京：高等教育出版社，2000.

❸ 孟祥娟. 版权侵权认定 [M]. 北京：法律出版社，2001.

❹ 简祯. 论教材辅导读物的版权特征——从教材与教辅的关系谈起 [J]. 法制与社会，2007（3）：726.

的课文选择，课文之间的长与短、古文与现代文、不同国别作品等搭配，课文、读写专题以及作业练习之间的组合等，都是为了适应特定的教学规划、体现强制性课程标准，并遵循教学规律与目的之需要，所以说，单纯的结构本身就是思想。只有当这种结构与具体的、特定的文本结合，构成一个特定的整体，结构才可以被视为著作权客体的构成要素。可以说，无论在何种层面上，任何结构，包括叙述事件、呈现思想的顺序、方式等，当它从特定作品中被提取、抽象出来之后，它就不再是具体的表达，而只能是一种思想或事实性要素，任何他人都可以借用该方式、方法。这将涉及对思想表达两分法原则的正确解读。❶

---

❶　张晓霞. 如何看待教辅与教科书之间的著作权关系. 人民教育出版社网站 http://www. pep. com. cn/zt/wq/201108/t20110819_1064939. htm.

3.2 IP剧的著作权保护:《芈月传》编剧署名纠纷案

作　　者　宁宜文 *
指导教师　何　隽

IP（intellectual property）剧，指由原创小说、游戏、动漫改编的影视剧，是当下最火热的影视剧形式，使得优秀的网络作品走入观众的视野，同时也引发了原作者与电视剧编剧、制片方的纷争。本文以《芈月传》编剧署名案为例分析 IP 剧的著作权及 IP 剧改编者的权利。

《芈月传》作为前些年大火的《甄嬛传》姐妹篇，自筹划拍摄伊始便受到大众瞩目。从演员班底到导演摄制，从故事题材到核心思想，都在一定程度上承袭了《甄嬛传》，在观众圈中激起不少探讨与热议。

电视剧《芈月传》改编自蒋某某的同名小说。2015 年 2 月，《芈月传》尚未开播，其原著作者蒋某某就在微博上发文，称电视剧制片方侵害自身权利，并在同年4 月正式提起诉讼。这场改编剧的著作权之争引起舆论一片哗然。鉴于彼时电视剧尚未播放，案件内容涉及商业秘密，受案法院决定在电视剧播放完毕后再恢复审理。2015 年 11 月，蒋某某再次在微博中发表长文——"关于《芈月传》小说及电视剧著作权纠纷说明"，与电视剧编剧王某某、制片方东阳市乐视花儿影视文化公司争执不下，微博平台上的许多作家也积极响应，纷纷为此事发声。

---

　　* 宁宜文，河南开封人，2017 年获得清华大学法律硕士学位，现任职于中国银行间市场交易商协会。硕士论文：《商业外观的法律保护》。

一、《芈月传》编剧署名纠纷案

⚖ 案　号

一审：浙江省温州市鹿城区人民法院（2015）温鹿知初字第 74 号

二审：浙江省温州市中级人民法院（2017）浙 03 民终 351 号

⚖ 当事人

上诉人：蒋某某

被上诉人：王某某，东阳市乐视花儿影视文化有限公司（以下简称"花儿影视公司"）

二、争议焦点及法院判决

蒋某某于 2016 年 4 月向一审法院（浙江省温州市鹿城区人民法院）提出诉讼，双方争执点在于对编剧贡献和身份的认定之上。依据法院判决，该案争议焦点主要有以下四个，其中重点争议为焦点三、焦点四。

焦点一：蒋某某于 2016 年 4 月提交的诉状是否构成新的诉讼。

蒋某某在庭前会议及庭审中均明确表示以 2016 年 4 月提交的诉状载明的七项诉讼请求为准，虽然形式上重新提交了诉状，但并不构成一个新的诉讼。其一，蒋某某先后提交的两份诉状内容上既有区别又有联系，后一份诉状实质上构成对前一份诉状诉讼请求的变更，是以新的诉讼请求代替原诉讼请求，并未脱离原诉讼请求范围。其二，蒋某某起诉时，电视剧《芈月传》尚未播出，制片方以涉及商业秘密为由对《芈月传》拍摄剧本及电视剧作品采取保密措施，在案件审理进程中，电视剧播映完毕，制片方提交新证据，蒋某某亦发现了新的涉嫌侵权的行为，故蒋某某有调整诉讼请求的必要。其三，民事诉讼程序的设置旨在保护当事人行使诉讼权利，保证人民法院查明事实，及时审理民事案件。蒋某某变更诉讼请求并未超过法定期限，且法院已重新指定答辩和举证期，在程序上充分保障了双方当事人行使诉讼权利，并未损害被告一方的利益。其四，诉讼请求是案件审理和裁判的核心，在蒋某某已对诉讼请求进行明确的情况下，案件审理和裁判应围绕蒋某某于 2016 年 4 月提交的诉状中载明的七项诉讼请求及与之相关联的事实展开。综上所述，蒋某某于 2016 年 4 月提交的诉状并未构成新的诉讼。

焦点二：《芈月传》电视剧是否为蒋某某原著小说的改编作品，是否应当在改编作品上为原著作者署名。

双方均认可《芈月传》电视剧剧本和电视剧少部分内容是根据蒋某某在网络上发表的约 7000 字小说改编的事实，且双方签订的合同中约定"该作品系蒋某某原创小说（还未出版）改编剧本"，"蒋某某系电视剧《芈月传》的原意创作人，蒋某某拥有此原著创意小说出版发表以及网络版权等权利"。此外，花儿影视公司在《芈月传》电视剧片头、DVD 出版物封面、宣传手册、2015 年 9 月发布的电视剧海报中均载明"本剧根据蒋某某同名小说改编"，应当视为花儿影视公司以自己的行为认可了《芈月传》电视剧是蒋某某原著小说的改编作品这一事实。

《著作权法》第十二条规定："改编、翻译、注释、整理已有作品而产生的作品，其著作权由改编、翻译、注释、整理人享有，但行使著作权时不得侵犯原作品的著作权。"据此，电视剧《芈月传》的权利人在行使著作权时，不得侵犯原作品的著作权，其中当然包括蒋某某作为网络上发表的约 7000 字小说作品的作者而享有的署名权。著作权法并没有对改编作品为原著作者署名作出特殊规定，且《著作权法实施条例》第十九条规定："使用他人作品的，应当指明作者姓名、作品名称；但是，当事人另有约定或者由于作品使用方式的特性无法指明的除外。"改编已有作品显然属于对他人已有作品的使用，在花儿影视公司未举证证明存在当事人就《芈月传》电视剧为蒋某某原著作品署名另有特殊约定，或者由于在《芈月传》电视剧作品使用方式的特性无法指明的例外情形下，花儿影视公司应当在改编作品上为原作品作者署名。而事实上，花儿影视公司已在《芈月传》电视剧作品及其复制件上为蒋某某署名。

焦点三：《芈月传》电视剧海报、片花上未署名行为是否侵害蒋某某的署名权。

《著作权法》第十条中规定："署名权，即表明作者身份，在作品上署名的权利。"该表述包括三层含义，一是署名权的权利主体是作者，二是署名权的载体是作品，三是署名的目的在于表明作者身份。作品是作者享有署名权的前提和载体，离开作品，就不存在侵害著作权法意义上的署名权。

为宣传电视剧而制作的海报、片花并非作品本身，不具备全面传达该作品相关信息的功能，其用途类似于广告，要在有限时间、空间内快速吸引公众的注意力。故海报、片花中通常会载明作品中最精彩和最引人关注的要素，比如强大的演员阵容、著名的导演、出品单位、出彩画面等，而编剧署名显然不构成海报、片花的必备要素。我国著作权相关法律未对在海报、片花上为作者署名作出规定，当事人也未对在海报、片花上为作者署名作出约定，同时，影视行业亦不存在在海报、片花上必须为作者署名的行业惯例。而且，花儿影视公司已经在电视剧片头、DVD出版物、部分海报上载明"本剧根据蒋某某同名小说改编"，署名蒋某某编剧身份，客观上足以使公众知悉蒋某某的作者身份。故花儿影视公司未在《芈月传》电视剧部分海报、片花上载明"本剧根据蒋某某同名小说改编"、署名蒋某某编剧身份，不构成对蒋某某署名权的侵犯。

焦点四：署名王某某为总编剧、第一编剧的行为是否侵害蒋某某的署名权

首先，从责任承担主体来看，无论署名为总编剧还是第一编剧，署名方式均是由花儿影视公司确定，王某某只是履行合同约定进行剧本创作，王某某在新浪微博上介绍自己为电视剧《芈月传》的总编剧，以及在优秀作品申报书上填写电视剧《芈月传》编剧为"王某某、蒋某某"，均是按照花儿影视公司已确定的署名称谓及署名顺序办理，王某某不应成为该案民事责任的承担主体。其次，《著作权法》第十五条中规定："电影作品和以类似摄制电影的方法创作的作品的著作权由制片者享有，但编剧、导演、摄影、作词、作曲等作者享有署名权，并有权按照与制片者签订的合同获得报酬。"按照《补充协议》约定，蒋某某同意在电视剧《芈月传》片头中署名为原创编剧，花儿影视公司已经按照合同约定履行对蒋某某的署名义务。

总编剧既不是法律概念也不是合同约定名词，影视行业不存在有关总编剧署名规则的行业惯例，总编剧与剧本贡献度之间也不存在必然关系。总编剧强调的是指导性、全局性，而原创编剧强调的是本源性、开创性，虽然侧重点不同，但均是肯定两位编剧对剧本的贡献。总编剧并未贬损蒋某某作为原创编剧的身份和对剧本的贡献，故将王某某署名为总编剧、第一编剧的行为并未侵犯原作者蒋某某的署名权。

综上所述，一审法院认为蒋某某主张的各项侵权行为均不成立，故其要求花儿影视公司与王某某承担停止侵权、赔礼道歉、赔偿损失等民事责任没有依据，法院不予支持。

因不满温州市鹿城区人民法院（2015）温鹿知初字第74号民事判决审判结果，蒋某某向浙江省温州市中级人民法院提起上诉。

二审的争议焦点主要有以下三个。

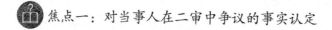 焦点一：对当事人在二审中争议的事实认定

花儿影视公司和星格拉公司签订《电视剧剧本著作权转让协议》的时间经各方当事人在二审庭审中确认为2013年8月，一审法院认定上述协议于2013年6月签订有误，但该事实不属于该案关键事实，不影响该案处理结果。一审法院认定的其他事实有相应证据证实，二审法院予以确认。

焦点二：关于将王某某作为《芈月传》第一编剧和"总编剧"的署名行为是否侵害蒋某某署名权的问题

蒋某某和花儿影视公司签订的《剧本创作合同》约定："乙方（蒋某某）应按照甲方（花儿影视公司）对该作品的时间和艺术质量的要求所提交的各项工作成果经修改仍不能达到甲方要求至满意，甲方有权在解除合同或继续履行合同时聘请其他编剧在乙方已完成的剧本基础上进行修改，对剧本所作修改不视为对乙方权利的侵犯，但乙方仍享有《芈月传》一剧在电视剧片头中编剧之一的署名权，但排序由甲方定。"花儿影视公司对蒋某某提交的剧本经多次要求修改，仍认为不能达到要求，因此聘请王某某在蒋某某剧本的基础上进行修改创作。上述约定的事实条件已经成就，花儿影视公司有权决定王某某和蒋某某作为剧本作者的署名排序。

在《芈月传》电视剧剧本创作过程中，王某某和蒋某某均付出大量创作劳动，对剧本的最终完成发挥重要作用。在二者付出的劳动和发挥的作用不存在悬殊差异的情况下，花儿影视公司确定王某某为《芈月传》电视剧剧本的第一作者，并没有违反上述合同约定。且在电视剧剧本创作中，制片方根据实际情况，依照合同约定，组织两名以上编剧参与共同创作，此种做法有利于聚合创作智慧，提高创作效率和质量。二人以上参与共同创作时，每位编剧所发挥的作用各有不同。制片方在电视剧作品上为编剧署名时冠以特定的称谓（如该案的"总编剧""原创编剧"等）以体现每位编剧不同的分工和作用，这种做法本身并没有被著作权法或其他法律所禁止。在不违背善良

风俗，侵害国家利益、公共利益和他人合法权益的情况下，制片方可以实施上述行为。

根据文意理解，"总编剧"和"原创编剧"称谓反映不同编剧在创作中的工作性质和分工侧重，二者并不存在明显的优劣之分。况且，也没有证据表明，在剧本创作领域存在总编剧必然比其他编剧对作品的贡献更高、地位更显著的标准或者惯例。当然，如花儿影视公司在确定署名称谓前事先和蒋某某沟通，对相应称谓进行适当解释，会更有利于增进理解，避免引发纠纷。故蒋某某主张花儿影视公司为王某某以"总编剧"署名，以及王某某在"编剧王某某"新浪微博上宣称其为电视剧《芈月传》总编剧的行为，对其在《芈月传》电视剧剧本的贡献造成贬损，从而侵害其署名权，缺乏事实和法律依据。

📖 **焦点三：关于《芈月传》电视剧海报、片花上未载明"本剧根据蒋某某同名小说改编"或蒋某某编剧身份，是否侵害蒋某某署名权的问题**

《著作权法》第十条第二项规定："署名权，即表明作者身份，在作品上署名的权利。"因此，署名权的行使应以作品为载体。电视剧海报和片花系制片方为宣传电视剧需要而制作，其利用非常有限的画面和视频，集中展现电视剧引人关注的内容和要素，引发观众的观看兴趣。海报和片花既不是电视剧作品本身，其目的和功能也非表明作者身份。花儿影视公司已经在《芈月传》电视剧片头、DVD出版物、宣传册和部分海报上载明"本剧根据蒋某某同名小说改编"及蒋某某编剧身份。蒋某某认为片花和海报相当于影视作品的缩写本和封面页，进而主张花儿影视公司没有在片花和所有海报上载明"本剧根据蒋某某同名小说改编"及蒋某某编剧身份，侵害其署名权，没有法律依据，二审法院不予支持。

综上，二审判决驳回蒋某某上诉，维持一审原判。

三、述 评

引人热议的《芈月传》编剧署名权纠纷历时许久，终于迎来了判决结果。此次判决不同于以往人们对于原创作品作者这一看似弱势角色的同情与包容，而是给予了电视剧编剧与制片方较大的肯定。据《芈月传》电视剧导演郑某某所说，判决结果公布后，此前在微博平台上为原告蒋某某发声的一些作家删除了自己的相关言论。

由此亦可见法院判决对于大众舆论潜移默化的影响。

⚖ 思考一：如何理解 IP 剧及相关著作权问题？

近年来，由原创小说或游戏等改编而成的电视剧数不胜数，"IP 剧"一词也应运而生。IP 原指英文"知识产权"，是 intellectual property 的缩写，与电视剧结合在一起，含义便是由原创小说、游戏、动漫等为基础改编而来的影视剧。此类影视剧由于原作品的广受欢迎和不容小觑的粉丝数量，自筹拍开始往往就受到大众瞩目，无须过多宣传，便拥有了为数不少的潜在观众。如由网络小说改编而来的《甄嬛传》《步步惊心》，由单机游戏改编而来的《仙剑奇侠传》系列和《古剑奇谭》等。在当下的环境中，IP 剧同以人气明星为吸引点的影视作品一样，都是粉丝经济的产物。

然而，随着 IP 剧的大量涌现，原作品作者与演绎作品新编剧或制片方的纠纷也不断滋生。这在原作者同时担任电视剧编剧之一的情况下就变得更为复杂。根据《著作权法》第十二条规定："改编、翻译、注释、整理已有作品而产生的作品，其著作权由改编、翻译、注释、整理人享有，但行使著作权时不得侵犯原作品的著作权。"这为 IP 剧原作者的著作权保护提供了最为基本也最为重要的法律依据。

IP 剧作为原创作品的衍生品，构成著作权法中的演绎作品，享有独立的著作权；而影视剧所依赖的原创小说、游戏等作品即为原作品，演绎作品著作权的行使不得侵犯原作品作者享有的著作权，这其中自然包括《芈月传》一案所提及的署名权。原作者的权利无疑应受到充足保护，以体现著作权法对于原创作品的重视和对文化产业创新的支持。同时，绝大多数原创作品作者并不具有相应法律知识，相较有备而来的专业影视剧制片方和改编编剧，在法律上常常处于被动和弱势的地位。此种情形下，原作者的著作权保护就更需要人们给予关注。落实原作者权益，才能为 IP 剧和整个影视制作业带来真正的权利保障与法律规范。

⚖ 思考二：IP 剧的改编者享有何种权利？

改编者作为演绎作品的创作者，同样享有新作品的著作权，改编者的贡献同原作者一样不容忽视。有学者主张，"改编不仅是转译，还包括在立意、审美品位等层面的提升"。❶ 原创小说、游戏与动漫同影视剧相比，原本就具有不同的表现形式和

---

❶ 楚卿. 编剧署名纠纷拷问"改编者的贡献"[N]. 中国艺术报，2016-07-25（002）.

特征，在改编为电视剧呈现给观众的过程中，其细节乃至主要内容往往会发生变动。就原作品与改编作品的艺术性高低来讲，很难分出伯仲，每个观众或读者亦有自己不同的体会。但无可否认的是，部分改编作品确实在一定程度上克服了原作品非专业与个人化的局限。❶ 基于此，更基于演绎作品作为独立新作品的这一事实和影视剧编剧付出的辛苦劳动，新编剧的贡献理应得到法律的保护。这一事实不应被原作者的弱势地位削弱，更不应受到舆论的左右。

《芈月传》著作权纠纷一案，究竟是原作者的噱头与炒作，还是制片方和电视剧编剧在钻法律空白，抑或只是各自角度的不同思量，我们没有答案。法律的判决终究无法适应每个人不同的立场。然而唯一可以确定的是，相关法律法规并没有对影视剧改编的著作权保护作出详细完备的规定。此种情况下，有三点做法值得我们借鉴。其一，原作者应提高自身法律意识与维权意识，在签订合约时即充分考虑各种改编细节与情景，将自身与电视剧制片方置于势均力敌的法律地位；其二，原作者与影视剧制片方应将合约内容细化，兼顾各种情形，在法律无相应规定的现状下，以双方合意填补法律空白；其三，相关部门应尽快制定改编影视剧的著作权保护法规与规章，以应对新形势下 IP 剧大热而涌现出的各类纠纷，更好地引导文化产业发展，平衡原作者与改编者双方的利益。

四、小　结

IP 剧是当下最火热的影视剧新形式，不仅力挽互联网时代电视剧逐步衰落的颓势，也使不少优秀的网络作品走入更多观众的视野。然而，IP 剧的火热必然会引起更多原作者与电视剧编剧、制片方的纷争。提升法律意识，增强维权效果；细化合同内容，填补法律空白；兼顾双方利益，完善相应法规，唯有如此，才能真正落实 IP 大热之下原作者与影视剧方的著作权保护，才能真正促进文学的创新与发展，推动我国文化产业积极前进。与此同时，我们也应充分认识到，影视剧的进步不能仅仅依赖改编，原创剧本的生命力不容轻视。唯有追求形式多样，百花齐放，IP 剧与原创剧本共繁荣，编剧们不取巧、不懈怠，我国的影视文化才能不断进步，永葆生机。

---

❶ 楚卿. 编剧署名纠纷拷问 "改编者的贡献"[N]. 中国艺术报，2016-07-25（002）.

3.3 影视作品著作权转让中的侵权问题：济南广播电视台案

作　　者　林思彤*

指导教师　何　隽

　　近年来，我国影视作品的数量逐年增长，有关影视作品著作权保护的问题日益受到人们的关注。制片者作为影视作品的著作权人，在完成摄制后，通常会将影视作品的著作权转让给广播电视台或影视公司，以获取财产性利益。但是，由于我国当前影视作品著作权多轮次、多渠道分销格局，以及影视作品著作权登记制度的不完善，现实中，我国影视作品著作权的许可使用关系错综复杂。电视剧"一女多嫁"、盗版盗播等侵权行为屡见不鲜。❷本文将以北京君子缘公司诉济南广播电视台侵权案为例，对其中涉及的影视作品著作权转让中的侵权问题进行探讨。

一、北京君子缘文化发展有限公司诉济南广播电视台侵权案

🔨 案　号

一审：山东省济南市中级人民法院（2014）济民三初字第 315 号

二审：山东省高级人民法院（2015）鲁民三终字第 139 号

再审：最高人民法院（2016）最高法民申 174 号

---

　　* 林思彤，黑龙江人，2018 年获得清华大学法律硕士学位，现为北京市嘉源律师事务所律师。硕士论文：《MOOC 的著作权问题研究》。

　　❷ 党雷. 简析健全我国电视剧版权登记制度的必要性［J］. 中国电视，2015，（2）：108–112.

⚖ 当事人

原告：北京君子缘文化发展有限公司（简称"君子缘"，二审上诉人，再审申请人）

被告：济南广播电视台（简称"济南电视台"，二审上诉人，再审被申请人）

⚖ 案情简介

君子缘于 2007 年 12 月 7 日与广东巨星影业有限公司（简称"广东巨星"）签订了《电视剧播映权转让合同书》，约定广东巨星将其拥有著作权的电视剧《康熙微服私访记》第 1～5 部有偿转让给君子缘。合同条款约定，权利转让范围为独家全国版权（包括卫星及地面频道，不包括港澳台地区），授权期限为合同签订之日起至 2017 年 12 月 31 日。后君子缘发现，济南电视台未经其同意，自 2013 年 11 月 19 日起在其电视台及电视台官网（http://jntv. ijntv. cn/）播放该作品，且拒绝停止播放，遂将济南电视台诉至法院。

二、争议焦点及法院判决

山东省济南市中级人民法院一审认为，第一，原告对涉案作品享有独家全国版权。根据我国《著作权法》第十一条第四项的规定及原告提交的涉案作品发行许可证，广东巨星为涉案作品的权利人。根据广东巨星向原告出具的《授权书》内容"兹将我公司拥有版权的《康熙微服私访记》第壹至伍部的独家全国版权授权于北京君子缘文化发展有限公司"，以及《电视剧播映权转让合同》中的条款"广东巨星公司将其拥有版权的电视剧《康熙微服私访记》第 1～5 部有偿转让给北京君子缘公司……版权转让范围为独家全国版权（包括卫星及地面频道，不包括港澳台地区），其中第 1～4 部自签约之日起至 2017 年 12 月 31 日止；第 5 部自首轮版权到期之日起至 2017 年 12 月 31 日止"，原告君子缘拥有涉案作品的独家全国版权授权。

第二，被告在电视播放涉案作品不构成侵权。经查明，广东巨星于 2012 年 9 月 15 日将涉案作品在中国大陆地区（除港澳台地区）有线、无线电视播映权及发行权，授权予北京骏马腾飞影视文化发展有限公司（简称"北京骏马"）。北京骏马又于 2013 年 11 月 25 日将其在济南地区的电视节目播放权转让给济南电视台。由于济南电视台是在其本地频道播放涉案影视作品，故其行为未超出授权范围，不构成侵权。

第三，被告在网络播放涉案作品构成侵权。一审法院认为，济南电视台通过播映权转让合同，仅取得涉案作品在济南地区的广播权，而未取得该剧的信息网络传播权。故济南电视台在其官网上播放涉案作品的行为，侵犯了原告合法权益，构成侵权。

综上，一审法院判决被告立即停止侵权并赔偿原告经济损失。

二审法院认为：

第一，原告对涉案作品仅享有"独家播映权"，即广播权。根据已查明的事实，原告提交的合同书的合同名称、合同主文抬头以及合同对价均写明了"电视剧播映权"字样，合同中的权利转让范围虽表述为"独家全国版权"，但其是限定在主文抬头所述播映权项下的。据此可认为，君子缘根据该份合同书获取的是涉案作品的独家电视剧播映权，而非全国独家版权，该份合同性质为涉案作品播映权的独占使用许可合同。根据我国《著作权法》第十条的规定，君子缘对涉案作品依法享有广播权。

第二，原告对涉案作品不享有信息网络传播权。对于原告的主张（①济南电视台播出涉案作品的行为侵害了其广播权；②网络电视定时播放涉案作品的行为侵害了其享有的其他著作权；③网络电视提供涉案作品点播回放的行为侵害了其信息网络传播权），二审法院认为济南电视台的第一种行为有合法授权，不构成侵权；第二种、第三种行为有无合法授权均与原告无关，原告无权向济南电视台主张权利。具体理由为：

首先，济南电视台与北京骏马签订了转让合同，取得了涉案作品在济南地区的电视剧播映权。原告不能证明济南电视台在签订上述合同之时知道其对涉案作品享有著作权，亦不能证明该合同存在《中华人民共和国合同法》（以下简称《合同法》）第五十二条规定的无效情形，其在先取得的广播权不能对抗善意第三人济南电视台在后取得的广播权。对于济南电视台在接到君子缘维权律师函后未停止播放涉案作品的行为，二审院认为，该份律师函并不发生阻却济南电视台依据授权合同行使权利的法律效力。

其次，根据我国《著作权法》第二十七条及第十条第一款第十一项的规定，广播权不包括通过互联网提供作品定时播放、点播回放的权利，故君子缘未获得涉案作品除广播权以外的其他著作权权利。无论济南电视台网络电视通过互联网提供涉案作品定时播放、点播回放服务是否有合法授权，君子缘均无权主张著作权保护。

综上，二审法院认定济南电视台对君子缘不构成著作权侵权。

山东省高级人民法院再审认为：

首先，原告对涉案作品享有广播权专有使用权。理由如下：其一，君子缘与广东巨星签订的《电视剧播映权转让合同书》中，版权转让范围上虽表述为"独家全国版权"，但该内容是限定在主文抬头所述"播映权"项下；其二，结合《著作权法》第二十五条规定及合同内容，君子缘获得的是涉案作品在全国卫星及地面频道（不包括港澳台地区）的广播权专有使用权；其三，广东巨星于转让合同签订当日给君子缘出具《授权书》，该授权是基于前述合同的约定进行的，故此处的"独家全国版权"亦应理解为涉案作品的广播权专有使用权；其四，该案中，转让合同中未明确约定君子缘享有除广播权之外的信息网络传播权等其他著作权，故君子缘不能对涉案作品行使信息网络传播权等专有使用权。

其次，被告未侵犯原告对涉案作品享有的广播权专有使用权。理由如下：其一，济南电视台通过与北京骏马签订的《电视节目播放权转让合同书》，取得了涉案作品在济南地区的广播权许可使用权，有权在授权地区范围和期限内对涉案作品使用广播权；其二，君子缘虽主张济南电视台签订的上述合同无效，但不能举证证明无效情形；其三，君子缘获得的涉案作品广播权专有使用权不能对抗济南电视台在后取得的广播权使用权；其四，因君子缘并未获得涉案作品除广播权以外的其他著作权专有使用权，故济南电视台网络电视通过互联网提供涉案作品定时播放、点播回放服务不侵犯君子缘的权利。

综上，最高院裁定驳回北京君子缘文化发展有限公司的再审申请。

三、述 评

思考一：影视作品著作权转让中受让方享有权利的确定

影视作品是摄制在一定物质上，由一系列有伴音或者无伴音的画面组成，并且借助适当装置放映、播放的作品。包括电影作品和以类似摄制电影的方法创作的作品。影视作品相较于其他著作权客体具有特殊性。虽然影视作品是由导演、编剧、演员、作词、作曲等众多作者共同创作完成的合作作品，但其在著作权保护上，既不按照合作作品进行保护，也不按照演绎作品进行保护。根据我国《著作权法》第十五条规定："电影作品和以类似摄制电影的方法创作的作品的著作权由制片者享有，但编剧、导演、摄影、作词、作曲等作者享有署名权，并有权按照与制片者签订的合同获得报酬……"。也就是说，为了简化和协调影视作品中的著作权关系，我国著作权法将影视作品中的部分创作成果，如剧本、音乐等，从整体中分割出来，单独行使著作权，而影视作品的著作权则仅由制作者享有。故影视作品不存在"双重"或"多重"著作权。在该案中，涉案作品的著作权人即为该影视作品的制作单位广东巨星。原告君子缘取得该剧的著作权，无论是独占全国版权还是播映权，均需先得到广东巨星的授权，这是该案中探究涉案影视作品著作权转让问题的起点。对于这一问题，一审法院、二审法院以及再审法院均对广东巨星公司的授权予以了认定。

但是，对于广东巨星就涉案作品授予了君子缘何种权利，一审法院与二审法院、再审法院的观点存在着较大差异。一审法院认为君子缘获得的是涉案作品的独家全国版权，而后两者则认定其仅享有独家播映权。从二者的范围来看，独家全国版权的保护范围涵盖了全国范围内独占性地享有我国《著作权法》第十条规定的一系列权利。而播映权，依据二审法院的判决，则仅属于《著作权法》第十条所规定的权利中的一项，也就是广播权。因此，可以看到，著作权比播映权的权利保护范围更广，著作权中不仅包含着播映权，同时还涉及信息网络传播权等其他权利。若君子缘取得的是独家全国版权，则济南电视台官网播放涉案作品就会构成著作权侵权，反之则不会。故君子缘享有何种影视作品著作权，影响着法院对涉案作品著作权侵权问题的进一步判定。

在判定君子缘所享有的影视作品著作权时，一审法院以《授权书》和《电视剧播映权转让合同》中条款明确指出的广东巨星授予君子缘"独家全国版权"为依据，认为君子缘享有的为独家全国版权。但值得注意的是，在考虑转让合同内容的同时，不能忽略合同的整体结构，对合同中具体条款的理解，应结合合同结构和条款之间的内在联系进行整体把握。在该案中，无论是从《电视剧播映权转让合同》合同的名称，还是合同主文抬头以及合同对价中，均可看到此次著作权转让是建立在"电视剧播映权转让"的大框架基础上的。由于合同所确定的具体条款不能突破合同整体框架而独立存在，故将君子缘所享有的权利认定为独家播映权更为适当。二审法院和再审法院均是从这一角度认定原告君子缘通过授权取得的为独家播映权，即广播权的专有使用权。

⚖ **思考二：影视作品的著作权转授权是否适用善意取得？**

既然君子缘取得了涉案作品的独家播映权，那么，济南电视台是否还能通过授权取得该剧的播映权呢？从该案的判决中可以看到，一审法院、二审法院以及再审法院都给出了肯定的答复。其中，二审法院指出，济南电视台作为善意第三人，可以依法取得涉案影视作品的广播权，而君子缘则可以依据《最高人民法院关于适用〈中华人民共和国合同法〉若干问题的司法解释（二）》中第十五条的规定，向广东巨星另案追究违约责任。同时，再审法院也对此表示了赞同，明确指出君子缘获得的广播权专有使用权不能对抗济南电视台在后取得的广播权使用权。

根据我国《著作权法》第四十六条规定："电视台播放他人的电影作品和以类似摄制电影的方法创作的作品、录像制品，应当取得制片者或者录像制作者许可，并支付报酬。"该案中，济南电视台播放涉案影视作品，即使作为善意取得，也应当取得制片者的许可，并支付报酬，否则仍构成侵权。但值得注意的是，该案中济南电视台所获得的涉案作品广播权授权，并非来自制作方广东巨星的直接授权。与制片者直接签订著作权转让合同的是北京骏马，济南电视台是通过与北京骏马签订《电视节目播放权转让合同书》才取得涉案作品在济南地区的电视剧播映权。此时，济南电视台能否通过转授权，善意取得涉案影视作品的广播权，还需要考察北京骏马从原权利人处取得授权的具体情况。如果二者在许可播放合同中明确约定北京骏马可以许可他人使用，那么根据约定被授权者将权利向第三方转让并不构成侵权。❶

在该案中，北京骏马通过与广东巨星签订转让合同，取得了涉案作品在大陆地区的播映权，且转让合同中约定，北京骏马可以将其取得的该影视作品著作权转让给第三方。因此，北京骏马将济南地区的播映权授予济南电视台，属于符合约定的授权范围。同时，由于济南电视台对于北京君子缘公司已取得涉案影视作品的独家

---

❶　温雪岩，蒋桥生. 从非制片者处获得许可播放他人影视作品亦可构成侵权［N］. 人民法院报，2014-09-11（006）.

全国播映权一事并不知情，且支付了该剧在济南地区播放的合理对价，符合善意取得的构成要件，故其可以善意取得该剧在济南地区的播映权。

思考三：完善我国影视作品版权登记制度的必要性

通过以上对君子缘诉济南广播电视台侵权一案的分析，可以看出，涉案影视作品著作权转让后，对于受让方及其权利范围的确认是该案审理的关键所在。而之所以存在影视作品著作权转让不明晰、许可使用关系难理顺，其中一个很重要的原因就是我国影视作品版权登记制度及其实践还不够成熟。

在作品版权登记方面，我国并未设立强制登记制度，而是采取自愿登记的方式。实践中，进行版权登记的多为剧本、小说等作品，影视剧版权许可使用合同备案的数量相对来说较少。影视剧版权作为一种无形财产，在权属不明的情况下，会增加交易的风险和不确定性。通过版权登记制度，一方面可以搭建起交易方之间的信任桥梁，促进交易进行；另一方面也能使影视作品的权利转让更加透明化、制度化，实现版权的安全、有序、高效流转。同时，版权也可以成为法院处理影视作品著作权纠纷案件的裁判依据。因此，我国应当继续推进影视作品版权登记制度的建设，推动影视作品著作权转让向着明晰化的方向发展。

综上所述，在影视作品的著作权转让中，受让方权利范围的确定，不仅要考虑具体合同条款，同时也要结合合同整体结构内容进行判断。而影视作品的著作权转授权只要符合法律规定与合同约定，被授权人仍然可以作为善意第三人取得该权利。影视作品著作权转让中的侵权问题的产生，包括善意取得制度的适用，很大一部分原因在于著作权转让的不透明。对于这一问题的解决，我们仍需关注版权登记制度的完善。

3.4　播放已发表文字作品的法定许可界限：《贾志刚说春秋》案

作　　者　李佳星 *

指导教师　何　隽

已发表作品进行播放的法定许可，在实践中存在对作者的著作权行使设置不合理限制的可能。本文以《贾志刚说春秋》著作权权属案为例，讨论法定许可下著作权人享有的权利。

我国《著作权法》第四十三条第二款所规定的对已发表作品进行播放的法定许可，一方面为作品的多渠道传播和公众低成本获取作品提供了便利，另一方面也为作者的著作权行使设定了限制。然而，权利的限制与例外最易在实践中被过分扩张边界，从而不合理地压缩原权利人的权利空间。该案为北京高院发布的 2015 十大知识产权案例之一，两审法院在划分法定许可与原权利人权利范畴之间的界限上保持了基本一致的立场，对法定许可下著作权人享有的权利作出了相对清晰的界定。

一、《贾志刚说春秋》著作权权属案

案　号

一审：北京市东城区人民法院（2014）东民初字第 1501 号

二审：北京知识产权法院（2015）京知民终字第 122 号

＊　李佳星，内蒙古鄂尔多斯人，2012 年获得清华大学法学学士学位，现为清华大学深圳研究生院法学硕士研究生。

⚖ 当事人

原告（二审被上诉人）：贾志刚

被告（二审上诉人）：佛山人民广播电台（简称"佛山电台"）

被告：中国科学文化音像出版社有限公司（简称"科学文化音像出版社"）

被告：谢峥嵘

⚖ 案情简介

贾志刚为系列图书《贾志刚说春秋》著作权所有者，该系列图书于 2009 年 7 月至 2011 年 1 月间陆续出版。2008 年 6 月至 2010 年 7 月，佛山电台主持人谢峥嵘以艺名谢涛在电台录制系列节目"谢涛听世界——春秋"（以下简称"听世界春秋"），并在两个频道播出，另刻录成光盘由科学文化音像出版社出版发行。其中使用与《贾志刚说春秋》相同的表达内容占《贾志刚说春秋》全部内容的 89%，"听世界春秋"全部内容的 74%。"听世界春秋"节目仅在最后一期结束时提及贾志刚为原著作者，谢涛在其微博中提及贾志刚的作者身份两次同名光盘未注明贾志刚为原作者。

贾志刚以三被告侵犯其署名权、改编权、保护作品完整权、复制权、发行权、广播权等著作权为由，要求三被告公开赔礼道歉、销毁侵权光盘、承担侵权损害赔偿责任、支付精神损害抚慰金并承担全部诉讼费用。

原审法院认为，原告为《贾志刚说春秋》系列图书作者，对该书享有著作权。"听世界春秋"的主要内容来源于《贾志刚说春秋》，在后续使用中侵犯了贾志刚的署名权、改编权、复制权、发行权，由于谢峥嵘的行为系职务行为，故由科学文化音像出版社与佛山电台共同承担销毁涉案侵权光盘、赔礼道歉、赔偿损失、支付原告精神抚慰金及维权合理支出侵权责任。

宣判后，佛山电台不服原审判决，以被控侵权作品未构成对原作的改编、其广播行为属于法定许可行为、被控侵权光盘发行量小、未造成严重后果、未对贾志刚造成精神损害为由提起上诉。

二、争议焦点及法院判决

北京市东城区人民法院一审认为，贾志刚为"贾志刚说春秋"著作权人。《听世界春秋》在使用原作《贾志刚说春秋》的主要内容时，未经过其许可，在保留原作基本表达的情况下，对原作进行了再度创作，构成对贾志刚改编权的侵犯。佛山电台还将未经许可改编后的"听世界春秋"公开向公众广播传播，亦构成对广播权的侵犯。"听世界春秋"节目播出两年，仅有最后一期节目曾表明过贾志刚的原作作者身份，不足以使听众知晓"听世界春秋"来源于贾志刚创作的《贾志刚说春秋》，构成对贾志刚署名权的侵犯。因光盘收录的内容与"听世界春秋"广播节目内容一致，故出版发行该光盘构成对贾志刚的复制权、发行权的侵犯，又因光盘内、外包装均未给贾志刚署名，故构成对贾志刚署名权的侵犯。

广播电台广播他人已发表的作品时需指明作者姓名和作品名称，且使用时不应对他人的作品加以改动，或是仅能容许以播讲为需要的适当改动，而佛山电台在使用权利图书的过程中未给贾志刚署名，且对权利图书的改动使用明显已超过适度的范围，故佛山电台的行为不适用《著作权法》第四十三条第二款法定许可的规定。

北京知识产权法院二审认为，《著作权法》第四十三条第二款对广播电台播放已发表作品的法定许可规定的目的是将已发表作品更广泛地传播，降低社会公众使用作品的成本。这种限制本身要求不能以损害著作权人的根本利益为前提。因此，广播电台对于作品的使用应当尽量尊重原作。即便有改动，也应该是为了满足广播电台播放要求、适应播放特点的适当改动，而且改动不应增加已有作品中没有的内容而产生新的作品。

该案中，"听世界春秋"与《贾志刚说春秋》的不同之处在于，其大部分内容并非简单地增加语气词、修饰词或调整语句顺序，而是在原作以外增加新的内容，形成了新的作品，构成对原作品的改编。

任何对他人作品的使用都应为作者署名是著作权法的基本要求，在法定许可情况下使用他人作品也应如此。因此，即便第四十三条第二款没有明确规定要给作者署名，但法定许可本身蕴含了署名的要求。

在广播"听世界春秋"节目的过程中及之后，佛山电台三次提及了贾志刚的姓名，其中在演播者的微博上提及仅是一种在微博平台上发生的行为，与广播作品无关，且两次行为分别发生在播放的最后一天或者播放完后，起不到表明作者身份的作用。另外节目播放了长达两年多的时间，仅在最后一期末尾提及了原作品的作者，不足以让相关公众将广播的作品与贾志刚建立相应联系，不能起到表明作者身份的作用，故三次表明作者姓名的行为均不能视为给贾志刚署名。

此外，由于被控侵权光盘收录的内容与广播节目"听世界春秋"内容一致，应该表明原作者贾志刚的身份，而佛山电台未在被控侵权光盘内外包装为贾志刚署名，亦侵犯了贾志刚的署名权。

三、述　评

🏛️ 思考一：文字作品是否属于播放已发表作品的法定许可客体

《著作权法》第四十三条第二款所规定的法定许可的客体是否包含文字作品等所有作品形式。

实践中，本条更多地适用于电影作品和以类似摄制电影的方法创作的作品及录像作品，而较少适用于文字作品。在该案中，原告贾志刚亦曾主张《贾志刚说春秋》作为文字作品并不属于广播电台法定许可的作品类型，因为适合播放的作品必须是可以播放的音像作品。但是，本条明确规定针对客体为"他人已经发表的作品"，就文义解释而言，任何形式的作品都可以被包含在内。

从本条设立目的来看，对广播电台和电视台授予法定许可实际上是将其作为一种公众教育工具以维护社会公共利益，[1] 也就是为公众提供低成本的信息接收渠道，而非意在对某类作品的著作权进行特殊的限制；另外，随着技术的进步，不直接属于录音录像作品的文字作品、美术作品、舞蹈作品等也都可以通过录音、录像或类似的手段被"广播"，而作品本身作为一种无形的智力成果，亦不因其表现形式或载体的改变而发生性质上的改变，即使以录音或录像的形式播放，也仍然受到著作权的保护以及合理使用、法定许可等权利限制的约束。因此，包括文字作品在内的各类作品均应属于《著作权法》第四十三条第二款的客体范畴。

⚖️ 思考二：播放已发表普通作品的法定许可使用界限

由于《著作权法》第四十四条对于录音制品播放的法定许可另有规定，此处先将第四十三条第二款所规制的客体范畴整体称为"普通作品"。

第四十三条第二款将行为的形式明确设定为"播放"他人已发表的作品，也即

---

[1] 胡开忠. 广播电台电视台播放作品法定许可问题研究——兼论我国《著作权法》的修改［J］. 知识产权，2013（3）：3-11.

"播放"是本条所规定的法定许可成立的唯一使用形式。所谓"播放",应当是一种对作品较为机械的展示方式,不包含将播放内容刻录制做成光盘发售等其他形式的使用,更不包含对于作品的加工和再创作。具体到该案中,谢峥嵘在其录制演播的"听世界春秋"中在大量使用贾志刚原作品表述的基础上加入了新的内容,不仅超过了完全创作新作品对于已有作品的合理引用程度,也是对原有作品的二次创作,构成了对贾志刚作品的改编,从而超出了"法定许可"的范畴,侵犯了贾志刚的改编权。而佛山电台未经贾志刚许可即委托科学文化印象出版社将"听世界春秋"节目录制成光盘公开出版发售的行为显然不属于"播放"的内涵,侵犯了贾志刚享有的复制权与发行权。

但是值得注意的是,二审法院在对改编权侵权的判定中还特别提到,"听世界春秋"较之原作《贾志刚说春秋》"不同之处大部分并非简单地增加语气词、修饰词或调整语句顺序",这成为法院认定谢峥嵘的作品已经构成对原作改编的原因之一。由此反向来看,由于文字作品并非成型的直接可播放的录音录像制品,因此,虽然"播放"是在行为方式上进行了严格的限制,但在播放的过程中进行合理程度的语气词、修饰词增加和语句顺序调整仍将落入法定许可的范畴之内,即并非任何修改或调整都将构成对原作者改编权的侵犯。

思考三:法定许可中对作者著作权的保护底线

该案中,被告人曾以《著作权法》第四十三条第二款中未规定需要为原作者署名提出抗辩,被法院以使用他人作品应当为他人署名是著作权法的基本要求、"法定许可本身蕴含了署名的要求"为由驳回,部分地揭示了法定许可内含的著作权权利人保护底线。

正如学者吴伟光所指出的,法定许可"不是权利的完全例外而是某方面的限制"。❶作者允许广播电台及电视台以支付对等报酬为前提使用其作品而让渡的仅是一部分财产权利,署名权作为作者的精神权利,与作者人身紧密结合,法院认为其并不在法定许可的权利限制之列;不仅如此,该案中,法院丝毫未因为涉及法定许可情形而降低对作者署名权的保护要求,认为佛山电台的三次表明原作者身份的方式均未实际起到为贾志刚署名的作用。

---

❶ 吴伟光. 著作权法研究——国际条约、中国立法与司法实践 [M]. 北京:清华大学出版社,2013:433.

这一点从本条将客体限定为"已发表作品"中也可以得到印证：对客体的这一限制条件正是为了避免对同样属于作者精神权利的发表权的侵犯。如果使用者借着法定许可的形式过分强制作者出让权利，尤其在本条的规定甚至没有对法定许可的使用附加"当事人另有约定的除外"之类的限制条款的情形下，❶ 就会使法定许可完全走到著作权的对立面上，成为著作权难以涉足的禁区。

推而广之，法定许可虽然强制要求作者在获取报酬的同时让渡部分财产性权利，但作者的精神权利应当作为著作权人权利的底线而由权利人始终保有。但同时需要强调的是，这也不意味着法定许可一定强制要求作者让渡所有的财产性权利，对作者权利的限制范围始终是由不同的法条作出不同的界定。

四、小 结

法定许可由于是以著作权法"例外"的形式而存在，尽管仍然被囊括于著作权法的体系之下，却往往更多地被关注到其"例外"的一面。在信息传播与交互迅速、共享经济盛行的当下，作为权利例外的合理使用与法定许可极易被作为著作权侵权的挡箭牌，甚至形成负面的示范效应，使后来者盲目地模仿，为著作权保护带来了极大的挑战。

由此，在该案中，法院通过对法定许可范畴的甄别和界定力图划清著作权人让渡的权利与保有的权利之间的界限：以权利人始终保有精神权利为底线，法定许可中的使用也应当以对权利人著作权最低限度的侵占或损害为目标，严格遵守法律对于法定许可使用方式的规定，最大限度地尊重原作品，从而强调了法定许可中"仍然属于著作权法保护"的侧面。

不过值得注意的是，在法定许可中，也许更需要着力保护的是著作权人获得报酬的权利。长期的著作权保护实践表明，著作权人在权利限制的情形下难以实际取得著作权法所规定的报酬的情形要远比署名权等精神权利被侵害的情形更常见，从而使得著作权在事实上被无偿地侵占了。并且，对于"已发表的作品"而言，作者通常是愿意作品被进一步公开和传播的，此时作者能够通过作品获得的财产性利益就会成为激励作者创作作品的最重要因素。

---

❶ 管育鹰. 我国著作权法定许可制度的反思与重构［J］. 华东政法大学学报，2015（2）：18-29.

3.5 同人作品的知识产权问题：《此间的少年》案

作　　者　颜彦青＊

指导教师　何　隽

郭靖、黄蓉、令狐冲这些原本在金庸笔下打打杀杀的江湖儿女突然化身为汴京大学化学系的学生。《此间的少年》一书一经问世，便受到了青少年尤其是金庸"粉丝"们的追捧。然而该书是否侵犯了金庸的著作权？是否存在不正当竞争的嫌疑？法律在保护原作版权和鼓励创新之间应当如何取舍？本文以此案为例，探索同人作品的知识产权保护该何去何从。

一、金庸诉江南事件

📚 案　　号

一审：广州市天河区人民法院（2016）粤 0106 民初 12068 号

📚 当事人

原告：查某某（笔名金庸）

被告：杨某（笔名江南）

被告：北京联合出版有限责任公司

被告：北京精典博维文化传媒有限公司

被告：广州购书中心有限公司

＊ 颜彦青，广西桂林人，2017 年获得清华大学法律硕士学位，现任职于中山大学附属第一医院。硕士论文：《影视作品字幕组著作权问题研究》。

案情简介

2016 年 10 月 10 日广州天河区法院的一则公告引爆了金庸诉江南事件：金庸起诉江南的作品《此间的少年》（下文中简称《此》）对其几部武侠小说构成著作权侵权及不正当竞争。一纸诉状，让同人小说这一原本属于青少年亚文化范畴的创作概念浮出水面，同时也将文学界与法律界的目光聚焦在同人小说所处的法律"灰色地带"。

金庸在诉状中要求江南方面停止复制、发行小说《此》，封存并销毁库存图书；在中国青年报、新浪网刊登经法院审核的致歉声明；赔偿经济损失人民币 500 万；支付金庸维权所支出的合理费用人民币 20 万元；江南承担此案的诉讼费。

公告显示此次案件的唯一原告是金庸先生本人，这与前一年轰轰烈烈的琼瑶诉于正案❶、温瑞安诉玩蟹案❷一样，都是享有很高知名度与很强社会影响力的原始权利人作为原告诉讼，这比委托他人维权表达出了更多的讯息——鉴于金庸的诉讼要求包括封存并销毁所有相关库存图书，这意味着今后网站和出版方很可能关闭频道并停止签约"同人小说"这一类型的作品。诉讼案的结果不仅对同人小说乃至整个网络文学都会产生较大影响。

2017 年 4 月 25 日，该案在广州市天河区人民法院开庭审理。当时有评论称该案为"国内同人作品第一案"，其影响力可见一斑，业界也多期待该案的结果能为"同人作品"的法律定位做一个清晰的界定。但该案自开庭之后便几无后续进展，媒体报道多停留在 2017 年四五月间，亦有消息称原被告双方在庭上有和解意向，或已于庭后和解。

《此》是江南的处女作，最初创作于网络，主要讲述了乔峰、郭靖、令狐冲等大侠们在汴京大学的校园爱情故事，书中大量使用了金庸武侠小说中创作出来的角色

---

❶ 2014 年 5 月 27 日琼瑶就于正新剧《宫锁连城》抄袭其经典作品《梅花烙》向北京三中院递交诉状，向于正在内的五被告索赔 2000 万人民币。北京三中院作出一审判决，要点如下：1. 被告于判决生效之日起立即停止电视剧《宫锁连城》的复制、发行和传播行为；2. 被告余征（于正）于判决生效之日起十日内刊登致歉声明，向原告陈喆（琼瑶）公开赔礼道歉，消除影响；3. 五被告与判决生效之日起十日内连带赔偿原告经济损失及诉讼合理开支共计五百万元。2015 年 4 月 8 日北京高院公开审理该案的上诉案，并于 12 月 18 宣判：驳回各被告上诉请求，维持原判。

❷ 作家温瑞安就网游《大掌门》涉嫌侵犯"四大名捕"系列作品改编权及不正当竞争，将其开发商北京玩蟹科技有限公司诉至北京市海淀区法院。2016 年 3 月 15 日法院宣判，认定玩蟹的行为属于对温瑞安作品中独创性人物表达的改编，且未经温瑞安许可，侵害了温瑞安对其作品享有的改编权，据此判决其消除影响、赔偿温瑞安经济损失及合理费用 80 万元。双方均未提起上诉。

姓名。该书在 2002 年出版后，又再版过三次；并在 2010 年由北大学生会出品翻拍了一部由胤祥执导的电影；2016 年这部作品的影视版权被华策影业拿下，影响颇大。

同人虽然是个舶来词，但同人作品在我国绝不是一个新事物。就以续书这一形式来看，中国文学史上的续书传统也算是源远流长。中国文学史上最著名的同人文大概是高鹗续作的《红楼梦》。另外《金瓶梅》的创作也是沿用了《水浒传》中的基本设定和部分角色即西门庆和潘金莲，在此基础上确立全新的主体思想与故事架构，是一部典型的派生型同人小说。有的同人作品因为原著过了著作权保护期，故而没有改编风险，如与江南的《此》并称为网络文学两大经典同人小说的《悟空传》，就是作者今何改编自明代吴承恩的《西游记》的作品。

我国的第一例关于同人作品的案件判决则是关于钱钟书先生作品《围城》的判决。1990 年电视连续剧《围城》热播之后，鲁兆明续写了《围城之后》，这其实就是《围城》的同人作品，只不过当时还没有"同人"一说。1992 年，这本书由沈阳春风文艺出版社出版，后被钱钟书起诉侵权成功。而我国现代意义上的同人作品产生于1998 年，以 Naya 的作品《幕后》发表于清华大学论坛为标志，该作品是以日本动画《新世纪福音战士》为背景进行的创作。

二、争议焦点及法院判决

历时一年多，2018 年 8 月 16 日，广州市天河区法院对作家查某某起诉作家杨某《此》著作权侵权和不正当竞争案进行一审宣判：杨某不构成侵犯著作权但构成不正当竞争，查某某获判赔偿共 188 万元。

天河法院综合原被告双方的诉辩意见及查明事实，认为该案核心的争议焦点在于：《此》是否侵害查某某的著作权；杨某、北京联合、北京精典、广州购书中心是否构成不正当竞争。

📖 争议焦点一：《此》是否侵犯著作权？

法院认为，著作权法所保护的是作品中作者具有独创性的表达，即思想的表现形式，不包括作品中所反映的思想本身。脱离了具体故事情节的人物名称、人物关系、性格特征的单纯要素，往往难以构成具体的表达。《此》并没有将情节建立在金庸作品的基础上，基本没有提及、重述或以其他方式利用金庸作品的具体情节，是创作出不同于金庸作品的校园青春文学小说。且存在部分人物的性格特征缺失，部分人物的性格特征、人物关系及相应故事情节与金庸作品截然不同，情节所展开的具体内容和表达的意义并不相同。因此，《此》并未侵害查某某所享有的改编权、署名权、保护作品完整权。

📖❓ 争议焦点二：杨某等三被告是否构成不正当竞争？

法院认为，该案中，金庸作品及作品元素凝结了查某某高度的智力劳动，具有极高的知名度和影响力。虽然杨某创作《此》时仅发表于网络供网友免费阅读，但在吸引更多网友的关注后即出版发行以获得版税等收益，其行为已具有明显的营利性质，故杨某在图书出版、策划发行领域包括图书销量、市场份额、衍生品开发等方面与查某某均存在竞争关系，双方的行为应当受到我国反不正当竞争法的规制。

杨某的作品《此》借助金庸作品整体已经形成的市场号召力与吸引力提高新作的声誉，可以轻而易举地吸引到大量熟知金庸作品的读者，并通过北京联合出版有限公司（简称"北京联合"）、北京精典博维文化传媒有限公司（简称"北京精典"）的出版发行行为获得经济利益，客观上增强了自己的竞争优势。同时挤占了查某某使用其作品元素发展新作品的市场空间，夺取了本该由查某某所享有的商业利益。

北京联合、北京精典理应知晓《此》并未经查某某许可，若再次出版发行将进一步损害查某某的合法权益，且在收到律师函要求停止出版、发行后仍未予以停止，其行为已构成帮助侵权，亦应承担相应的民事责任。

广州购书中心作为《此》纪念版的销售者，该销售行为具有合法来源，且在应诉后停止销售，主观上并无任何过错。查某某诉请其停止侵权、赔偿合理支出缺乏依据，法院不予支持。

📖❓ 法院判决

法院一审判决杨某、北京联合、北京精典应立即停止涉案不正当竞争行为，停止出版发行小说《此》并销毁库存书籍；杨某、北京联合、北京精典应在《中国新闻出版广电报》中缝以外的版面刊登声明，同时在新浪新闻首页显著位置连续 72 小时刊登声明，向查某某公开赔礼道歉，并消除不正当竞争行为所造成的不良影响；

杨某应赔偿查某某经济损失人民币 168 万元, 北京联合、北京精典就其中 30 万元承担连带责任; 杨某应赔偿查某某为制止侵权所支付的合理开支人民币 20 万元, 北京联合、北京精典就其中 3 万元承担连带责任; 驳回查某某的其他诉讼请求。

三、述 评

思考一: 亚文化正在利益层面分享占领更大的大众文化空间

21 世纪初, 类似同人小说这样的青少年亚文化创作, 经网络空间或青春杂志连载声名鹊起, 而其原作, 如金庸小说等则占据图书出版、影视发行等主流文化传播渠道。假如"江南们"始终是"小透明", 以"粉丝"身份从事反馈式致敬创作, 其无论在传播渠道还是利益获取上都很难与原作发生冲突。所以金庸与江南之争, 表面上是一起著作权纠纷, 实质上是由于近些年来, 网络成为重要的文化传播渠道, 资本力量、"粉丝"因素在图书出版、影视发行等领域成为重要因素, 一些原本"小众"的亚文化产物抢滩大众文化视野, 与从前的大众文化缔造者形成同台竞技、"平等"角逐的局面。

在该事件中, 无论支持方还是反对方都认为,《此》一书如果没有借鉴金庸小说已经刻画成功的武侠人物形象, 该书产生的影响将大打折扣。文学青年通过创作同人小说来练笔,"粉丝"通过同人小说来抒发自己对原著的感情, 从个人创作来言, 本是没有侵权之虞的。但是, 如果个人的自娱自乐演变为公开发表, 甚至转为以营利为目的的商业活动, 就有受到知识产权相关法律制约与制裁的风险。

思考二:《此》可避让金庸作品但未避让, 有明显不正当竞争嫌疑

根据《反不正当竞争法》第五条的规定,"擅自使用知名商品特有的名称、包装、装潢, 或者使用与知名商品近似的名称、包装、装潢, 造成和他人的知名商品相混淆, 使购买者误认为是该知名商品"的属于不正当竞争行为。

《此》中的人物名称完全来自金庸系列武侠小说之中, 并非真实存在过的历史人物。当人们看到这些人物名称自然会联想到原作小说中的人物关系及情节等, 鉴于金庸系列武侠小说的影响力, 所有读者都已经对这些人物名称与小说情节建立起牢

固的"映射"或"关联"关系，作者江南对此主观上属于明知。而在客观上，借助了金庸作品的知名度创作的小说必定会在金庸武侠小说读者受众中引起共鸣或一定的传播效应，有明显的"借势"意图。

2002 年，《此》首次出版发行，后又再版三次，作为作者的江南都从中获得了相应的收入。2016 年华策影业还曾对外公布要将这部作品改编成电影，显然江南凭借这部小说，不仅得到了极高的人气，也获得了丰厚的商业报酬。这样的行为显然是构成商业使用的。

如果在江南成名之前，作为金庸小说迷在其创作的作品中使用金庸系列小说人物名称，有向作者致敬的可能或合理性。在其成名之后且作品付诸出版之时，其在可以改变作品人物名称而未改变，在没有获得金庸许可授权的前提下，继续使用金庸系列武侠小说中的人物名称出版发行该小说作品，利用金庸良好的作品声誉为自己牟取了巨额的利益，则有明显的"搭便车"倾向，涉嫌构成不正当竞争行为。

值得一提的是，此案送达方式采用了公告送达，表明原告在查明被告地址或联系方式方面可能存在较大难度，这也从另一个侧面反映出《此》的作者江南，在过去的十多年间，既未能获得金庸的许可授权，也从未向金庸支付过任何费用。而这也是当前国内著作权保护问题上存在的一个普遍现状：当自己的著作权被他人侵犯时，往往"怒不可遏"；而当自己的作品涉嫌侵犯他人著作权时，则会"避重就轻"或"顾左右而言他"。

近十年来，著作权问题以前所未有的密集度呈现，其引发的讨论也在不断开拓深度和广度。借鉴和抄袭之间的区别如何界定。"同人文"类型和侵权行为的性质与分界在何处。以现有的法律条文审视，这些问题很难得到清晰的答案。硬性的抄袭、侵权的判定和软性的借鉴、化用的定性，在利益各方看来，存在着一个非常明显的"语境时差"。

以《此》为例，书中直接使用了"郭靖""黄蓉"等金庸作品中广为人知的人物名字，但其人物关系、重要情节则另起炉灶，与原著并无关系。在江南初次创作并在网站发表该小说的时候，"同人小说"作为网络文学的一种形式已经广泛存在。网文作者们在既有作品中产出新的周边创意甚至是独立创意，形成作品，他们的"语境"保持着与互联网社会当中主体认知共通的一致性，以人类全部知识与信息的总和，作为自我知识储备取用。

而在金庸等原著作者看来，其作品一字一句皆为原创，若有改动则属侵犯版权。在他们的语境里，全新的作品来自作品生产者在漫长的知识和信息生产周期中艰辛的创作。但面对"互联网+"和 IP 开发，知识和信息的碎片化已成为事实。正是由于秉持不同话语体系的社群对知识和信息的认知偏差，著作权问题在当下显得尤为"分裂"。

金庸曾说，在香港用其小说人物的名字是马上要付钱的，周星驰拍《功夫》时曾经使用小龙女杨过等人物形象，每用一次付其一万港元，这样的保护方式类似于对商标的保护。笔者认为，具有高度知名度的作品中的主人公名字，应当予以适当的保护。知名作品的主人公与作品本身的关系极其密切，当我们提及作品主人公时，我们理所当然地会想到该作品。正如当我们看《此》时，自然而然地会明白，该作品应用了金庸作品主人公的名字，这就使两部作品之间有了联系。在网络上搜索对于《此》的评价，多有网友因该作品把金庸主人公与校园生活相结合的新意而追捧这部书，这也是江南凭借这部小说一炮而红，赚取丰厚收益的重要原因。可以说，江南的成功是建立在金庸的基础上的。因此对于金庸的权利，我们应当予以保护。如今后作者可以对其作品主人公的名字申请注册商标，这样，同人小说再度使用就应当支付原作者一定的费用，保护原作的权益。

另外需要指出的是，一直以来，大量作者并未起诉同人作品"侵权"，不仅是因为法律上的难以清晰界定，更因为同人市场具有的巨大消费潜力。无疑，二次创作能够激活阅读者的参与度，把原作的"粉丝"黏性成倍扩大。

因而，找到利益平衡点才是关键所在——让同人小说作者和原著作者实现双赢远比"互相伤害"要好得多。比如美国亚马逊网站的 Kindle Worlds 就设立了一套简单的利益分成模式：用户在亚马逊上发表作品，由读者付费，亚马逊作为平台搭建者赚取 30% 的利益提成；二次创作人和原著作者则各获取 35% 的分成。这不失为一种可以借鉴的方式。

这起案件将文学界与法律界的目光聚焦在同人小说所处的法律"灰色地带"，同时也给原著作权人和同人创作者敲响警钟：对于原著作者而言，对他人利用自己作品元素的行为，要在正确理解法律条款的基础上理性维权；对于同人创作者而言，一旦涉及对他人作品的利用，必须小心谨慎，一方面要区分"思想和表达"的界限，另一方面，一旦涉及对他人独创性表达的利用，必须要取得他人许可，以免埋下诉讼隐患。

3.6 网络游戏作为类电影作品保护：网游《奇迹 MU》案

作　　者　颜彦青 *

指导教师　何　隽

对网络游戏的保护离不开对其法律性质的界定，究竟是将网络游戏分割为美术作品、文字作品、计算机软件等作品进行保护，还是将其本身作为一个单独的作品类型——类电影作品进行保护。本文以网游《奇迹 MU》案为切入点，对问题进行了回答。

一、网游《奇迹MU》案

案　号

一审：上海市浦东新区人民法院（2015）浦民三（知）初字第 529 号

二审：上海知识产权法院（2016）沪 73 民终 190 号

当事人

原告：网游《奇迹 MU》大陆独家运营商壮游公司

被告：网页游戏《奇迹神话》开发商硕星公司、独家运营商维动公司

案情简介

涉案游戏：MMORPG 网络游戏《奇迹 MU》，由韩国网禅 Webzen 开发，曾

　　* 颜彦青，广西桂林人，2017 年获得清华大学法律硕士学位，现任职于中山大学附属第一医院。硕士论文：《影视作品字幕组著作权问题研究》。

被韩国多家官方权威游戏机构评选为"最佳网络游戏"，上海壮游公司享有《奇迹MU》在大陆的独家运营权以及维权权利，如图 2 所示。

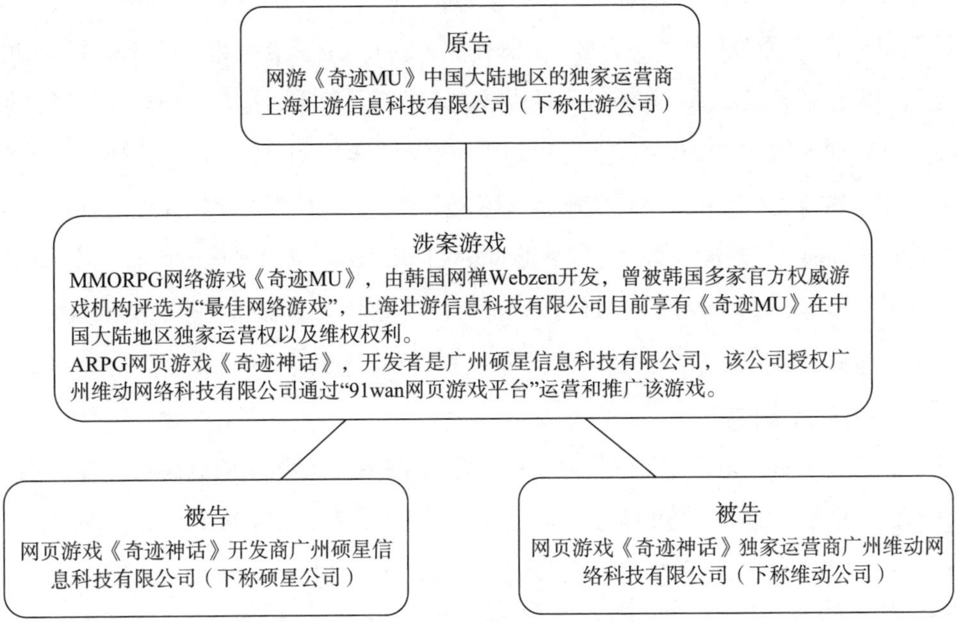

原告
网游《奇迹MU》中国大陆地区的独家运营商
上海壮游信息科技有限公司（下称壮游公司）

涉案游戏
MMORPG网络游戏《奇迹MU》，由韩国网禅Webzen开发，曾被韩国多家官方权威游戏机构评选为"最佳网络游戏"，上海壮游信息科技有限公司目前享有《奇迹MU》在中国大陆地区独家运营权以及维权权利。
ARPG网页游戏《奇迹神话》，开发者是广州硕星信息科技有限公司，该公司授权广州维动网络科技有限公司通过"91wan网页游戏平台"运营和推广该游戏。

被告
网页游戏《奇迹神话》开发商广州硕星信息科技有限公司（下称硕星公司）

被告
网页游戏《奇迹神话》独家运营商广州维动网络科技有限公司（下称维动公司）

图 2　案情分析图

ARPG 网页游戏《奇迹神话》，开发者是硕星公司，授权维动公司通过"91wan网页游戏平台"运营和推广该游戏。

2014 年 6 月，壮游公司以《奇迹神话》抄袭《奇迹 MU》为由将硕星公司和维动公司告上法庭。壮游公司认为《奇迹 MU》游戏整体画面构成类电影作品，《奇迹神话》侵犯其著作权；维动公司在运营宣传中使用引人误解的内容，与硕星公司共同构成虚假宣传的不正当竞争，故起诉至法院，请求判令硕星公司、维动公司停止侵权及不正当竞争行为，赔偿经济损失 1000 万元及合理费用 10.5 万元并刊登公告，消除影响。

二、争议焦点及法院判决

该案中原被告的主要争议焦点在于网络游戏能否作为类电影作品进行保护。

（一）原告诉称

原告壮游公司诉称，自己经网禅公司授权，享有在中国大陆地区独家运营《奇迹 MU》的权利并已经营多年，其"MU"注册商标、游戏形象、美术作品、场景画面等均具有较高的知名度、美誉度；并主张《奇迹 MU》是由美术作品、文字作品、音乐作品和计算机软件等构成的复合型作品，应当属于著作权法规定的"其他作品"。同时，壮游公司认为《奇迹 MU》作为一款大型多人在线角色扮演游戏，借助适当的装置播放或传播，拥有特定的世界观、题材、故事、情节、场景、环境、音乐、伴音和人物，其设计开发要经由角色、剧本、美工、音乐、服装设计、道具等的创作才能完成，不仅故事情节丰富，还包含了创作者的思想个性和作品风格，游戏的整体画面应当属于以类似摄制电影的方法创作的作品，即类电影作品。因此《奇迹神话》抄袭《奇迹 MU》，二者在作品名称、故事情节、地图场景等多个方面构成实质性相似，侵犯了其享有的复制权、改编权以及信息网络传播权。

（二）被告辩称

开发商硕星公司辩称，原告的主张缺乏法律基础，因为游戏画面并不属于《著作权法》中规定的"以类似摄制电影的方法创作的作品，即类电影作品"或"其他作品"。电影的播放是单向性的，而网络游戏是双向互动性的，不同玩家操控游戏或同一玩家以不同玩法操控游戏，均会得到不同的"有伴音或无伴音的画面"。目前也没有法律法规对原告主张的"其他作品"进行规定。

硕星公司同时认为，原告提供的比对情况主要是名称和图片，仅占游戏素材的极小部分。两款游戏均为魔幻类题材，部分名称采用通用词汇是合理的，并不构成著作权侵权。对壮游公司起诉的其他侵权事实，硕星公司也一一否认。

独家运营商维动公司则辩称，其已尽到审查义务，并无共同侵权故意，在对《奇迹神话》推广宣传时，未使用"MU"商标或者"奇迹 MU"，也没有实施虚假宣传行为。

一审判决

2016 年 4 月，一审法院上海浦东新区人民法院审理后认为，从游戏的制作来看，游戏策划和素材设计人员在功能上类似于电影的导演、编剧、美工、音乐和服装设计，软件编程类似于电影的拍摄。从游戏体验来看，剧情随着玩家的操作在不同的场景、画面之间展开，并伴有声音，同电影作品的表现形式相类似。虽然玩家的不同操作会得到不同的画面和剧情，但不同玩家之间得到的剧情和画面主体是一样的，且都是游戏开发者预先设置的，是开发者而非玩家的创作。根据《伯尔尼公约》对类电影"其本质在于表现形式而非创作方法"的描述，法院判定《奇迹 MU》的整体画面可以作为类电影作品寻求保护，其著作权属于游戏开发商。

另外，虽然难以对两款游戏画面进行一帧帧的比对，但游戏画面是由游戏人物、怪物等在游戏场景中不断展开的一系列情节所呈现的连续画面所构成的，因此可通过比对游戏中的情节、人物、场景等相关素材来认定游戏画面的相似度。原告对两款游戏相关的 14 个地图场景进行试玩及比对，可发现具有标志性的 104 个场景地图、26 个技能、71 个怪物、134 个武器装备以及 5 个 NPC 高度近似。因此可以认定《奇迹神话》的整体画面与《奇迹 MU》构成实质性相似。

据此，法院认定《奇迹 MU》游戏整体画面构成类电影作品，《奇迹神话》游戏整体画面与《奇迹 MU》经过对比后构成实质性相似，故硕星公司、维动公司构成著作权侵权。同时，"奇迹"构成知名商品特有名称，被诉游戏名称与其近似，构成擅自使用知名商品特有名称的不正当竞争行为。维动公司在游戏宣传过程中使用易引人误解的内容，与硕星公司共同构成虚假宣传的不正当竞争行为。

一审法院据此判决硕星公司、维动公司停止侵权和不正当竞争行为，赔偿壮游公司经济损失人民币 500 万元及合理费用 10 万余元并承担消除影响的民事责任。硕星公司、维动公司不服，提起上诉。

二审判决

2017 年 3 月，上海知识产权法院二审认为，类电影作品的特征性构成要件在于其表现形式由连续活动画面组成。涉案网络游戏整体画面在运行过程中呈现的也是连续活动画面，玩家不同的操作会产生不同画面，但这是操作不同而产生的不同选择，未超出游戏设置的画面，不是脱离于游戏之外的创作，故具有独创性的网络游戏整体画面，具备类电影作品的实质构成要件，属于类电影作品。《奇迹 MU》游戏整体画面符合我国著作权法规定的作品的构成要件，属于著作权法意义上的作品。硕星公司、维动公司的宣传内容易引人误解为被诉游戏与《奇迹 MU》存在关联，构成虚假宣传的不正当竞争。

鉴于壮游公司二审中撤回关于知名商品特有名称的不正当竞争之一审诉请，故在维持一审结果的基础上对赔偿数额酌情调整，变更硕星公司、维动公司赔偿壮游公司经济损失人民币 400 万元及合理开支 10 万余元，其余维持原判。

这是国内首例将网游认定为"类电影作品"的案件，一审判决的 500 万的赔偿额不仅创下上海著作权侵权案件赔偿的最高数额，也创下了全国法院对网络游戏侵权赔偿的最高额。

三、述 评

我国《著作权法》目前尚未将网游纳入到任何一种作品类型之中，网游的知识产权保护也一直陷入困局。在以往的案件中，法院往往将网络游戏割裂成单个作品的集合进行静态保护，游戏最终获赔也是比照文字作品、美术作品的赔偿金额和数量进行认定。《著作权法》规定法院在无法确定著作权人实际损失和侵权人违法所得的情况下，只能判决 50 万元以下的法定赔偿，就当前网络游戏动辄数千万元资产的产业规模来看，侵权成本显然过低。原告研发一款游戏耗时长、成本高，而侵权方简单抄袭就能挤占市场，获益巨大，法定赔偿额难以填平原告受到的损失，与被告获利相比也微不足道。若网游侵权长期得不到良好保护，既挫伤了权利人维权的积极性，也助长了山寨游戏的侵权气焰。

在网游《奇迹 MU》案中，原告对游戏的作品性质进行了充分论证，同时对两款游戏进行了充分对比以及举证；通过 PPT、视频等可视化方式对比两个游戏的试玩过程来还原玩家的真实体验，让法官能够以该领域一般消费者的角度去审视两款游戏的异同。上海浦东新区人民法院采纳了原告的主张，在首次将角色扮演类网络游戏认定为类电影作品的基础上，最终认定《奇迹神话》的整体画面与《奇迹 MU》构成实质性相似，被告侵犯了原告的复制权、信息网络传播权。同时，类电影作品的认定也直接影响到赔偿额度的确定。法院考虑到网游的高收入背景，结合原告授权第三方的授权金标准，根据原告损失远超法定最高赔偿数额的客观事实，考虑到游戏商业价值、侵权程度、许可使用费等诸多因素，最终突破了法定赔偿额的标准，一审确定 500 万元的赔偿数额，较好地维护了权利人游戏的商业价值。

该案对网络游戏侵权的维权思路提供了有益的借鉴，法院认定网络游戏构成类电影作品，也是前所未有过的司法尝试，无疑将对潜在的侵权者产生强烈的震慑作用。

思考一：网络游戏在著作权法上如何定位

一款网络游戏一般由场景、人物角色、NPC、音乐、故事情节、游戏规则等要素组成，其知识产权保护也涉及多个领域，保护难度较大。关于网络游戏本身的作品归类，现在主流的观点是把网络游戏在著作权法意义上分为两部分内容，一是游戏作品直接固定的内容；二是游戏运行时临时呈现的内容。

就游戏作品直接固定的内容而言，有两部分：一是游戏本身作为一个文本所固定下来的内容，直接体现为游戏的代码；二是作为游戏的资源库，是典型的计算机游戏作品，其中内容如各种游戏角色实际上的名称、文字、图片等供游戏引擎来匹配调用协调。

对网络游戏著作权的定性，主要的争议是关于游戏资源库的性质。有学者认为，因为用户没有独创性的贡献，因此游戏呈现的画面不受著作权法保护。清华大学崔国斌认为：游戏画面尽管尚未被固定下来，但是若用户每次运行之时均会以大致相同的方式呈现，就会达到著作权法上受保护作品的基本要件。画面本身既可能是视听作品、类似电影方法摄制的作品，也有可能是单纯的文字作品等。因此，在现有的著作权法框架下没有必要创设一个单独的类别，应当根据实际的情况解决网络游戏所涉争议。❶

思考二：网络游戏在国外的保护情况

一、网络游戏在美国可以作为视听作品保护

美国是世界上网络游戏产业最为发达的国家之一。美国法院也曾经把网络游戏中的声音和图像分开来分别采用著作权保护，后来，1995 年美国知识产权方面的白皮书❷建议把网络游戏作为视听作品。如今在美国，网络游戏可被看作是计算机软件，被作为文字作品进行保护；如果图画或图像占优势地位（Predominates），则网络游戏可被看作是视觉艺术作品（Visual art work）；同样，如果电影或视听占优，则其可作为电影作品或视听作品。可见，美国对于网络游戏的保护方式非常灵活，且比较完善。

---

❶ 崔国斌. 认真对待游戏著作权［J］. 知识产权，2016（2）：3-18.

❷ U. S. 1995 Intellectual Property and the National Information Infrastructure，SuDoc C21. 2：P94/3，pp. 44-45.

最早把网络游戏作为视听作品保护的案件之一是 Atari, Inc. v. Amusement World, Inc. 案。该案中，原告认为被告的游戏"流星（Meteors）"与其游戏"爆破彗星（Asteroids）"相似，构成侵权。判决中法院重申了版权保护的规则，即思想不受保护，仅表达受到保护，并明确计算机游戏可作为视听作品（Audiovisual work）受到著作权法的保护。在该案中，原告为寻求保护，对其网络游戏进行了视听作品登记，而法院接受了该种保护，并认定其寻求的保护并非针对计算机程序而是针对游戏的视觉呈现（Visual presentation）。❶

二、网络游戏在日本可以作为电影作品保护

日本网络游戏产业已相对成熟，对于网络游戏的认定和保护也有一定经验，虽然其未在法律中进行明确规定，然而通过相关判例可以看出，对于满足日本《著作权法》第二条第三款规定，具备电影作品（Cinematographic works）要件的游戏，将作为电影作品予以保护。

在著名的"心跳回忆"案中，涉案游戏"心跳回忆"是一款恋爱养成类游戏，玩家扮演男主角，并通过在游戏中的操作，触发情节，与不同的女主角接触，培养好感度，并根据不同的好感度最终有选择地跟不同的女主角在一起。一审法院认为，游戏软件在运行过程中，根据情节所产生的画面、影像应当独立于软件作为电影作品对待；二审大阪高等法院在判决中对游戏软件的作品属性作出如下认定："根据著作权法第十条第一款第七号关于电影作品的规定，电影作品包括以类似电影的视觉或视听觉效果的播放方法所表现，同时固定在有形载体上的作品。该案游戏软件通过播放机器在屏幕上播放相应的变化影像（即使不是连续播放的），使登场人物在相应场合说出相应台词，使故事展开，因此该案游戏软件可以被认定为电影作品。此外，该案游戏软件的程序部分包括由计算机指令组合而成的表现形式，也符合著作权法第十条第一款第九号的计算机程序作品的定义。因此，基于该案的游戏软件是保存在数据里的影像和声音通过程序读取再生，以及通过玩家的主体参加来实现游戏的进展这两点，该案软件并非是电影作品和计算机程序作品的简单共存物，而应当被认为是两者相互关联形成的'游戏影像'这一复合性质的作品。"

---

❶ Atari, Inc. v. Amusement World, Inc., 547 F. Supp. 222, 229（D. Md. 1981）.

⚖ 思考三：奇迹 MU 案和 DOTA 案的对比思考

上海知识产权法院在 2016 年至 2017 年间连续对两起案由相近的网络游戏画面著作权纠纷案件进行了终审判决，即"奇迹 MU 案"和"DOTA 案"，前者是法院首次将游戏整体画面认定为类电影作品，后者是国内首例电竞直播纠纷案。它们同样由上海知识产权法院进行审理，又同属网络游戏画面的著作权问题。但对于"奇迹 MU 案"法院认为，"涉案游戏的整体画面可以作为类电影视作品获得著作权保护"；而对于"DOTA 案"的判决否定了游戏比赛画面的可版权性，认为"比赛画面并不属于著作权法规定的作品，被告使用涉案赛事比赛画面的行为不构成侵害著作权。"对于这种"同案不同判"现象，笔者认为，应当以案情为原点考察判决差异背后的原因，对案件所涉各类网络游戏画面的法律性质进行层进式解析，来探讨游戏画面作为类电影作品的可能。

（一）游戏整体画面

就游戏整体画面而言，在"DOTA 案"的语境中指直播的比赛游戏画面，而"奇迹 MU 案"则涉及玩家基于游戏剧情的操作画面。事实上，奇迹 MU 和 DOTA 是两种不同类型的游戏，奇迹 MU 是角色扮演（RPG）游戏，强调故事性；而 DOTA 是多人联机对抗地图游戏，强调对抗性。两件案件的判决书对两种游戏的不同属性也作了阐述。

在"奇迹 MU 案"中，判决书的表述是该游戏"具有一定的故事情节"，而"DOTA 案"中，判决书的表述则是"涉案赛事的比赛本身并无剧本之类的事先设计"。也就是说，法官对奇迹 MU 游戏画面性质的判决是基于"剧情的展开"这一表现形式进行论证的，判决书提到"从表现形式上看，随着玩家的操作，游戏人物在游戏场景中不断展开游戏剧情，所产生的游戏画面由图片、文字等多种内容集合而成，并随着玩家的不断操作而出现画面的连续变动。上述游戏画面由一系列有伴音或者无伴音的画面组成，通过电脑进行传播，具有和电影作品相似的表现形式"。

而在"DOTA 案"中，从 DOTA 的游戏内容可知此款游戏是以局为单位，没有完整的故事情节，游戏发展也不是持续性的，每局的时间具有特定性。由于游戏画面并未体现出完整剧情，就难以从整体上将比赛画面整体评价为"具有和电影作品相似的表现形式"。对此"DOTA 案"判决书的表述是，"由于涉案赛事的比赛本身并无剧本之类的事先设计，比赛画面是由参加比赛的双方多位选手按照游戏规则、通过各自操作所形成的动态画面，系进行中的比赛情况的一种客观、直观的表现形式，比赛过程具有随机性和不可复制性，比赛结果具有不确定性"。因此，单纯的比赛画面并不构成著作权法意义上的作品。

（二）玩家行为

在"奇迹 MU 案"和"DOTA 案"中，玩家的行为均不是创作作品的活动，但理由和情形是不同的。

"奇迹 MU 案"中，由于法院已经对游戏画面的性质作出认定，即已构成著作权法上的类电影作品，法院对"玩家的参与及玩家之间的互动"作出如下评价："玩家操作行为的实质是在游戏开发商创作好的场景中，按照设计好的游戏规则进行娱乐。上述过程中，游戏画面由游戏引擎按照既定规则调取开发商预先创作的游戏素材自动生成，并无证据证明玩家在该游戏呈现的画面中增加了不属于开发商预设的内容"。笔者认为，此时玩家的行为应理解为一种"嵌入式"剧情，并未创作出新的作品。

由于"DOTA 案"中的游戏比赛画面未被法院认定为著作权法上的作品，游戏过程中选手的表现和对游戏角色的操作，只是将游戏程序中原本就包含的一种程序设置加以实现，是为了获得比赛胜利，本质上具有竞技性，并非思想的表达，因而亦没有创作出有别于原有作品的新作品。王迁在《电子游戏直播的著作权问题研究》一文中对此问题也有类似的看法："法院的上述表述并不涉及电子游戏中的所含画面是否影视作品，它仅否定了用户在玩游戏的同时创作出了新作品的观点"。但必须明确的是，否认 DOTA 游戏画面的可版权性，并不意味着其中的游戏素材也不是作品。

因此，法院"同案不同判"是有道理的，确切地说，这两件案件并非"同案"。奇迹 MU 和 DOTA 是两种不同类型的网络游戏，而且两种游戏所涉背景亦不同，"DOTA 案"讨论的其实是比赛的直播画面，与足球比赛直播画面有类似之处，同时"DOTA 案"还涉及平台责任，这些在"奇迹 MU 案"中均未涉及。

对比两案可以看出，网络游戏的内容庞大复杂，意味着不能简单地将其单独划定为某个具体的类别。这也是导致了两个判决结果不同的关键因素，也从另一个角度反映了《著作权法》的立法趋势。只有综合地分析涉案的网络游戏的具体内容，才能进行合理的法律属性界定。

思考四：如何运用知识产权法保障游戏产业的良性发展？

上海知识产权法院在 2016 年至 2017 年间连续对两起案由相近的网络游戏画面著作权纠纷案件进行了终审判决，即"奇迹 MU"案和"DOTA 案"，前者是法院首次将游戏整体画面认定为类电影作品，后者是国内首例电竞直播纠纷案。它们同样是上海知产法院进行审理，又同属网络游戏画面的著作权问题，但对于"奇迹 MU 案"法院认为，"涉案游戏的整体画面可以作为类电影视作品获得著作权保护"；而对于"DOTA 案"的判决否定了游戏比赛画面的可版权性，认为"比赛画面并不属于著作权法规定的作品，被告使用涉案赛事比赛画面的行为不构成侵害著作权。"对于这种"同案不同判"现象，笔者认为，应当以案情为原点考察判决差异背后的原因，对案件所涉各类网络游戏画面的法律性质进行层进式解析，进而探讨游戏画面作为类电影作品的可能。自 1978 年世界上第一款计算机游戏——《冒险岛》在美国问世以来，随着电脑硬件技术的优化和完善，图像、文字、声音处理软件的应用和专业游戏编程软件的出现，网络游戏产业已经成为全球范围内发展最为迅速的娱乐产业。

网络游戏产业迅速发展，法律却处于相对滞后和被动的状态。无论在国内还是国外，知识产权对网络游戏的保护都有些"不痛不痒"，现有知识产权法域中规定的所有客体种类都不包括网络游戏。WTO 框架下的 Trips 协议也没有给予其特殊待遇。网络游戏产业正在发生或可预见矛盾无法得到妥善解决的情形，这些挑战在全球游戏产业适用法律缺乏协调的背景下将会更加棘手。

作为社会公共利益与个人私权利益之间平衡协调的产物，我国现行的著作权法、商标法和专利法都没有将网络游戏列为一类单独的保护对象，每部法律分别保护网络游戏的部分要素。网络游戏维权者可以根据个案情形和维权需要，选用著作权法、商标法、专利法以及反不正当竞争法主张权利（表 3）。

表 3　网络游戏中知识产权保护的要素分解图

法律	受保护的权利	网络游戏内容
著作权法	著作权	音乐、人物角色、美术画面、故事情节、源代码、Box 设计、网站设计
商标法	商标权	公司名称、公司标识、游戏名称、游戏标识
专利法	专利权	硬件技术方案、游戏设计元素、技术创新（软件、网络或数据库设计）
反不正当竞争法	商业秘密权	客户通讯名单、价格信息、发行合作、中间设备合同、开发人合同、In－house 开发工具、经营条款

对于网络游戏作品属性的认定，目前还是一个有争议的法律问题。不同的定性将会影响比对的方式，由于作品属性不同，其经济价值、构成侵权的情节、程度在认定上都会存在差别，这也会直接影响法院对判赔金额的确定。

目前，国内认定网络游戏为类电影作品进行判决的判例还不多，法律上对于网络游戏的作品属性也尚不明确，所以网游产业的从业者对自己创作行为的边界也不甚清晰，需要结合具体案例进行判定。如果是全方位的、整体性的侵权，那么将其作为"类电影作品"予以整体保护更能体现出权利人作品的商业价值；如果只是借用他人游戏的人物形象或场景，再根据自己设定的故事情节进行展开，那么侵权性质就发生了变化，不再是整体性侵权，而只是对其中部分文字作品或美术作品的侵权。未来，网络游戏的作品属性一旦能够得到法律上的确认，那么对于约束网游后来者的创作、发挥空间将会有更好的指引作用。

这些年中国的游戏行业一直保持着强劲的发展态势，广大的利益空间使得很多企业都想从中分一杯羹，所以这些年的游戏侵权案件也在增多。网络游戏开发需要投入很大的人力和物力，在游戏侵权案件中的赔偿金额也相应增多，如"奇迹 MU 案"中赔偿金额高达 500 万，"DOTA 案"中的赔偿金额只有 100 万，这些赔偿金额对开发一款游戏来说也只是杯水车薪，所以研究游戏的作品属性就具有很大的实践意义。游戏整体画面的可"类电影作品"保护的意义就是在提高游戏作品的保护力度，但游戏作品的内容十分庞大和复杂，不能一刀切地划入类电影作品的保护力度范畴中，因此游戏侵权案件中游戏作品的内容界定就十分重要。只有充分认知游戏作品的内容才能作出妥当的判决。以网络游戏的内容要素分割保护为基础，再结合特定类型案件提高到游戏的整体画面的保护，"奇迹 MU 案"提供了新的判决视角，但司法实践还须积累这方面的经验，才能更有效地促进游戏产业的良性发展。

3.7　诉前禁令在著作权领域的适用：网易云案

作　　者　张莎莎 *
指导教师　何　隽

知识产权诉前禁令制度是《TRIPS 协议》的内容之一。为了履行入世义务，加大知识产权保护力度，我国一个重要的知识产权法律修改就是引进并规定诉前禁令制度。本文以网易云音乐侵犯信息网络传播权诉前禁令纠纷案为切入点，探讨诉前禁令制度在著作权领域的适用及该制度应如何完善。

最先引入诉前禁令的是 2000 年 8 月第二次修正的《专利法》。随后，诉前禁令迅速扩展到《商标法》和《著作权法》中。2001 年 10 月同时修正的《中华人民共和国商标法》第五十七条及《中华人民共和国著作权法》第四十九条均规定了诉前禁令制度。特别值得一提的是 2012 年 8 月修正的《民事诉讼法》，在总结知识产权法中诉前禁令法律规定与司法实践的基础上，进一步将诉前禁令扩展到了与侵权法相关的民事诉讼领域。但什么是诉前禁令制度。诉前禁令制度在著作权领域中应如何适用以及该制度应如何完善。本文以网易云音乐侵犯信息网络传播权诉前禁令纠纷案为切入点，对上述问题进行探讨。

一、网易云音乐侵犯信息网络传播权诉前禁令纠纷案

⚖ 案　号

湖北省武汉市中级人民法院（2014）鄂武汉中知禁字第 5 号、5-1 号、5-2 号民事裁定书

---

　　* 张莎莎，湖南株洲人，2018 年获得清华大学法律硕士学位，现任职于南京晨光集团有限公司法制室。硕士论文：《中国应对药品专利常青策略研究》。

🔨 当事人

申请人：深圳市腾讯计算机系统有限公司（下称腾讯公司）

被申请人：广州网易计算机系统有限公司（下称广州网易）

被申请人：网易（杭州）网络有限公司（下称杭州网易）

被申请人：杭州网易雷火科技有限公司（下称网易雷火）

被申请人：中国联合网络通信有限公司湖北省分公司（下称湖北联通）

被申请人：广东欧珀移动通信有限公司（下称广东欧珀）

🔨 基该案情

2014 年 10 月，诉前禁令申请方腾讯计算机系统有限公司（简称腾讯公司）发现广州网易等企业运营的"网易云音乐"平台，未经许可向公众传播了 623 首由腾讯公司购买版权的网络歌曲，同年 11 月腾讯公司向武汉市中级人民法院申请诉前禁令，请求：

（1）责令广州网易、杭州网易、网易雷火停止通过"网易云音乐"平台向公众传播申请人享有专有著作权的 623 首歌曲。

（2）责令湖北联通停止提供"网易云音乐"畅听流量包服务。

（3）责令广东欧珀停止在 OPPO 手机中内置"网易云音乐"。

腾讯公司提交了证明其享有涉案音乐作品著作权及遭受侵权损害事实的证据，并提供了担保。

二、争议焦点及法院判决

武汉市中级人民法院认为，腾讯公司对上述 623 首音乐作品依法享有信息网络传播权，五被申请人向公众大量提供涉案音乐作品的行为，涉嫌侵犯腾讯公司对涉案音乐作品依法享有的信息网络传播权，且造成腾讯公司巨大经济损失。该行为如不及时禁止，将会使广州网易不当利用他人权利获得的市场份额进一步增长，对腾讯公司利益的损害将难以弥补，故应禁止各被申请人涉嫌侵权部分的行为。遂裁定发布如下诉前禁令措施：

（1）广州网易、杭州网易、网易雷火于裁定生效之日起立即停止向其移动手机客户提供"网易云音乐"平台向公众提供涉案 623 首音乐作品的行为。

（2）湖北联通于裁定生效之日起立即停止向其移动手机客户提供"网易云音乐"畅听流量包中的涉案 623 首音乐作品的移动网络服务行为。

（3）广东欧珀于裁定生效次日起十日内停止通过其品牌为 OPPO R830S 型号（合约机）移动手机中内置的"网易云音乐"客户端向移动手机客户传播涉案 623 首音乐作品的行为。

禁令发布后，广州网易、杭州网易、网易雷火不服，申请复议，武汉市中级人民法院在组织听证后作出终局裁定，驳回复议申请。复议过程中，由于被诉行为仍在继续，腾讯公司书面申请武汉中院对此行为予以处罚，法院作出相应的处罚措施。复议决定书发出后，被诉行为全面停止。

三、述　评

⚖ 思考一：著作权侵权领域的诉前禁令制度是指什么？

诉前禁令在大陆法系国家被归类为民事诉讼行为保全制度中的"假处分"（Einstweligeverfugung），在英美法系国家中多被称为"临时性禁令"（Preliminary injunction），TRIPS 协议中第五十条称其为"临时措施"（Provisional Measures）。我国诉前禁令制度主要借鉴了英美法中的临时禁令制度，是 2013 年施行的新《民事诉讼法》增设的一项重要制度。立法目的在于保护权利人知识产权免受侵害或继续侵害，防止发生难以弥补的损失。

我国《著作权法》第五十条规定，著作权人或者与著作权有关的权利人有证据证明他人正在实施或者即将实施侵犯其权利的行为，如不及时制止将会使其合法权益受到难以弥补的损害的，可以在起诉前向人民法院申请采取责令有关行为和财产保全的措施。人民法院处理前款申请，适用《民事诉讼法》第九十三条至第九十六条和第九十九条的规定。

⚖ 思考二：著作权领域中颁发诉前禁令的条件是什么？

从该案来看，著作权侵权纠纷中颁发诉前禁令的条件是：

1. 申请主体适格

著作权人或者与著作权有关的权利人（利害关系人）是著作权侵权纠纷中有资格申请诉前禁令的主体。根据《著作权法》第九条规定，著作权人包括作者、其他依照本法享有著作权的公民、法人或者其他组织。第十条规定著作权人可以许可他人行使前款相关权利，也可以全部或者部分转让相关权利。因此著作权人、著作权的被许可人、受让人均为申请著作权诉前禁令的主体。在该案中，腾讯公司通过向法院提交了涉及著作权的证明文件，如涉案作品权利人的授权文件等资料，证明了腾讯公司对涉案音乐作品享有网络传播权。因此，该案申请主体适格。

2. 确定"侵权行为"

申请诉前禁令要求案件中存在侵权可能性。为了使侵权行为清晰可辨，申请人一般要提出证据：（1）证明权利的保护范围；（2）证明侵权行为正在实施或即将实施；（3）证明侵权行为具有初步成立的可能。在该案中，腾讯公司提交了相关授权资料证明其对 623 首涉案作品依法享有的信息网络传播权，以及五被申请人向公众大量提供涉案音乐作品的行为，武汉中院通过形式审查认可该行为的侵权可能性。

3. 界定"难以弥补损害"

在现行法律框架下没有明确的"难以弥补损害"定义，可以明确的是如果专利权人没有就专利的有效性和侵权行为提供清楚的证明，"难以弥补损害"的推论就不能成立。《著作权法》第十条规定了 17 种著作权。遭受损害后难以弥补的部分主要涉及著作权中的人身权，如发表权、署名权。对于著作财产权，有学者认为就知识产权诉讼来讲，难以弥补的损失可以考虑如下因素：侵权行为致使市场份额变化、竞争地位丧失、新产品上市且无法估量因为新产品上市为申请人带来的社会经济价值等。❶ 从实际来看，知识产权案件中的损害全面涉及财产损失、商业信誉损害、人身权利损害和市场份额损失。在该案中，相关侵权行为如不及时禁止，将会使广州网易不当利用他人权利获得的市场份额进一步增长，作为市场竞争对手的腾讯公司利益损害将难以弥补。

4. 界定"损害公共利益"

对"公共利益"的考量给予法官一定的自由裁量权，将一些即使已经满足了其他考虑因素，仍然不应当给予临时禁令措施的情形排除出去。它不仅表现为非当事

---

❶ 丁文严等. 中国著作权案例精读［M］. 北京：商务印书馆，2016：351

人的实际利益，同时会涉及如言论自由、公正效率等层面。如果公共利益本身就是案件的标的之一，那么公共利益就成为重要的考量指标。在诉讼实体问题判决前，禁令的发布与否都会对公众利益产生影响，由于非当事人主体广泛，在认定非当事人损害时应进行限制，即要求该第三人必须有事实上的损害并足以能通过诉讼获得救济。❶ 在该案中可以明确的是不执行诉前禁令带来的对申请人的损害明显严重于执行诉前禁令对被申请人的损害，且保护版权有利于维护音乐产业的良性生态。因此综合认定该案中不存在损害公共利益的情形。

5. 提供担保

提供担保是著作权人、利害关系人申请诉前禁令的必要条件。因为诉前禁令是法院在没有对案件事实全面审查前作出带有推定性质的命令，担保作为对错误禁令的救济，是法院必须考虑的重要因素，以防止权利被滥用。根据《著作权法》第五十条规定，人民法院处理前款申请，适用《民事诉讼法》中有关担保的法律规定。根据《民事诉讼法》第一百条第二款，人民法院采取保全措施，可以责令申请人提供担保，申请人不提供担保的，裁定驳回申请。在该案中，腾讯公司在申请诉前禁令时除了提交相关证据外，还提供了三百万元银行存款资金作为担保。此外，《最高人民法院关于对诉前停止侵犯专利权行为适用法律问题的若干规定》第八条特别提出不支持反担保，这与禁令目的相符。

思考三：诉前禁令制度的完善

该案中，武汉市中级人民法院及时颁布诉前禁令，并对违反禁令的行为予以处罚，此举为打击网络音乐盗版现状、规范网络音乐市场、营造健康网络环境提供了一种可行的保护模式，充分体现了知识产权司法保护的主导作用。但是，案件中仍然可以看出当前法律保护存在的不足。

1. 审查标准抽象

诉前禁令是法院在未经双方当事人充分辩论的情况下作出的，法院需要对受害人、侵权人以及公众利益三方进行平衡。法律规定的笼统，一方面给予了法官自由裁量的空间，另一方面却是增加了侵害真正权利人合法权益的风险，在此情况下要求法官在有限的时间内顶着结案压力正确认定"侵权可能性"和"不可弥补的损害"

---

❶ 丁文严等. 中国著作权案例精读［M］. 北京：商务印书馆，2016：353

并发出诉前禁令是艰难的任务。这是各地法院著作权侵权申请禁令的案件为数不多的原因之一。解决这一问题需要立法部门尽快完善诉前禁令使用条件的相关细则。

2. 缺乏当事人救济途径

"紧迫性"和"效率优先"是诉前禁令制度的显著特点，法院作出诉前禁令前只需进行初步审查，在裁定过程中（时限为48小时），法律没有明确规定被申请人是否有权答辩。由于裁定时限短，一般认为答辩可能性不大。审查的不完善容易导致裁决的不公正，此时为被申请人提供完善的救济程序是必要的。根据我国相关法律规定，在收到法院的裁定后十日内被申请人可以申请复议，复议期间不停止裁定执行。当事人对诉前禁令的裁定只有一次申请复议的权利，但立法上未明确规定听证程序在该制度中的运用，救济途径的缺乏损害程序正义的实现。在我国司法改革和法官队伍素质专业性还有待进一步完善之际，作出裁决之前进行听证是有意义的。

要说明的是，禁令制度是我国在入世之际为了履行国际条约，按照 Trips 协议的要求，修订知识产权法的结果，它是单纯立法规则引进的结果，没有充分立足本土国情对禁令制度本身进行改造，这是禁令在著作权侵权救济机制中收效甚微的深层次原因。❶ 另外，《关于充分发挥知识产权审判职能作用推动社会主义文化大发展大繁荣和促进经济自主协调发展若干问题的意见》第十六条中要求适度从严把握法律条件，依法慎重采取诉前停止侵犯专利权措施。可见，在知识产权案件中关于诉前禁令的适用，法院一般采取慎重态度。

---

❶ 柯林霞. 著作权禁令在著作权管理部门中的功能构建［J］. 出版发行研究，2016（6）：56.

第4章 网络著作权纠纷案例评析

本章选取重庆市高级人民法院、上海知识产权法院、宁波市中级人民法院、嘉兴市中级人民法院、上海市闵行区人民法院终审的 6 个案件，探讨的问题涉及网络新闻配图的著作权问题、微博著作权的侵权判断、有声读物网络传播的著作权问题、避风港规则下音频分享平台的著作权侵权问题、视频网站的著作权侵权问题、网络直播侵权问题。

4.1 网络新闻配图的著作权界限：华龙网侵害著作权纠纷案

作　　者　李佳星 *

指导教师　何　隽

　　时事新闻和特定范围的新闻作品被频繁引用和转载，成为网络媒体间流行的、低成本的信息获取和传播方式。新闻及其配图应获得著作权保护的界限及发生侵权时的法律后果值得进一步探讨。

　　信息时代，各式各样的新闻几乎充斥了日常生活的方方面面，网络的日益发达也为新闻的传播提供了多样化的丰富渠道。但在著作权法上，新闻及其配图应获得著作权保护的范围及发生侵权时的法律后果仍有探讨的余地。该案是 2014 年中国法院 50件典型知识产权案例之一，一、二审法院在判决中详细探讨了新闻配图的著作权地位、权利界限和侵权责任的确定，对于后来的司法实践有着重要的参考价值与指导意义。

一、乔某某与重庆华龙网新闻传媒有限公司侵害著作权纠纷上诉案

🔖 案　号

一审：重庆市第一中级人民法院（2013）渝一中法民初字第 00579 号

二审：重庆市高级人民法院（2013）渝高法民终字第 00261 号

🔖 当事人

原告（二审上诉人）：乔某某

---

　　* 李佳星，内蒙古鄂尔多斯人，2012 年获得清华大学法学学士学位，现为清华大学深圳研究生院法学硕士研究生。

被告（二审被上诉人）：重庆华龙网新闻传媒有限公司（简称"华龙网公司"）

🌀 案情简介

2012 年 2 月 3 日，原告在被告所经营的华龙网上发现该网所转载的《代表委员回眸"十一五"军队建设：武器装备现代化》等 18 篇文章（含配图）中使用了原告原创的摄影作品 96 幅，共使用 101 次，其中部分作品未署名，上述作品系由原告创作完成并享有完整的著作权。被告使用涉案图片未事先取得原告许可，也未向原告支付报酬。

原审法院认为，涉案图片中"红鹰"飞行表演队队徽仅系对该队徽的简单复制，不能认定为受《著作权法》保护的作品；该案所涉的 18 篇文章中有 4 篇属于单纯的事实消息，对应所配的 37 幅图片属于时事新闻的一部分，不受《著作权法》保护；其余 58 幅图片是凝聚了原告的创造性劳动，受《著作权法》保护。对此 58 幅作品被告不构成合理使用，侵犯了原告的著作权，应承担侵权责任。综合考虑涉案作品的类型、侵权数量、被告使用作品的方式、原告为该案维权支付的开支及其合理性等因素，酌情判决被告赔偿 34940 元。

宣判后，乔某某不服原审判决，以华龙网转载行为完全是违规和侵权、上诉人的作品应该是可以独立存在的作品，独立发表时则不具新闻报道的属性，应当受著作权法保护为由提起上诉。

二、争议焦点及法院判决

重庆市第一中级人民法院一审认为，涉案图片中"红鹰"飞行表演队队徽图片，仅系对该队徽的简单复制，不能认定为受《著作权法》保护的作品；该案所涉的 18 篇文章中的《我陆航武直 9 直 11 表演高难特技飞行员均曾留学》等四篇是对客观事实的叙述，属于单纯的事实消息，而该四篇文章所配的 37 幅图片是以图片的形式表达事件现场的客观事实，与文字部分共同反映出事件现场的原貌，故该 37 幅图片属于时事新闻的一部分，不应当受《著作权法》保护；其余 58 幅图片是原告借助数码相机、利用光线条件等记录的客观景象创作而成，凝聚了其创造性劳动，形成了 58 幅摄影作品，依法应受《著作权法》保护。

该 58 幅图片所对应的 14 篇文章均包括了作者的情感表达或评论等主观方面的

内容，且时效性不强，不属于时事新闻。该58幅图片均是该案原告在报道人物和事件过程中创作产生的作品。因而，被告的行为既不是"为了报道时事新闻"，也不是"不可避免地再现或引用已经发表的作品"，不构成合理使用。被告侵犯了原告的著作权，应承担侵权责任。

由于原告的实际损失和被告的侵权获利均无法确定，根据该案的具体情况，在确定赔偿金额时综合考虑涉案作品的类型、侵权数量、被告使用作品的方式、原告为该案维权支付的开支及其合理性等因素，酌情判决被告赔偿34940元。

重庆市高级人民法院二审认为，由单纯事实构成的时事新闻虽然不排除图片新闻，但确实应该以文字新闻为主。因此，在审查图片新闻的独创性时应格外审慎。此外，判断图片新闻是否为单纯事实消息并不以其所配发的文字是否为单纯事实消息为标准，而应单独审查其独创性。

该案争议的37幅图片均是文章配图，与一审判决中确认具有独创性的58幅图片在性质上、风格上基本相同，不能仅因其所配发的文字是单纯事实消息就否定其自身的独创性。该37幅图片均是乔某某借助数码相机、利用光线条件等记录的客观景象创作而成，属于具有独创性的作品，可以成为受《著作权法》保护的作品。

《著作权法》第二十二条第一款第三项所规定的合理使用，针对的对象是"已经发表的作品"，该案所涉图片即属于新闻本身，而非新闻中不得不再现或引用的他人作品，因此，华龙网公司的行为已经侵犯了乔某某所享有的著作权。

由于这些摄影作品是报道新闻的图片，其创作目的具有一定的公益性，不宜主张过高的赔偿金额。鉴于乔某某的实际损失和华龙网的侵权获利均无法确定，综合考虑图片形成的成本、作者的知名度、创作作品的艰辛程度，以及华龙网公司使用作品的方式，决定每幅作品按350元赔偿，华龙网共计应赔偿乔某某32200元，加上乔某某为该案维权支付的开支及其合理性费用10000元左右，华龙网公司应赔偿乔某某42200元。

三、述 评

思考一：时事新闻中所使用的图片是否是著作权法所保护的对象？

所谓"时事新闻"，根据《著作权法实施条例》第五条第一项规定，是指通过报纸、期刊、广播电台、电视台等媒体报道的单纯事实消息。时事新闻并不是著作权法保护的对象，正如《伯尔尼公约》中所释明的，"因为这些材料不具备可以被称之为作品的必要条件"，这一规定的立法精神是著作权不保护单纯的事实，而非基于扩大时事新闻传播范围的需要 ❶。因此，只有当涉案图片是描述新闻的相关事实所必需的，也即在表达上具有唯一性时，才不属于著作权法的保护对象。

这样的判断，事实上落入著作权法对于作品独创性的判断中。要构成著作权法意义上的作品，就至少要具备最低限度的独创性。而表达方式有限甚至唯一显然与独创性的要求相悖。一审法院的判决将"以事实为对象的表达"和"等于事实的表达"相混淆，从而忽略了涉案的 37 张摄影作品的独创性。

在我国，摄影作品和美术作品构成独创性的门槛都较低，例如随手拍摄的照片在司法实践中往往就被认为内含了作者的创造性劳动、满足了独创性的要求，正如二审法院所言，"除非新闻图片的画面为唯一性表达，否则任何图片都可以体现摄影记者独立的构思"。因此，任何具备独创性而可以构成作品的时事新闻配图也均构成著作权法所保护的对象。但如该案中"红鹰"飞行表演队队徽一样完全不具备独创性的图片，则可以和时事新闻本身一并被转载使用而不会面临侵权——因为此时图片本身也并非著作权法意义上的作品了，无论其是否是时事新闻的配图，"作者"都不享有权利。

思考二：转载时事新闻时一并转载附图是否构成合理使用？

新闻和配图的独创性需要分别予以考查，但即使此类图片构成作品，也涉及是否成立合理使用的问题，这也是该案被告的第二点抗辩理由——是否可以根据《著作权法》第二十二条第一款的规定，在转载时事新闻图文时认定对图片的转载使用构成合理使用。

《著作权法》第二十二条第一款规定："在下列情况下使用作品，可以不经著作权人许可，不向其支付报酬，但应当指明作者姓名、作品名称，并且不得侵犯著作权人依照本法享有的其他权利……（三）为报道时事新闻，在报纸、期刊、广播电台、电视台等媒体中不可避免地再现或者引用已经发表的作品。"因此，若要认为对图片

---

❶　王迁. 论《著作权法》中'时事新闻'的含义 ［J］. 中国版权，2014（1）：18-21.

的转载构成合理使用，就须考查时事新闻的配图是否属于"已经发表的作品"。

发表是将作品公之于众的过程。在字面上，之前的时事新闻中已经使用过的图片自然是"已经发表的作品"，但这一理解并不能当然地适用于第（三）项的规定。事实上，第（三）项背后的立法精神与第（四）项除作者有相反声明外允许刊登和播放时事性文章的规定相同，即保障公民对时事新闻的知情权。❶实务界亦认为，"为报道时事新闻而未经许可使用作品的条件有非常严格的限定，即不可避免地再现或者引用"，❷实质上将可认定为合理使用的时事新闻配图的范畴限缩在一个极小的范围内。在平衡公众的知情权与作者的著作权时，应当以审慎的态度，在引用对象的选择和体量上都应当以不损害公众的知情权为最高限度，超出这个限度的引用，则应当认为落入了作者著作权所控制的范畴之内。

在该案中，华龙网在转载发布的 18 篇文章中使用了乔某某拥有著作权的 95 张不同内容的照片共计 101 次，且无论该 18 篇文章是否均构成"时事新闻"，都没有任何证据表明其所转载使用的作品是说明报道内容、保障公民的知情权所必需的，显然已经超出了"合理使用"的区间；所转载引用的图文也并非是时事新闻中对其他已发表作品的引用，而属于新闻作品本身，因此，华龙网公司的行为是为乔某某拥有著作权的摄影作品的复制行为，其未事先取得作者的许可，也未支付报酬和保障作者署名权，构成了对乔某某的侵权。

⚖ **思考三：如何确定转载时事新闻中的图片构成的侵权的损害赔偿数额？**

该案中，两审法院在确定侵权赔偿数额时都采用了酌定的方式，其中一审法院考虑的因素包括：涉案作品的类型、侵权数量、被告使用作品的方式及原告为该案维权支付的开支及其合理性；二审法院考虑的因素包括图片形成的成本、作者的知名度、创作作品的艰辛程度以及华龙网公司使用作品的方式，并适当考虑了图片为新闻报道而创作的内在公益性。

诚然，在确定侵权赔偿数额时，首先适用"填平原则"是立法和司法实践的通例；在无法确定实际造成的损失时，也可以以侵权人的获利来判定。而在时事新

---

❶ 王迁. 知识产权法教程 [M]. 北京：中国人民大学出版社，2016：225.
❷ 肖艳，游中川. 报道时事新闻时擅自使用他人图片不构成合理使用 [J]. 人民司法，2015（10）：69-71.

闻中的图片被转载时，前述数额往往难以确定，则需要法院予以酌定或根据《著作权法》第四十九条直接适用五十万元以下的法定赔偿，此时就需要应用到综合考虑各影响因素的"衡平原则"。笔者认为，在衡平原则的适用上应当着重关注以下几方面。

1. 作者的合理支出

作者的合理支出包括作者为创作作品而付出的成本和为维权而付出的成本两部分，这两部分成本必然存在，因此也是填平原则在难以确定实际损失的案件中最低限度的适用。诉讼中的维权成本相对容易证明，法院只需另外对支出的合理性稍加考查即可；同时，该案中的二审法院还考虑了图片形成的成本、创作的艰辛程度等作为确定作品创作成本的辅助——虽然在裁量上更多地依赖于法官的自由心证，但计算此类成本必然具有合理性。

2. 作者应得的许可费用

基于侵权赔偿额确定理论中的差额理论，涉案图片的许可费用应当是确定赔偿额最重要的考虑因素，因为许可费用代表权利人实施权利通常可获得的利益与受害后利益状态的差额。❶两审法院中所考虑的涉案作品的类型、被告使用作品的方式、作者知名度等因素，事实上也是间接确定合理的许可费用的手段。当然，如果有之前同类图片作品的许可协议佐证作者的许可费用，将更有说服力。

3. 新闻配图的公益性质

与普通的摄影作品不同，该案的涉案作品是时事新闻（或新闻作品）中的配图；在确定赔偿数额时，二审法院明确提出将"图片为新闻报道而创作的内在公益性"作为考量因素。这是由于新闻的意义在于通达信息，追求扩大信息的传递范围的效果，本身并不营利，反而具备一定的公益性。在新闻报道中使用的他人作品很少直接为使用人带来利益，过高的版权成本将进一步降低新闻媒体对他人作品的使用意愿和扩大新闻传播的驱动力，不符合新闻业本身的发展需求；且专门为新闻报道而拍摄的图片更在一定程度上潜含着作者对于新闻公益性的认可与承诺，因此法院在认定侵权赔偿数额时应当顾及作为新闻配图的作品的公益性质，适当降低侵权赔偿责任，平衡作者与新闻媒体之间的权责与利益关系。

---

❶　孙萌、韩楠. 著作权侵权赔偿数额的计算 [J]. 科技与出版，2010（9）：4-7.

四、小 结

新闻转载是信息时代的必然产物，信息网络的迅速发展决定了数字化途径成为新闻传播的首选。依赖《著作权法》第二十二条第一款第三、四项的规定，时事新闻和特定范围的新闻作品在不受著作权法保护或经法律允许的合理使用框架下被频繁引用和转载，这也成了媒体间一种流行的、低成本的信息获取和传播方式。借由此种方式，媒体可以获取更多新闻换取公众关注和网络流量，甚或换取广告收益，从而为大规模、长篇幅的转载提供了诱人的发展契机。

但在大量的转载及使用中难免会出现侵权。尤为特殊的是新闻配图，应当认识到，无论是时事新闻抑或是新闻作品，配图的著作权地位都不能轻率地从属于新闻本身而被定性，更不能被"合理使用"的表面含义一语带过。即使是在著作权法所不保护的"时事新闻"中使用的图片，也应审慎地考察其使用是否为事实呈现所必需，对于超越保障公众知情权限度的图片，应当将其纳入著作权法保护范畴，方能平衡好作者著作权与公众知情权之间的权利天平。

同时，新闻配图有别于一般摄影作品或美术作品的特殊性也应当加以考虑。在著作权人的权利在新闻转载中受到侵犯时，确定侵权损害赔偿数额一方面要比照一般的著作权侵权，适用填平原则或按照侵权人获益要求赔偿，并同时考虑权利人潜在的获益可能；另外，也要顾及作品本身被用于新闻而潜含的公益性质，避免过高的损害赔偿数额阻碍作品的正常传播，违背知识产权保护的初衷和信息时代新闻业本身的发展规律。

4.2　微博著作权侵权判定：华盖公司图片转发案

作　　者　宁宜文 *
指导教师　何　隽

近些年来，微博领域著作权侵权案件层出不穷，不只是图片、视频的转发可能陷入侵权之虞，简短的微博文字转发也有可能涉及侵权。本文将从浙江省第一起微博著作权侵权案说起，探究我国微博著作权侵权之理论与实践。

一、华盖公司与千亿公司著作权权属、侵权纠纷案

🔨 案　　号

一审：浙江省宁波市中级人民法院（2013）浙甬知初字第 254 号

🔨 当事人

原告：华盖创意（北京）图像技术有限公司

被告：宁波市江东千亿圣源贸易有限公司

🔨 基该案情

2013 年 8 月，宁波市中级人民法院立案受理了华盖创意（北京）图像技术有限公司（以下简称华盖公司）诉宁波市江东千亿圣源贸易有限公司（以下简称千亿公司）著作权侵权纠纷一案，这也是浙江省首例微博领域的著作权侵权案件。

---

　　* 宁宜文，河南开封人，2017 年获得清华大学法律硕士学位，现任职于中国银行间市场交易商协会。硕士论文：《商业外观的法律保护》。

该案案情并不复杂。华盖公司诉称，被告千亿公司自 2013 年 1 月起，在其新浪官方微博——千芳精油之家上采用 GettyImagesChina 公司享有著作权的 15 张图片，而华盖公司正是 GettyImagesChina 这一美国公司在中国境内的授权代表，有权在中国境内展示、销售、许可他人使用涉案摄影作品，并以原告名义进行索赔。千亿公司在未得到华盖公司授权的情况下，基于商业目的擅自使用上述摄影作品。华盖公司曾多次与千亿公司联系，要求其承担赔偿责任，但千亿公司多番推诿、置之不理。华盖公司因此请求法院判令对方支付赔偿金及相关诉讼费用，同时删除并停止使用侵权作品。

被告千亿公司辩称，华盖公司并非涉案摄影作品的原始著作权人；且其使用的图片来自新浪微博第三方服务软件皮皮时光机，仅用于日常交流，不具有商业目的，因而不构成侵权。

华盖公司具有极高的维权意识，除该案之外，曾在北京、广东等地多次展开批量诉讼，维护其作品著作权，且多以胜诉告终。

二、争议焦点及法院判决

浙江省宁波市中级人民法院经审理认为，涉案图片上均有"gettyimages"水印，即 GettyImages, Inc. 公司的署名，且标注了图片信息和版权申明。根据著作权法的规定，著作权属于作者，在没有相反证据的情况下，在作品上署名的公民、法人或者其他组织为作者（编者注：现行《著作权法》第十一条第三款）。该案中，GettyImages, Inc. 公司对原告华盖公司出具的授权书已经美国公证机构公证及我国驻美总领事馆认证，具有法律效力，据此可以确认原告华盖公司作为 GettyImages, Inc. 公司在中国大陆地区的授权代表，有权在中国大陆地区展示、销售和许可他人使用涉案图片，并有权以自己的名义就侵犯涉案图片著作权的行为提起诉讼，故华盖公司是该案适格原告。

被告千亿公司未经许可，在公司的新浪微博中使用了涉案摄影作品进行商业宣传，将涉案摄影作品置于公开的信息网络中，系作品提供行为，侵害了原告享有的作品复制权和信息网络传播权。

被告使用原告享有授权的涉案作品，即使来源于第三方皮皮时光机，亦不能证明其享有合理及合法使用的权利。鉴于被告本身系商业主体，其使用的涉案作品亦与其经营项目相关，故被告抗辩其将涉案图片仅用于日常交流的说法显然难以成立。

据此，法院判定被告千亿公司赔偿原告经济损失及其为制止侵权行为的合理费用共计 20000 元，并停止侵权行为。

三、述　评

该案的案情并不复杂，涉案内容是侵权照片在微博官方平台上的发布。华盖公司 2013 年的这一案件，开创了浙江省微博著作权侵权惩治与保护的先河，也体现了权利人在自媒体时代日渐增强的维权意识。

思考一：内容简短的微博文字是否受著作权法保护？

现实生活中，特别是在微博领域，对于照片、视频等形式的作品所享有的著作权是较容易认定的，而对于内容简短的微博文字（以 140 字为限）是否构成著作权法上保护的客体，则存有争议。

依据《著作权法实施条例》（2013）第二条，"著作权法所称作品，是指文学、艺术和科学领域内具有独创性并能以某种有形形式复制的智力成果"。微博能否获得著作权保护，在对"文学、艺术和科学领域"做宽泛理解的情况下，在转发功能即"以有形形式复制"之方式下，关键要看微博本身是否具有独创性。❶

独创性的判断不能仅仅依赖文字作品的长短，微博内容字数受 140 字的长度限制，但其质量却不一定因此受限。现实中，量少质高因而具有独创性的作品不在少数，口口相传、影响深远的五言古诗其内容也不过二十字，但无人能否认它们的文学价值。微博亦是如此。因而，在对微博纯文字内容是否侵权的判定中，第一步就是对其是否构成著作权客体的认定；而在这一步骤中，独创性的判定是核心内容。该作品是否由作者完成，是否投入了作者本人的脑力劳动，是否达到最低限度的创造性标准等等，都是需要考虑的因素。而文字本身的长短，绝非决定性因素。因而可以说，微博短文字内容，相较于照片、视频等，其著作权属性具有更大的不确定性；而对于这一问题的认定，则视具体文字内容的不同而有所不同。

❶ 王慧丹. 微博的著作权侵权问题研究［D］. 重庆：西南政法大学，2014：7-8［2014-3-19］.

🏛 **思考二：转发微博内容是否构成著作权侵权？**

关于微博著作权的另一个争议性命题就是，微博内容的转发是否构成著作权侵权。微博的发布与转发是用户使用微博的最常见的两种方式。但转发不同于发布，若不征得他人同意，擅自将他人作品发布，使人误认为该作品系发布者原创，则只要作品具有独创性，构成著作权法所保护的客体，擅自发布他人作品内容的行为就可轻易被认定为侵权。相较之下，转发原创作品的行为是否会构成著作权侵权，认定起来就困难得多。

微博作为一个用户较多的开放性平台，本身就设有便捷的转发功能，虽然这种功能亦属于"以有形形式复制"，却在某种程度上区别于传统纸媒体的复制与再现。我们应意识到，微博的转发功能恰恰服务于微博自身所追求的目标——网络社交平台的信息传播与用户互动。因此，在判定微博转发会否有侵犯著作权之嫌时，不宜过于严苛，否则会压抑甚至遏制微博本身所欲追求和实现的价值功能。

现实生活中，在大量的微博转发情境下，的确存在不少侵犯原发布者著作权的情形。微博的转发涉嫌侵犯著作权的具体种类大致分为以下三种。其一是作者的署名权。微博转发速度之快，范围之广，很可能使原创作者湮没在层层转发过程中，从而丧失自身状态的署名权。其二是信息网络传播权，这也是微博转发中最容易被侵犯的著作权权利类型。根据我国现行《著作权法》第十条第一款第十二项规定，信息网络传播权是指"以有线或无线的方式向公众提供作品，使公众可以在其个人选定的时间和地点获得作品的权利"。根据这一定义来看，微博的转发无疑构成了信息网络传播权侵权。然而，现实中，将所有转发行为都视为侵权，既无可能性，也不合理，这点可以通过著作权法中的默示授权和合理使用理论得到豁免，下文将会谈到。第三是原创作者获得报酬的权利。由于微博的扩散面极广，在需经作者同意并支付报酬的情况下，几乎毫无可能向所有转发人征收费用，这也从经济层面给作者的权利带来减损。❶

那么，在现实生活中，究竟什么样的转发行为构成侵权，而什么样的转发又不属于侵权。虽无著作权法的明文规定，但司法实践中，法院常将微博转发的合理性

---

❶ 冯晓青，王瑞. 微博作品转发中的著作权问题研究——以"默示授权"与"合理使用"为视角 [J]. 新闻与传播研究，2013（2）；46.

归因于转发的默示授权。在微博鼓励信息传递与共享，且往往标有原作者并通知其有转发发生的情境下，若无特殊声明，一般的转发行为皆符合默示授权的含义与要求。这也与鼓励文化传播、促进资源共享的著作权价值之一相吻合。但若原作者在作品中明确表明不得转发，默示授权的免责路径就走不通了。

🏛 思考三：转发微博是否适用合理使用？

我们可以引入著作权法中的合理使用概念来分析微博转发行为。合理使用是指著作权法明文规定的，他人可以不经原作者同意，无须向其支付报酬，即可以一定方式使用其作品。我国《著作权法》第二十二条罗列了 12 种合理使用的情形，包括为个人学习、研究或欣赏，使用他人已经发表的作品；为介绍、评论某一作品或者说明某一问题，在作品中适当引用他人已经发表的作品等。微博作品的转发并未列入以上 12 类情形中的任何一种。但其法理却与之无异，都是为了平衡原作者与社会公众的利益，促进社会文化的发展。

有学者主张，在原微博明确禁止转发的情形下转发该微博，是否能构成合理使用，要看转发后是否加以评论，评论又是否具有独创性。若具有，则转发后的微博加评论就因其独创性形成了新的著作权客体，从而符合合理使用的要求（这与著作权法所罗列的 12 种合理使用的情形之二颇为近似），不会构成侵权。[1] 但笔者认为，此种情境下的侵权与否，仍应以转发的性质作为主要判断依据，而非依赖评论的原创性。合理使用的判断，往往多考虑使用的商业属性，若转发系非商业行为，则更符合合理使用中"合理"二字的本质内涵。相反，转发以期营利的商业行为，往往难以纳入合理使用的范畴。此外，亦可兼顾使用程度、转发影响力和上文提及的转发后独创性的产生等具体情况，综合判断合理使用是否适用。

四、小　结

本文从华盖公司与千亿公司这起简单的微博图片发布著作权侵权案说起，可以

---

[1]　冯晓青，王瑞. 微博作品转发中的著作权问题研究——以"默示授权"与"合理使用"为视角 [J]. 新闻与传播研究，2013（2）：51.

窥见自媒体时代电子介质的著作权保护新形式。相较于图片、视频，微博的文字状态字数简短，在认定其是否构成著作权法所保护的客体时，主要应依据自身的独创性进行分析。而微博的转发功能亦有可能涉嫌侵犯信息网络传播权与获得经济报酬的权利。此种情形下，若原作者未声明禁止转发，应适用默示授权的理论，将转发视为合法行为；若原作者明确表明不得转发，则可以合理使用的法理判定侵权与否，此时最应考虑的是转发这种使用方式的性质——商业或非商业，并综合考察转发影响、转发程度和转发并评论后是否产生新作品等各个要素，对微博转发的侵权与否作出判定。

4.3　有声读物传播中的著作权问题：麦克风文化传媒案

作　　者　颜彦青 *

指导教师　何　隽

　　"耳朵听书"俨然已成为一种时尚的阅读方式，但高歌猛进的听书业却不断陷入著作权纠纷。该案关注录音制品的被许可人通过信息网络向公众传播录音制品时是否还需要取得著作权人的许可。

一、劳某某诉上海麦克风文化传媒侵害信息网络传播权案

🔨 案　号

一审：上海市浦东新区人民法院（2015）浦民三（知）初字第 949 号

二审：上海知识产权法院（2016）沪 73 民终 30 号

⚖️ 当事人

原告（二审被上诉人）：劳某某

被告（二审上诉人）：上海麦克风文化传媒有限公司（简称"麦克风公司"）

第三人：国文润华文化传媒（北京）有限责任公司（简称"国文润华公司"）

🔨 案情简介

　　劳某某是小说作品《香火》的作者。2009 年 11 月 27 日，劳某某（甲方）与国文润华公司（乙方）签订《著作出版授权合同》，约定：作品名称《香火》，作者署名

　　* 颜彦青，广西桂林人，2017 年获得清华大学法律硕士学位，现任职于中山大学附属第一医院。硕士论文：《影视作品字幕组著作权问题研究》。

禺说（劳某某）；在合同有效期内，甲方授予乙方独家全权代理上述作品的出版发行业务；在合同有效期内，乙方拥有上述作品的电子版权、报刊摘登权、连载权、广播权、影视版权、声像版权，乙方应将转授上述权利的一切所得的 50% 交付给甲方；本合同自双方签字之日起生效，有效期限为 5 年，如图 3 所示。

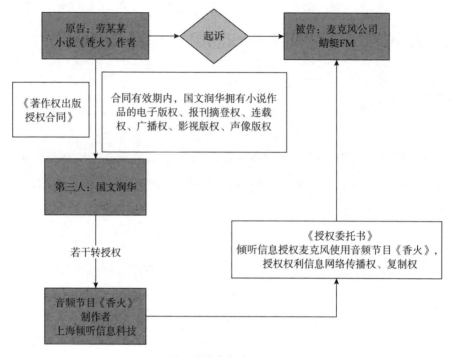

图 3 涉案各方关系图

案外人上海倾听信息技术公司经多重转授权，录制了音频节目作品《香火》，并授权麦克风公司使用上述作品，授权权利为信息网络传播权、复制权，授权期限至 2017 年 12 月 30 日。

2015 年 4 月 17 日，劳某某发现麦克风公司未经其许可，通过该公司经营的"蜻蜓 FM"网站向公众提供《香火》的在线听书服务，认为该行为侵害了劳某某对该小说作品的著作权，遂诉至法院。

二、争议焦点及法院判决

上海市浦东新区人民法院一审认为，涉案小说《香火》具有一定的独创性，属于小说类型的文字作品。依据该作品的合法出版物上的作者署名以及该作品的出版合同即《著作出版授权合同》等事实，可以认定劳某某系该作品的作者，依法享有该作品的著作权。

涉案"蜻蜓 FM"网站上的涉案有声读物《香火（高品质）》与涉案作品的内容一致，属于对涉案作品的声音演播内容所制作的录音制品。麦克风公司通过涉案"蜻蜓 FM"网站向公众提供涉案作品的有声读物，使公众可以在其个人选定的时间、地点获得该有声读物。根据著作权法的规定，录音录像制作者对其制作的录音录像制品享有许可他人使用的权利，被许可人复制、发行、通过信息网络向公众传播录音录像制品，还应当取得著作权人、表演者许可，并支付报酬。因此，麦克风公司提供涉案作品有声读物的行为如果未取得著作权人劳某某的许可，则构成对劳某某信息网络传播权的侵害。

根据查明的事实，麦克风公司使用涉案有声读物的行为具有上海倾听信息技术有限公司的授权依据，故须分析相关授权是否有效。依据涉案《著作出版授权合同》，劳某某将涉案作品的电子版权、报刊摘登权、连载权、广播权、影视版权、声像版权以及转授权的权利授予了国文润华公司，授权期限为合同签署之日（2009 年 11 月 27 日）起的 5 年，故国文润华公司有权转授权他人使用该涉案作品（包括将涉案作品制作成录音制品），但使用期限受到上述授权期限的限制，即截止于 2014 年 11 月 26 日，国文润华公司对他人进行转授权以及相关后续转授权均应当受到上述授权期限的约束。由于麦克风公司在 2015 年 4 月 17 日时还在使用涉案有声读物，而该日期已超过劳某某对国文润华公司的授权期限，因此，麦克风公司侵害了劳某某的信息网络传播权。

二审判决

麦克风公司不服一审判决，提起上诉。

二审法院认为，二审的主要争议焦点在于上诉人在其网站上向公众提供系争有声读物《香火》是否侵害被上诉人就涉案文字作品《香火》享有的信息网络传播权。

关于上诉人认为其在网站上提供有声读物《香火》的收听是得到合法授权且未超过授权期限的上诉理由。二审法院认为，即使授权真实，该案系争有声读物《香火》使用了文字作品《香火》，自文字作品著作权人即被上诉人将声像版权（制作成录音制品的权利）授予原审第三人至上诉人从案外人上海倾听信息技术有限公司获得《香火》音频作品的信息网络传播权，整个授权过程环节较多，但根据著作权法的相关规定，上诉人作为录音制品的被许可人在通过信息网络向公众传播录音制品时，还应取得著作权人的许可并支付报酬。而在该案中，没有证据表明上诉人取得过被上诉人的许可以及向其支付报酬，因此上诉人构成对被上诉人享有的信息网络传播权的侵害。

此外，上诉人认为被上诉人与原审第三人之间签订的《著作出版授权合同》中五年有效期的约定不能约束《香火》录音制品的使用与授权。法院认为，原审第三人根据该合同获得的是《香火》文字作品的电子版权、报刊摘登、连载权、广播权、影视版权、声像版权及相应的转授权利，而该案系争的《香火》有声读物是根据文字作品制作的录音制品，只要该录音制品完成时间处于上述五年期内，随后该录音制品的复制、发行、出租、通过信息网络向公众传播之行为不应当受到上述五年期的限制，因为两者属于不同作品，录音制品制作者对录音制品本身亦独立享有受法律保护的权利。综上，二审法院认为，原审法院在未查明《香火》有声读物完成时间的情况下认为上诉人因授权超期构成侵权，属于理由错误，应予纠正，但认定结论正确，可予维持。

三、述 评

思考一：有声读物的作品类型

在该案中，法院认为有声读物属于录音录像制品。结合现实生活，有声读物一般存在以下三种情形。

第一种，利用 TTS 阅读器等技术，将文字转化成音频。已废止的国家版权局制定的《关于制作数字化制品的著作权规定》的第二条中规定，"将已有作品制成数字化制品，不论已有作品以何种形式表现和固定"都属于著作权法中的复制行为。2012 年 3 月，国家版权局公布的《著作权法（修改草案）》中对著作权财产权的调整包括将复制修改为包括数字化在内的任何形式的复制。由此看出，TTS 阅读器将文字转化成音频的过程存在构成复制的可能。另外，若目前市面上的电子读物未获得文字作品本身的复制权、信息网络传播权，企图通过不展示文字而仅通过 TTS 阅读器向用户提供有声读物的服务而绕开著作权人，但因为该技术中必不可少的需要事先将文字转化成按照文字顺序排列的音频植入软件或者自身的服务器中，则该行为构成复制行为，所产生的有声读物仅是毫无创造性的复制件。

第二种，通过人声对文字作品进行无添加地朗读后录制成音频。虽然用户体验可能和第一种情况差不多，但加入了人的参与，创造性产生了质的变化。正如该案中法官认定有声读物构成录音录像制品，一定程度上承认了其具有创造性，但又未达到构成作品的程度，因此被认定为构成录音录像制品。录音录像制品不同于复制件，制作者的表演和录制要投入一定的创造性劳动，因此法律赋予制作者即表演者或录音录像制作者类似于著作权的权利，即邻接权。

第三种，对文字作品进行适度修改，在表演性朗读过程中增加背景音乐等录制成音频。该情形下用户体验无疑是最佳的，此种情况下，制作者加入了自己对文字作品的理解和一定的创造性，修改原文字作品而形成的新的剧本可能构成改编作品，而对改编作品进行表演后录制则构成针对改编作品的录音录像制品。

因此，有声读物究竟属于何种作品，需结合实际情况进行分析。

思考二：有声读物的传播方式

将小说作品转化为有声小说后通过信息网络对其传播，这一法律行为是属于对新形成的录音制品的信息网络传播行为还是对文字作品的信息网络传播行为？

在上面的案例中，答案明显是前者，但这是否表明一旦小说作品转化为有声小说在信息网络上的传播行为都属于录音制品的信息网络传播行为呢。笔者认为还是要区分有声小说的录制过程是否加入了录制者的劳动成果。

一般情况下，文字作品转化为录音制品的工作是由专业演播者完成的，比如《香火》音频节目的录制方就找了专门的演播者范舟，将文字作品《香火》录制成音频节目。经过专门的演播者录制完成的音频节目中可以说既包含了文字小说作者对原有文字作品的智力成果，还凝结着演播者的创作成果。文字作品在经过特定演播者的朗读后，里面的人物角色由于加入了演播者的理解和声音演绎形象变得生动鲜活起来，虽然有声小说与文字作品的内容可以完全一致，但经过演播者朗读的文字作品和原来可能有所变化，此时著作权法对这种凝结着演播者劳动成果的新录音制品无疑是应该进行保护的。

我国《著作权法》第四十二条正是这样规定的，著作权法在这一条中虽然对录音制品制作者给予了低于《著作权》第十条保护范围的保护待遇，但是对录音制品制作者许可他人复制、发行、出租、通过信息网络向公众传播并获得报酬的权利也予以了确认。尽管与《著作权法》第十条"作品"享有的"16+1"项权利相比，录音制品的制作者仅仅有 5 项权利，但笔者认为这从另一个侧面反映了《著作权法》对录音制品制作者劳动成果的认可。

在科技日益进步的当下，除了人声朗诵小说之外，已经出现了"文字朗读器"这种智能系统，可以自动实现文字转换为语音的功能。如果案例中的"有声小说"是由这种文字转换语音的程序朗读文字作品后录制形成的录音制品，则判决结果不应相同。《著作权法》第四十二条的初衷应当是为了保护具有劳动创造性质的录制行为而产生的，如歌手演唱词曲家创作的歌曲后录制形成的录音制品。一旦这个录制过程丧失了创造性，采用文字朗读器这种没有人类思想、感情以及语调的方式进行录制，则这种将文字转换为语音的过程除了物理形式的转换外没有任何其他实质改变，这时形成的录音制品是不能视为形成了著作权法意义上的录音制品，这种行为应当属于简单的文字作品的传播行为。

在缺乏创造性的录音制品形成后对其进行传播，不能算是行使著作权法意义上的录音制品的信息网络传播权，只能算是对文字作品行使信息网络传播权。《伯尔尼保护公约》第九条"所有录音或录像均应视为本公约所指的复制"，这里很明确指出，录音和录像都是复制的应有形式，和纸质媒介没有差别。

因此，对于某些没有凝结录制者创造性的录音制品不宜视为著作权法上的录音制品，而应该认为其属于一种新型传播媒介。目前的确也有很多小说网站在其发布文字作品的同时添加了语音转换器的功能，对此笔者认为这种利用语音转换器转换成有声小说的传播行为并没有脱离其仍然是对文字作品进行信息网络传播的本质。

思考三：著作权授权期限问题

一审法院在审理中将授权期限作为被告构成侵权的理由，但是被二审法院纠正了过来，可见，著作权授权合同中有关授权期限的问题的确是一个容易造成混淆的"雷区"。

上述案例中，著作权人将自合同生效起五年内的涉案作品的电子版权、报刊摘登权、连载权、广播权、影视版权、声像版权及转授权的权利授予了他人，但是我们看到这种笼统的附期限授权在双方执行合同过程中产生了很大理解差异。原告认为被告行使著作权已经超出了授权期限，被告认为其行使著作权未超出授权期限。二审法院认为只要录音制品的完成时间处于上述五年期内，随后该录音制品的复制、发行、出租、通过信息网络向公众传播之行为就不应当受到上述五年期的限制，因为两者属于不同作品，录音制品制作者对录音制品本身亦独立享有受法律保护的权利。

其实，授权附期限是赋予了被许可人行使其被授予权利的一个具体期限，往往双方产生异议的不是这个期限的起始点，而是被授予权利的行使范围和界限，这是一个需要合作双方在合同签订伊始就细细考虑并落实清楚的问题。如果对权利的行使没有翔实的定义，就容易在合同履行过程中，就一方的行为是否属于对合同中约定被授予权利的行使产生争议。

此外，上述案件中双方签订的《著作权出版授权合同》中所说的影视版权、声像版权的概念都不是著作权法上面的法定权利名称，这些权利的具体含义究竟如何理解，其实都是不够明确具体的，这也为《授权合同》的执行埋下了隐患。

伴随着互联网信息技术和数字技术的高速发展，越来越多的作品被数字化。有声读物是作品数字化的一种形式，数字著作权是著作权在数字时代的延伸和扩充，随着计算机和互联网的普及，全社会数字化程度的提高，著作权法调解和规范的关系也应进入到数字作品领域。

有声读物近些年方兴未艾，很多网站都提供了有声读物的下载及收听，一些畅销的小说、散文、诗歌都被录制成有声读物，这些有声读物丰富了人们获取知识、享受阅读的途径，但是按照《著作权法》的规定，将文字作品改编成有声读物，需要获得文字作品著作权人的许可。如果未经许可录制并上传播送有版权的内容，不管是否进行商业盈利，本质上都是侵犯了著作权人的权益。对于提供这些有声读物的网站而言，不仅应承担相应的版权审查义务，更应该主动避免使用无版权或盗版作品。

4.4　避风港规则下音频分享平台的著作权侵权：喜马拉雅案

作　　者　林思彤 *
指导教师　何　隽

现代信息网络技术的进步带动了音频、视频分享网站的兴起和发展，但是随之而来也出现了屡禁不止的网络服务提供商侵犯著作权的问题。与著作权保护已逐渐步入正轨的视频分享平台不同，音频分享平台的著作权保护问题在近些年来才引起人们的关注。我国现行《信息网络传播权保护条例》第二十二条规定了网络服务提供者的五种免责事由，为其提供了规避侵权风险的"避风港"。本文将结合此条款，以北京东方视角公司诉喜马拉雅录音作品侵权一案为例，对音频分享平台的著作权侵权问题进行探讨。

一、北京东方视角公司诉喜马拉雅录音作品侵权案

🧑‍⚖️ 案　　号

一审：上海市浦东新区人民法院（2015）浦民三（知）初字第 640 号
二审：上海知识产权法院（2016）沪 73 民终 80 号

🧑‍⚖️ 当事人

原告：北京东方视角文化传媒股份有限公司（简称"东方公司"，二审被上诉人）

---

　　*　林思彤，黑龙江人，2018 年获得清华大学法律硕士学位，现为北京市嘉源律师事务所律师。硕士论文：《MOOC 的著作权问题研究》。

被告：上海证大喜马拉雅网络科技有限公司（简称"证大公司"，二审上诉人）

第三人：北京那里汇聚网络科技有限公司（简称"那里公司"，二审第三人）

🔆 案情简介

2012 年 4 月 27 日，东方公司通过独家授权取得小说《左耳》的广播剧声音版使用权（含该广播剧的广播、音像、信息网络传播权；影视和电子书使用权除外），授权时间为 2012 年 4 月 27 日至 2017 年 4 月 26 日。之后，东方公司找人将《左耳》录制成有声读物后，取得该录音作品的独家著作权，并将作品发表在其经营的网站酷听网（www. kting. cn）上，作品完成日期为 2013 年 3 月 12 日，首次发表日期为 2013 年 12 月 16 日。

2014 年 10 月东方公司发现，在未经授权的情况下，喜马拉雅官方网站（www. ximalaya. com）及手机客户端通过信息网络非法向公众提供由原告制作的上述作品的有声版作品的在线播放服务，认为其侵犯了自己的录音录像制作者权，遂将喜马拉雅的主要经营者证大公司及喜马拉雅网站的备案主体那里汇聚公司诉至法院，要求其停止侵权，赔偿经济损失及合理支出费用。

二、争议焦点及法院判决

上海市浦东新区人民法院一审认为：

第一，根据我国现行《著作权法》第十一条、第四十二条、《最高人民法院关于审理著作权民事纠纷案件适用法律若干问题的解释》第七条第二款的规定及东方公司提交的作品登记证明书、版权许可使用协议、授权书等资料，被告通过其网站向公众提供的可供下载的涉案有声小说，为原告根据授权制作的录音制品。原告作为录音制作者对该有声小说享有信息网络传播权。

第二，根据喜马拉雅网的《使用协议》，喜马拉雅网系用户直接上传、管理、传播文字、图片、视频等资料或信息的网络服务平台。同时，从网站外观看，喜马拉雅网站及其客户端明确标注了上传图标及相关用户的信息，具有为网络用户提供存储空间服务的功能和较为明确的录音制品分享服务提供经营模式。故就该案中"在完美""刺猬扎死你"两位用户发布涉案有声小说的行为，一审法院认定喜马拉雅网站为信息存储空间的网络服务提供者。

第三，录音制品的制作需要花费一定的人力、物力、财力。通常情况下，权利人不会主动或许可他人将录音制品上传至他人网站，并免费发布供公众无偿在线收听或者下载。从证大公司来看，无论是从其网站首页醒目的"让世界倾听你的声音""喜马拉雅——中国最大音频平台，欢迎你"等文字表述，还是从其网站的"个人电台""声音""专辑"等栏目设置来看，均清楚地表明喜马拉雅是一家专门从事包括有声小说在内的音频类内容服务的分享网站，其应该意识到在其个人用户上传的涉案有声小说中存在制品权属问题，应具有注意义务。

其次，证大公司在用户上传声音时对来源设置了"原创"和"采集"两个选项，对类型设置了"有声小说""音乐""相声评书"等多个选项，对"畅销书""玄幻""穿越"等标签进行了推荐，属于对服务对象所提供的作品、表演、录音录像制品的编排。故不具备《信息网络传播权保护条例》第二十二条规定的可不承担赔偿责任的条件，两被告构成共同侵权。且证大公司提供了搜索服务和相关频道的分类，这种设置也为网络用户实施侵权行为提供了帮助，被告主观上存在过错，故与直接上传涉案有声小说的网络用户构成共同侵权。

综上，一审法院认定两被告共同实施了侵权行为，应依法承担连带侵权责任。

上海知识产权法院认为，从技术的角度分析，网络环境中任何侵犯著作权行为的发生，都以一定的网络平台为前提。在该案中，离开了上诉人提供的网络存储空间和平台，用户就无法直接上传涉案的侵权作品。但是，不能仅因网站存储了侵权作品，就认定提供了存储空间的网络服务提供商的侵权责任，只有在服务商明知或应知侵权行为存在时，其才承担共同侵权责任。

在该案中，上诉人虽然没有直接实施上传音频的行为，但其在应知网络用户涉案侵权行为存在的情况下未尽合理注意义务，主观上具有过错，其行为构成帮助侵权。理由如下：

第一，上诉人是一家专业从事包括有声小说在内的音频类内容服务的分享网站，其承担的注意义务应当与其具体服务可能带来的侵权风险相对应。上诉人在其经营的网站上专门设立不同的音频类型的选项，供用户根据音频不同类别进行上传，使用户在上述分类中或通过站内搜索的方式找到该音频，并实施在线收听，极大方便了涉案侵权录音制品在网络的传播。此外，上诉人在用户上传时对来源特意设置了

"原创"和"采集"两个选项，也说明上诉人对广大网络用户除了将自拍的原创作品上传之外，还可能将其他未经许可的录音制品上传至网站，从而招致可能的侵权风险的情况是知晓的。

第二，上诉人作为一家音频内容服务分享网站，具有初步审查机制，其在日常网站维护中应当知晓具有较高知名度的涉案作品的上传是未经许可的。尽管上诉人辩称，其事先审查机制只是对音效、音质、文字介绍等进行审查，但由于涉案音频制品具有一定的知名度，上诉人在审片过程中不可能不注意到该音频的上传属于未经许可的侵权行为。对于上诉人提出的其在起诉之前未收到有效的权利通知，只有在网络服务提供者不知道也没有合理理由应当知道用户提供的音频制品侵权时，才适用《信息网络传播权保护条例》第二十二条关于通知与移除的规定，反之则不适用该条款。

综上，二审法院认定上诉人的行为构成侵权。

三、述　评

思考一：如何判断音频分享平台是否具有主观上的过错？

喜马拉雅网站对自身的定位是音频分享服务提供平台，立志做"音频界的优酷，声音界的淘宝，听觉上的知乎"，其在该案的诉讼中也在强调其"平台"属性。从运营模式上看，喜马拉雅采取了 PGC（Professional Generated Content，专业生产内容）与 UGC（User Generated Content，用户生产内容）相结合的混合模式，其提供的音频内容中既包含了专业生产内容也包含了用户原创内容。由于 UGC 模式的存在，避风港规则成为音频分享平台在应对版权侵权诉讼的一大武器，法院在审理此类案件时也常常会考虑这一规则。

在该案的审理中，法院首先对喜马拉雅网站作为一个音频分享平台是否具有主观过错进行了考察。根据我国现行《信息网络传播权保护条例》第二十二条第三项的规定，为服务对象提供信息存储空间的网络服务提供者只有在"不知道也没有合理的理由应当知道服务对象提供的作品、表演、录音录像制品侵权"时，才不承担侵权责任。这一条款要求对服务商是否具有"明知"或"应知"这两种状态进行考察，判断其是否具有主观上的过错。前者要求音频分享平台实际知道用户上传的音频为侵权产品，后者则从推定的角度去认定平台的侵权责任。喜马拉雅作为一个较大的音频 UGC 平台，网站上很多音乐节目都是用户自主上传的，面对数量繁杂的上传内容，要求网站对音频作品的版权进行毫无遗漏的全面审查是不具备可操作性的。因此在实践中，多从推定过错的角度去判断是否构成侵权。如果音频分享平台尽到了注意义务仍不能知道作品侵权，则其不具有主观过失，不承担侵权责任。

考虑到喜马拉雅网站对自身定位认识清晰，在众多音频分享平台中发展成熟度较高，法院在判案时可能会对其承担的注意义务有着更高的要求。具体而言，被诉作品的公众认知度、在网站中的显著度、网络推广度等因素，均构成了判断音频服务分享平台是否尽到了注意义务的维度。❶ 值得注意的是，虽然推定音频分享平台主观过错的考量因素很多，但是音频分享服务平台承担的注意义务不能超越其技术能力。在该案中，法院认为，从喜马拉雅网站为用户上传作品提供了音频来源、音频类型等选项来看，可认为其意识到了自身的注意义务，并且这种分类方式也缩减了音频审核的范围和难度，音频分享平台对音频内容进行重点审核的可能性很大，故作出了喜马拉雅网站知道被诉作品侵权的推定。

此外，也要注意不能仅从网站存在对音频分类的行为，就认定其有重点审核的义务，否则会过分加重音频分享平台的注意义务。在判断时，应综合分析各个维度，整体考量后得出结论。在该案中，法院结合喜马拉雅网的音频分享平台性质、广泛的网络传播力和社会影响力以及被诉侵权作品较高的公众认知度等方面，在综合考察后才作出了被告方"应知"的认定。

🏛 思考二："通知－删除"程序是否是权利人起诉的前提条件？

《信息网络传播权保护条例》第二十二条第五项规定，服务提供商在接到权利人的侵权通知书后，按规定及时删除侵权作品的，可以免除责任。音频分享平台可将此作为免责事由进行抗辩。该条款包含了两方面含义，一方面权利人送达的通知书要符合该条例第十四条的规定；另一方面音频分享平台在收到通知书后应按规定立即删除侵权作品，并通知权利人。此程序的设立，旨在促进权利人与音频分享平台

---

❶ 陈怡，袁雪石. 网络侵权与新闻侵权［M］. 北京：中国法制出版社，2010：15-28.

著作权纠纷的便捷解决，鼓励音频分享平台拓展网络服务市场，❶同时也可以平衡权利人、上传用户与音频分享平台三者之间的关系。但是在实践中，经常存在权利人在未通知音频分享平台的情况下，直接提起诉讼的情况。该案二审上诉中就涉及这样的问题。

该案被告认为，原告在起诉前未针对涉案音频向自己提出版权异议，否则其会立即下架涉嫌侵权的内容，如此按照避风港规则不会构成侵权。这里就涉及一个问题，避风港规则究竟是免责条款还是侵权条款？显然避风港规则应当属于前者。从法律性质上看，避风港规则为音频分享平台规避风险提供的是一个抗辩事由，而非判断其侵权的构成要件。❷也就是说，在发现音频分享平台侵权后，即使权利人未通知平台删除相关作品，只要平台传播侵权作品的行为满足了传统的著作权侵权构成要件，权利人仍可请求网络服务商承担侵权责任。

同样，在诉讼中，被诉方也可以传统的抗辩事由或避风港规则对之进行抗辩。该案二审中，法院驳回了被告的这一上诉理由，并指出只有在网络服务提供者不知道也没有合理理由应当知道用户提供的音频制品侵权时，才适用《信息网络传播权保护条例》第二十二条关于"通知－删除"程序的规定。

⚖ 思考三：音频分享平台承担主要损害责任是否恰当？

根据著作权法的规定，音频分享平台在网络上传播录音作品不仅要取得录音制作者的授权，同时还要取得原著作权人的同意。该案中，上传用户在未取得授权的情况下私自上传了涉案录音作品，构成了积极的直接侵权。作为音频分享平台的喜马拉雅网站虽然没有实施直接侵害权利人合法权益的行为，但是因为其未履行如上文所述的合理注意义务，在客观上对损害的扩大起到了一定的促进作用。从侵权行为上看，喜马拉雅网站构成了不作为的消极间接侵权。同时，喜马拉雅网站因涉案作品在其网络平台上的传播直接或间接地得到了经济收益，也不符合《信息网络传播权保护条例》第二十二条第四项规定的避风港规则，因此其应当承担相应的侵权责任。

---

❶　胡开忠. 避风港规则在视频分享网站侵权认定中的适用 [J]. 法学，2009，（12）：70-81.
❷　刘家瑞. 论我国网络服务商的避风港规则——兼评"十一大唱片公司诉雅虎"案 [J]. 知识产权，2009，19（02）：13-22.

在司法实践中，诸如此类的案例，音频分享平台也往往被认定为与上传用户构成共同侵权。根据《侵权责任法》第三十六条第二款规定，网络服务提供者对造成损害的扩大部分应与该网络用户承担连带责任。这一规定主要是基于效率的考量。❶ 权利人追究上传用户的责任所耗费的时间成本、金钱成本较高，而考虑到网络用户的个人承担能力，权利人从其身上所能获得的损害赔偿数额较低。相对而言，未尽到注意义务的音频分享平台无论是从明确性还是赔偿的承受能力来说，对于权利人都是更为适当的选择。因此，在实务中，被侵权人也大多以网络服务提供平台作为被告进行起诉，而网络用户一般则不被追责。可以说，当前的这种偏向效率考虑的立法态度和司法实践是较为合理的。

同时，我们也应注意到，过于偏重效率会影响公平价值的实现。特别是在网络信息飞速发展的今天，音频分享平台每天处理的用户上传作品数量日益庞大，其可能确实存在审核难的情况。鉴于此，在认定音频分享平台构成帮助侵权时，也应结合用户具体行为特征、侵权作品的自身特点、音频分享平台没有采取阻止措施与网络用户的侵权等价性等多方面因素来确定其应承担的责任与损害赔偿数额。

综上所述，音频分享服务作为一种新的市场势力正在逐步崛起，UGC 的兴起曾经让很多音频分享平台产生不需要版权也能生存的错觉。但是实践证明，以喜马拉雅、蜻蜓 FM 等为代表的综合性音频分享服务提供平台要想在未来的竞争中脱颖而出，必须要在著作权的取得上占据主动地位。音频分享平台的著作权保护走向正规化是其发展的必经之路。

可以看到，避风港规则作为一种抗辩事由，并不等同于侵权责任的构成要件，而应属于免责事由，因此"通知－删除"程序不是判定服务商侵权的必经程序。实践也证明，避风港规则在实务中的适用有着严格的考察条件，对音频分享平台主观过错的认定，不仅要考察音频作品的社会认知度、网络推广度等因素，还要结合音频分享服务商的分类、编排等行为进行具体判断。同时，在保护录音作品著作权时，不能过度扩大音频分享平台的注意义务。在音频分享服务商构成对上传用户的帮助侵权时，要结合二者的具体行为来认定服务商侵权责任的大小。

---

❶ 马新彦，姜昕. 网络服务提供者共同侵权连带责任之反思——兼论未来民法典的理性定位［J］. 吉林大学社会科学学报，2016，56（01）：71-81.

4.5　视频网站的著作权侵权分析：《舌尖上的中国》案

作　　者　宁宜文 *

指导教师　何　隽

　　《舌尖上的中国》自播出便受到广泛欢迎。土豆网在未经授权的情况下，擅自将该节目上传至网站播放，被判定为侵犯央视国际的信息网络传播权。本文以此案分析在线视频网站常见的著作权侵权行为以及如何适用避风港原则。

　　《舌尖上的中国》是由中国中央电视台出品的一档精品美食纪录片，自 2012 年 5 月首次播出以来，受到观众的一致好评。其所介绍的中国各地特色美食文化和体现出的人文内涵，使这一系列纪录片不仅是各地的美食记，更成为不同地域的风物志乃至当地人文精神的展现。获得热烈好评后，《舌尖上的中国》还推出了第二季，于 2014 年 4 月登陆中央电视台综合频道与纪录频道同时播出，继续探讨风土、美食与人文的奇妙关系。

　　然而，就在该节目于央视热播的同时，土豆网亦擅自上传《舌尖上的中国》第一季供浏览者观看。对此，《舌尖上的中国》授权方央视国际提起诉讼，要求禁止土豆网的播放行为并赔偿相应经济损失。这是上海地区关于视频网站信息网络传播权侵权的一大典型案例，虽已时隔数年，但对于规范视频播放平台，保护网络环境下的著作权仍有着重要的借鉴意义。

　　*　宁宜文，河南开封人，2017 年获得清华大学法律硕士学位，现任职于中国银行间市场交易商协会。硕士论文：《商业外观的法律保护》。

一、土豆网《舌尖上的中国》信息网络传播权纠纷案

🏛 案　号

一审：上海市闵行区人民法院（2013）闵民三（知）初字第 242 号

🏛 当事人

原告：央视国际网络有限公司（以下简称为"央视国际"）

被告：上海全土豆文化传播有限公司（以下简称为"全土豆公司"）

二、争议焦点与法院判决

2013 年 5 月 30 日，上海市闵行区人民法院立案受理了央视国际诉全土豆公司侵害作品信息网络传播权一案。

法院经审理查明，《舌尖上的中国》纪录片共计 7 集，由中国国际电视总公司出版发行。该片 DVD 光盘盒及盘面上均标有"CCTV9 纪录"字样。在光盘的播放过程中，片尾亦显示"中央电视台"及"CCTV9"字样。2009 年 4 月 20 日，中央电视台出具《授权书》，将其拍摄、制作或广播的享有著作权或与著作权有关的权利，或获得相关授权的该台所有电视频道及其所含的全部电视节目［包括但不限于现有及今后之：综艺晚会（包括但不限于：春节联欢晚会、元宵晚会、专题晚会）、访谈节目⋯⋯纪录片等），通过信息网络（包括但不限于互联网络等新媒体传播平台］向公众传播、广播、提供的权利，授权原告央视国际在全世界范围内独占行使，并授权原告作为上述权利在全世界范围内进行交易的独家代理。原告作为上述权利的独占被授权许可人，可以以自己的名义对外主张、行使上述权利，可以许可或禁止他人行使或部分行使上述权利，可以针对侵权行为以自己的名义或委托律师等第三方采取各种法律措施。前述所有授权内容自 2006 年 4 月 28 日起生效，至中央电视台书面声明取消前述授权之日失效。

2012 年 5 月 23 日，上海市静安公证处应原告申请，对原告代理人陆某从互联网上浏览网页、在线播放和录制视频的过程及内容作证据保全公证。陆某使用该公证处已接入互联网的计算机，打开 IE 浏览器，输入 http://www.tudou.com/，查看

"广播电视节目制作经营许可证""信息网络传播视听节目许可证""网络文化经营许可证""关于土豆""上海工商"等链接，显示该网页由被告所有，被告具有信息网络传播视听等相关资质；而在"土豆网"网站首页搜索框输入"舌尖上的中国"，搜索结果页有"舌尖上的中国"专辑，其介绍载明"'舌尖上的中国'为中国中央电视台播出的人文历史纪录片，共七集……"等内容，下设播放链接；点击"播放"依次播放第 7 集至第 1 集，播放框下方显示视频时长，每个链接在播放前及播放框下方均存在广告投放，播放中用"camtasiarecorder"屏幕录像软件对部分播放内容进行录制，并对部分页面进行网页截屏。上海市静安公证处公证员崔亚霞及工作人员徐静监督了上述操作过程，并于 2012 年 5 月 30 日出具了（2012）沪静证经字第 1582 号公证书。涉诉后，被告应要求删除了其网站上的上述视频。

　　法院认为，电影作品和以类似摄制电影的方法创作的作品的著作权由制片者享有；如无相反证明，在作品上署名的公民、法人或者其他组织即为作者。《舌尖上的中国》共 7 集，每集片尾均有中央电视台的署名，且在正版发行光盘的内容介绍上写明该片是中央电视台纪录频道推出的。在被告无相反证据的情况下，可以认定中央电视台享有涉案作品的著作权。中央电视台出具的《授权书》中虽未明确具体作品名称，但该授权书表明中央电视台将其制作的包括纪录片在内的全部电视节目的信息网络传播权独占授权给原告，而涉案作品系纪录片，故原告享有涉案作品的信息网络传播权。在被授权的期限和地区内，任何人在未经许可或不具有合理使用等免责情形下通过信息网络向公众传播涉案作品的，均构成对原告享有的信息网络传播权的侵犯，原告有权提起诉讼。

　　而网络用户、网络服务提供者未经许可，通过信息网络提供权利人享有信息网络传播权的作品，除法律、行政法规另有规定外，应当认定其构成侵害信息网络传播权行为。该案中，根据原告提交的公证书，被告在其网站上向公众提供了涉案作品的在线点播服务，使用户可以在其个人选定的时间观看涉案作品，被告虽辩称其提供的系存储空间服务，涉案视频系网友上传，但未提供相应证据证明，亦未向本院说明涉案视频的实际上传者，故本院对被告上述辩称意见不予采信。被告未经许可，擅自在其网站上直接向公众提供涉案作品的在线播放的行为，侵犯了原告对该作品享有的信息网络传播权，损害了原告作为权利人的合法利益，应当依法承担相应的民事责任。对于原告主张的经济损失，鉴于其未能举证证明因被侵权所遭受的实际损失或者被告因侵权所获得的利益，本院综合考虑涉案作品的知名度和影响力较大，被告直接提供涉案作品的在线播放、主观过错较大，侵权行为发生在作品热播期及被告侵权行为的持续时间，被告网站的经营规模、经营模式、影响力等因素酌情确定。关于原告主张的合理费用，原告为该案委托律师参与诉讼确需支出相应的费用，本院根据该案标的金额、案情繁简程度及律师代理诉讼的工作量等因素酌情认定。

2013 年 10 月 22 日，法院依据《著作权法》第十条第一款第十二项、第四十八条第一项、第四十九条，《最高人民法院关于审理著作权民事纠纷案件适用法律若干问题的解释》第七条、第二十五条第一款、第二款、第二十六条，及《最高人民法院关于审理侵害信息网络传播权民事纠纷案件适用法律若干问题的规定》第三条规定，认定全土豆公司侵犯央视国际对于《舌尖上的中国》纪录片的信息网络传播权，判决其赔偿央视国际经济损失人民币 24 万元及合理费用人民币 8000 元。

三、述 评

在《舌尖上的中国》一案后，上海法院还审理了土豆网所播放的电影《寒战》侵权案。两起案件都认定土豆网侵犯了原告的网络传播权，在综合考量其播放视频的知名度、影响力后，判决土豆网赔偿原告的经济损失。这进一步加深了各视频网站和大众关于信息网络传播权乃至对视频播放平台著作权问题的认识，对规范我国网络环境下的著作权保护有着积极意义。

思考一：视频网站常见的著作权侵权行为分析

在线视频网站，顾名思义，是指在互联网的技术平台支持下，让在线用户利用网络浏览、发布和分享视频作品的网络媒体。其主要提供的服务包括以下三类：一是提供给用户私人的信息存储空间，供其上传视频和个人资料，分享资源；二是网站自身上传视频，提供给公众观看下载；三是电视广播媒体自身制作视频网站，将其节目通过在线视频的形式进行播放，如湖南电视台的芒果 TV 等。现实生活中，视频网站的常见做法是将用户的信息存储空间与网站视频播放、下载相结合，兼顾这两个功能同时运营。❶

---

❶ 黎立. 在线视频网站著作权侵权问题研究［J］. 中国版权，2015（2）：52.

在司法实践中，在线视频网站侵犯著作权的行为可划分为直接侵权和间接侵权两种。其中直接侵权是指在线视频网站直接侵犯著作权人受著作权专有权控制的各种侵权行为的总和；间接侵权则是指网站未实施受著作权专有权利控制的行为，即未直接侵权，但故意引诱他人实施直接侵权，或在明知应知他人即将或正在实施直接侵权时为其提供实质性帮助，以及特定情况下进行直接侵权的准备工作和扩大其侵权后果的行为。❶

根据《信息网络传播权保护条例》的规定，信息网络传播权是指"以有线或者无线方式向公众提供作品，使公众可以在其个人选定的时间和地点获得作品、表演和录音录像制品的权利"。在线视频网站著作权侵权中最常见的侵权类型便是对原作者信息网络传播权的侵犯。在线视频网站的直接侵权主要是指主动上传中事先审查不尽职的情形。所谓主动上传，是指视频网站未经著作权人许可，擅自将他人作品上传至其经营的网站供广大用户分享的行为。

大多数视频网站都不会未经著作权人许可而自主上传他人作品，他们往往只是提供信息存储空间和发布平台供用户上传与分享，而自己只充当提供服务的第三方。在此前提下，对于直接侵权的界定就要建立在网站对用户上传视频事先审查的情况之上。事先审查的形式在现实中大体又可分为两种，一种是"审查组"模式，即视频分享网站设立专门的视频审片组对用户所上传的视频进行事前审查，从而决定是否发布该视频；另一种模式是视频网站事先设立一套预设程序，通过该程序对用户上传视频进行格式转换并控制大小，有些还会标记上自己网站的标志，从而保证上传视频符合网站规定的格式。❷ 第一种情况下，虽然网站没有主动上传视频，但伴有审查通过行为，如审查不足导致有侵权嫌疑的作品出现在自己平台之上，故可被视为间接上传行为。而后者并未体现网站主动审核视频内容的意志，其审核仅限于格式大小等非实质层面。故而只有当视频网站投入了个人意志加以审查，具有积极性和主动性，即符合审查组审查的模式时，才可判定网站在涉及侵权视频时方具有主观过错，构成直接侵权。

与直接侵权不同，间接侵权并非对著作权人专有权利的直接侵害，而是在直接

❶　左登江. 视频分享网站侵犯著作权研究——以'新传在线'诉'土豆'案为例［D］. 重庆：西南政法大学，2010：5［2010-3］.

❷　左登江. 视频分享网站侵犯著作权研究——以'新传在线'诉'土豆'案为例［D］. 重庆：西南政法大学，2010：8-9［2010-3］.

侵权存在的前提下，通过引诱或帮助来促进侵权行为的实施与完成。间接侵权要求侵权人具有主观过错。在实践中，对于主观过错的判断正是司法实务中认定间接侵权存在与否的关键。

具体看来，主观过错的判定常常体现在对"明知或应知"的判断。根据行为人行为时的注意义务，可将其过错判断标准分为以下三种：第一是普通人的注意标准，即在正常的行为活动中，只用轻微的注意即可预见的情形，是以一般人在行为活动中能够注意到作为标准，对这种标准的违反即意味着具有"应知"过错；第二是应与处理自己事务为同一注意标准，是指在正常的行为活动中，应以行为人平时处理自己的相关事务所用的注意为标准，如果此时行为人是一类主体，应以该类主体的一般注意义务为准，对该类注意义务的违反即意味着具有"应知"过错；第三是善良管理人的注意标准，要求最高，在判断时需将行为主体想象成具有相当知识经验和职业水准的人，具有比普通人和处理自己事务的人更高的注意义务，如果行为人在行为时构成对该义务的违反即意味着具有"明知"过错。❶唯有综合把握这三种不同的判断标准，才能准确界定不同情形下被控侵权方的主观过错。

另一点关于间接侵权的主要讨论就是视频网站自身的审查与监控义务。通过前文中有关直接侵权的讨论可知，网站通过审片组这种事前审查的模式审核视频进行发布，若涉嫌侵权，网站自身足以构成直接侵权的主体。但在司法实务中，多数权利人选择主张间接侵权之诉，法院也支持这一做法。这是因为作为专业的视频分享网站，应当参照具有专业知识水准与经验的善良管理人注意标准，若事前审查的审查组未对用户所上传的视频是否涉嫌侵权作出判断，存在放任懈怠，本身就具有明知的过错。且根据普通人的注意义务，针对热播影视作品，任何权利人都不会允许其他人未经许可而免费播放，视频分享网站对这种注意义务的违反同样构成应知的过错。综上所述，在线视频网站所具有的审查和监控功能可以作为判断其涉嫌侵权时主观是否具有过错的重要根据。❷

回归到土豆网一案，视频《舌尖上的中国》虽由其他用户上传，并非土豆网自身行为，但土豆网既未尽到审查组应尽的审查义务，允许侵权作品上传到自身网络，

---

❶ 左登江. 视频分享网站侵犯著作权研究——以'新传在线'诉'土豆'案为例 [D]. 重庆：西南政法大学，2010：12 [2010-3].

❷ 左登江. 视频分享网站侵犯著作权研究——以'新传在线'诉'土豆'案为例 [D]. 重庆：西南政法大学，2010：13 [2010-3].

存在主观过错；同时也无法提供原始上传人的相关信息。因此，土豆网构成对央视国际《舌尖上的中国》这一作品著作权的直接侵权；同时，若原告主张间接侵权，土豆网亦具有"明知应知"的过错，也符合上节所说的间接侵权情形。

思考二：避风港原则在视频网站著作权侵权领域中的适用

参照我国 2006 年施行的《信息网络传播权保护条例》第二十二条的规定，网络服务提供者为服务对象提供信息存储空间，供服务对象通过信息网络向公众提供作品、表演、录音录像制品，并具备下列条件的，不承担赔偿责任：（1）明确标示该信息存储空间是为服务对象所提供，并公开网络服务提供者的名称、联系人、网络地址；（2）未改变服务对象所提供的作品、表演、录音录像制品；（3）不知道也没有合理的理由应当知道服务对象提供的作品、表演、录音录像制品侵权；（4）未从服务对象提供作品、表演、录音录像制品中直接获得经济利益；（5）在接到权利人的通知书后，根据本条例规定删除权利人认为侵权的作品、表演、录音录像制品。该规定与条例中的自动接入，自动存储及搜索、链接服务，加之相对应的通知及删除程序一起，被誉为著作权侵权中的避风港规则，是被控侵权方力证无罪的有力依据。

1998 年，美国颁布《数字千年版权法案》（Digital Millennium Copyright Act，简称 DMCA），该法第五百一十二条对避风港原则作出了规定——当网络服务商实际上不知道也没有意识到能明显推出侵权行为的事实或情况时，在接到权利人的合格通知后，及时移除侵权内容的，不承担责任。参照法条表述，避风港原则又被称为"通知—移除"原则。它实际上是一种过错责任原则，即行为人仅在有过错的情况下才承担责任。❶

土豆网一案中，法院针对被告的抗辩，作出"被告虽辩称其提供的系存储空间服务，涉案视频系网友上传，但未提供相应证据证明，亦未向本院说明涉案视频的实际上传者，故本院对被告上述辩称意见不予采信"的简短回应，从而否认了避风港规则在该案中的适用。实践中，多数视频网站标有免责声明，明确用户个人上传的视频与网站无关，且能够通过用户信息追踪实际上传人，一般也不会对用户上传

---

❶ 张丽波，马海群，周丽霞. 避风港原则适用性研究及立法建议——由百度文库侵权案件说起 [J]. 图书情报知识，2013（1）：123.

的视频进行改动，从而较易满足避风港规则所要求的第一、二项。值得分析的往往是三至五项中规定的"合理理由""应知""直接获利""通知删除"等细节内容。

《信息网络传播权保护条例》第二十二条第三项通过"应知"与"合理的理由"来强调视频网站应尽的注意义务。同样，美国 DMCA 明确规定：网络服务提供者享受避风港免责不以其监控网络服务、积极寻找侵权内容为前提。这是因为在浩如烟海的视频信息中，让以视频网站为代表的网络服务提供者完成逐一审核与监控是极不现实的。换言之，当侵权行为就像插上一面红旗一样能够被发现而没有发现，网络服务提供者就不能通过避风港原则免责，这也就是 DMCA 所规定的"红旗"标准。❶有学者主张，我国目前针对红旗标准的规定较为空洞，主要是对网络服务提供者主观要件的规定，而欠缺对行为人行为的规定，在具体的司法实践中不利于统一标准和落实维权。❷与此同时，我国对避风港原则中的注意义务规定相对而言更加明确，认为所谓的注意义务应采取一般理性人标准，即一般理性人在相同情况下是否能意识到侵权行为的存在。❸而对合理理由的判定标准较为主观，常需借助被控侵权视频的知名度、点击量、网站的专业领域等具体因素综合考量。该案中，《舌尖上的中国》具有极高知名度，自播出以来就受到广大观众的欢迎。土豆网作为专业性的视频播放平台，参照一般理性人标准理应知悉其自身行为系侵权所为。故而不符合规则要求，此处不适用避风港原则。

第二十二条第四项强调网络服务提供者对经济利益的直接获取，通过"直接"二字降低了侵权的认定可能。现实生活中，大多数视频网站的主要盈利方式是通过用户的点击量来收取广告费，而非直接针对网站用户上传或下载视频收费，少数会员充值和观影付费等收入只占网站盈利额的较小部分。有学者主张，该规定中的"直接"要求将视频中穿插商业广告的行为排除在直接获利的范畴之外。❹但在司法实践中，法院常将视频网站的此类做法笼统归入盈利范畴，从而认为网站无法划归入避风港原则获得庇护。土豆网一案中，侵权的系列视频获得了较高点击量，播放

❶ 张丽波，马海群，周丽霞. 避风港原则适用性研究及立法建议——由百度文库侵权案件说起 [J]. 图书情报知识，2013（1）：124.

❷ 赵虎. 争议中的避风港原则和红旗原则——关于《审理侵犯信息网络传播权民事纠纷案件适用法律若干问题的规定（征求意见稿）》简评 [J]. 电子知识产权，2012（5）：38.

❸ 张丽波，马海群，周丽霞. 避风港原则适用性研究及立法建议——由百度文库侵权案件说起 [J]. 图书情报知识，2013（1）：124.

❹ 黎立. 在线视频网站著作权侵权问题研究 [J]. 中国版权，2015（2）：54.

次数较多，属于司法实务中认定的通过点击量收取广告费的获利行为，因而也不适用避风港原则。

第五项的通知 – 删除规定，是在考虑到视频网站等网络服务提供者难以全面审核网站全部内容，在遭遇侵权之虞时得以用删除的方式快速避免侵权作品的进一步传播并减免责任的务实之举。在目前的司法实践中，大量著作权人在发现网络侵权时直接越过通知服务商这一环节，径行向法院起诉。这种做法也得到了部分法院的认可，从而使"通知"不一定总能作为诉讼的前置程序。❶但满足此项规定收到前期通知并删除相关视频，也并不意味着就能脱离侵权之虞，如本文所讲案例就是这种情形。另一点存在争议的内容是网络服务商在收到著作权人通知后，应对哪些部分进行删除。针对此，司法实践有两种不同的做法。一是认为网络服务商只需针对著作权人书面通知的侵权内容进行审查删除，二是认为审查删除的内容不限于书面通知的范围，还应对侵权作品所辐射的所有侵权资料进行删除操作，否则需承担相应责任。❷后者的规定显然更利于维权和实现著作权保护的真正目的，但从操作层面来讲具有较大难度。

综合来看，避风港原则是审理网络服务提供商侵犯信息网络传播权案件时的重要依据。法院在处理具体案件时，应将上述五个因素综合考虑，全面把握，方能保障网络正常的运行秩序和作者著作权不受侵犯。

---

❶ 郝春琪. 网络著作权领域的'避风港原则'解读 [J]. 安阳工学院学报，2013（5）：30–31.
❷ 郝春琪. 网络著作权领域的'避风港原则'解读 [J]. 安阳工学院学报，2013（5）：31.

4.6 网络直播侵权规制问题：嘉兴华数案

作　　者　王若宸 *

指导教师　何　隽

　　随着信息网络的飞速发展，网络直播在日常生活中扮演的角色愈发重要。在我国第一例网络直播纠纷案——嘉兴华数案中，双方的主要争议点在于嘉兴电信公司利用 IP 网络向互联网用户实时传输黑龙江电视台广播节目的行为，是否侵犯嘉兴华数公司自黑龙江电视台授权而来的转播权问题。该案件与美国 Aereo 案件均直接涉及网络直播行为的侵权规制问题，对于讨论互联网环境下的网络直播侵权具有典型意义。

一、嘉兴华数电视通信有限公司 v. 中国电信股份有限公司嘉兴分公司

⚖ 案　号

一审：嘉兴市南湖区人民法院（2011）嘉南知初字第 24 号

二审：浙江省嘉兴市中级人民法院（2012）浙嘉知终字第 7 号

⚖ 当事人

上诉人（原审原告）：嘉兴华数电视通信有限公司

被上诉人（原审被告）：中国电信股份有限公司嘉兴分公司

---

　　* 王若宸，北京人，2017 年获得清华大学法律硕士学位，现为中国核电工程有限公司知识产权处主管（经济师）。硕士论文：《网络直播中广播组织全权研究》。

🏛 案情简介

上诉人（原审原告）嘉兴华数公司获黑龙江电视台授权，在该合同约定的区域和合作期限内，在其营运的区域内专有性传输黑龙江卫视频道信号，黑龙江电视台不再授权第三方通过电视网络以及互联网传输黑龙江卫视频道电视节目信号的权利。被上诉人（原审被告）嘉兴电信公司未经许可，利用 IP 网络把来源于黑龙江电视台的广播节目通过 IPTV 宽带业务应用平台传送到用户机顶盒和电视机的终端，使得互联网用户可以通过网络实时收看黑龙江电视台播放的广播节目。对此，上诉人（原审原告）嘉兴华数公司认为，被上诉人（原审被告）嘉兴电信公司的行为侵犯其广播组织权中的转播权。

二、争议焦点及法院判决

该案争议焦点在于嘉兴电信公司从事的 IPTV 宽带业务是否侵犯了嘉兴华数公司自黑龙江电视台授权取得的广播组织权。其实质在于，广播组织权中的转播权是否应延伸至互联网领域，是否能够用于规制网络直播行为。

法院认为，在该案中，嘉兴华数公司作为广播组织权的享有者，而非黑龙江卫视节目的著作权人，不享有对该节目网络转播的控制权。嘉兴电信公司通过 IPTV 宽带业务将黑龙江卫视节目传送给用户观看的行为，并未侵犯嘉兴华数公司享有的广播组织权。判决理由主要有以下三点。

第一，我国著作权法对网络直播行为的规定并不明确，立法体系上，广播组织权与信息网络传播权相互分离，广播组织并非信息网络传播权的权利主体，不能控制互联网领域内广播电视作品的传播。而广播组织虽然享有转播权，但根据"转播"的定义，法律并未将其扩展至互联网领域，在立法没有明确赋予广播组织在互联网领域控制传播权利的法律现状下，如果将广播组织权扩大至互联网领域，可能会缩减著作权人的网络传播权的范围，改变著作权人与邻接权人的权利分配；第二，根据 Trips 协议和《保护表演者、音像制品制作者和广播组织罗马公约》等国际公约对转播权的限定，转播权的保护范围并未延伸至网络领域；第三，虽然广播组织权人不能在互联网领域对"转播"加以规制，但著作权人及其被许可人仍可以通过信息网络传播权获得救济。

三、述 评

思考一：嘉兴华数案与美国 Aereo 案在判决上是否存在差异？

在 Aereo 案中，Aereo 公司为互联网使用者提供网络实时观看服务，通过其公司自有系统，用户可以从公司官网列出的电视节目菜单中挑选希望观看且正在传统电视媒体上播出的节目内容。Aereo 公司自主研发的系统将成百上千的小天线和中心服务器相结合，一台服务器对应一根小天线，通过这种方式截取被用户所挑选的节目信号，之后再通过转码器将信号翻译为网络数据，在网络上进行播放。Aereo 公司对于节目信号的截取是一对一存在的，被小天线截取的节目信号仅供挑选该节目内容的用户使用。❶

美国最高法院判决中认定，首先，Aereo 公司利用天线截取无线广播信号并通过互联网进行定向传送的行为实现了以连续的方式展现画面，且能够让用户接收到相关伴音，这种行为属于"表演"；其次，Aereo 公司虽然采用的是一对一的特定传送，每一次表演也只能被点播该节目的特定用户所接收，但不可否认的是，其确实在同时向不特定多数人传送了可感知的画面与伴音，构成"向公众"传播。因此，Aereo 公司的行为构成对著作权人公开表演权的侵害。❷

显然，我国著作权法与美国著作权法在立法规定上有着诸多不同。其一，美国著作权法中的公开表演权对应的是我国著作权法中的广播权和广播组织权，但从权利所能限制的内容上看，美国著作权法中设置的公开表演权是我国著作权法中广播权、广播组织权、表演权等多项权利的综合体；其二，我国著作权法构建了著作权—邻接权二元体系，对于电视台，由于其对作品独创性的贡献不够，只赋予其邻接权保护，保护水平较著作权低。而美国著作权法对独创性的规定标准较低，并且不区分著作权与邻接权，认为电视台即使对其播出的节目仅有微小的劳动贡献，也应该给予其完整的著作权保护。

因此，面对电视台是否有权规制网络直播行为的问题，两个案件在判决结果上虽然存在差异，但二者在本质和逻辑上却依然存在相同点，即著作权人可以规制网

---

❶ 张莎莎. 公开表演权于网络转播行为的适用——评美国最高法院 ABC，Inc. v. Aereo，Inc. 案［J］. 中国版权，2014（4）：79-80.

❷ 张莎莎. 公开表演权于网络转播行为的适用——评美国最高法院 ABC，Inc. v. Aereo，Inc. 案［J］. 中国版权，2014（4）：80-81.

络直播行为。

思考二：网络直播中电视台的法律地位一直是广播组织权人吗？

　　电视节目在沿着"著作权人—广播组织（网播组织）—受众"这一作品传播链条进行传播的过程中，电视台所处法律地位与所播放的节目类别息息相关。根据网络直播的内容，我们可以大致将电视台播放的节目内容分为几下三类：第一，电视台需要从著作权人处购买广播权的节目，且该节目处于著作权保护期内，比如我们常见的电视台中播放的电视剧、电影、动画片等；第二，电视台自行剪辑、编排、制作等享有著作权的节目，比如综艺娱乐、教育、访谈等；第三，已经处于公有领域的作品或者不属于作品的节目，比如电视台播放的超出著作权保护期的节目、单纯的时事新闻等。

　　显然，这种例举不具有绝对性，例如，该影视动画是由电视台自行制作、编排的，那么属于第二类；相反，如果该综艺娱乐、教育访谈等是从其他广播组织或者著作权人处购买的，自然又应属于第一类。对于目前争议较大的体育赛事的定性问题，我们并不在此处进行讨论，但根据上述分类标准，可以认为，如果该体育赛事是由电视台自主摄影、剪辑、编排、播放的，应归于第二类；如果该体育赛事是由电视台从他处购买的，并且该节目已经进行了剪辑、编排，那么当然应当归属于第一类。另外，按照上述分类标准，春晚、电视访谈等节目应当归属于上述第二类。虽然对于具体节目来说，将其认定为汇编作品还是以类似摄制电影的方法创作的作品等定性问题仍存在争议，但现有大部分学术观点与法院判决都支持将其认定为具有独创性的作品而不是录像制品。在上述第三类节目中，需要明确的是，单纯的时事新闻不构成作品。对于存在观点评析的新闻咨询类节目是否构成作品的问题，目前也存在一定争议。上述是否构成作品以及构成何种类别作品的学术争议并非本文所讨论的内容，仅在此引用部分文章作为参考。❶❷❸

---

　　❶　新浪诉天盈九州著作权侵权及不正当竞争案，北京市朝阳区人民法院（2014）朝民（知）初字第 40334 号。

　　❷　柏立团：《"春晚"等综艺类电视节目的著作权归属探析 http://www. lawyers. org. cn/info/c9defd0 3e3084a0ab8c737f3d4b2fb19,（访问日期 2017 年 3 月 27 日）。

　　❸　徐卓斌：《电视访谈节目著作权归谁所有？》, http://www. doc88. com/p-6071845689400. html,（访问日期 2017 年 3 月 27 日）。

我们可以发现，电视台在网络直播中并非永远处于广播组织的法律地位。对于上述第二类节目而言，电视台在播放该节目时不仅具有广播组织者的身份，同时兼具作品著作权人的身份；而对于上述第一类与第三类节目而言，电视台仅处于单一的广播组织者的法律地位。

思考三：电视台如何对网络直播侵权行为进行规制？

显然，处于不同法律地位的电视台对于网络直播侵权行为的规制方式并不相同。第一种情况，即电视台播放上文所述的第二类节目时，不仅具有广播组织的身份，还充当着作品著作权人的角色。根据《北京市高级人民法院关于网络著作权纠纷案件若干问题的指导意见（一）（试行）》第二条第（一）项"10.网络服务提供者通过信息网络按照事先安排的时间表向公众提供作品的在线播放的，不构成信息网络传播行为，应适用著作权法第十条第一款第（十七）项进行调整。"可以看出，面对著作权人与网络服务提供商之间的著作权纠纷，该指导意见已经明确将网络直播问题纳入《著作权法》第十条第一款第（十七）项兜底条款的规制范围。虽然没有明确的权利名称，但司法实践中将该条款作为判决依据的情况也屡见不鲜。

从上海聚力传媒与上海观视文化、江苏广电总台著作权纠纷案❶，乐视移动传媒科技（北京）有限公司与上海聚力传媒技术有限公司著作权纠纷案❷等经典案例的判决可以看出，在我国现行著作权法体系下，虽然网络直播既不满足信息网络传播权所要求的"交互式传播"的条件，不能为信息网络传播权所规制，又不属于广播组织权中转播权的规制范畴，但只要处于节目（作品）的著作权人的法律地位，电视台就可以利用该兜底条款对网络直播行为进行规制。

第二种情况，网络直播的内容是第一类或第三类节目，即需要从著作权人处购买广播权且处于保护期内的节目，或者是已经处于公有领域的作品以及不构成作品的节目。此时，电视台仅处于广播组织这一单一法律地位，我国著作权法并未赋予

---

❶　上海观视文化传播有限公司、江苏省广播电视总台 v. 上海聚力传媒技术有限公司，上海市浦东新区人民法院（2008）民三（知）初字第483号。

❷　乐视移动传媒科技（北京）有限公司 v. 上海聚力传媒技术有限公司，上海市浦东新区人民法院（2008）民三（知）初字第459号。

电视台一个明确的权利对网络直播行为进行规制。这种情况下，本文赞同嘉兴华数案中浙江省嘉兴市中级人民法院的判决及相关利益，除非著作权人不同意或者不愿意授权给电视台，否则电视台皆可以通过获取著作权人书面授权的方式，利用《著作权法》第十条第一款第（十七）项的兜底条款规制网络直播行为。未来是否会采取扩张转播权或者信息网络传播权的权利范围从而将网络直播纳入电视台的规制范围之内的问题，则需要充分结合我国的政策环境以及相关权利的来源、设置理由、现存问题、时代背景、利益平衡等进行全方位考虑。

第5章　其他知识产权纠纷案例评析

本章选取最高人民法院、北京市第一中级人民法院、北京知识产权法院终审的3个案件，探讨的问题涉及集成电路布图设计专有权的保护范围、被遗忘权的适用、大数据时代个人信息的法律保护。

5.1　集成电路布图设计专有权保护范围：昂宝诉南京芯联案

作　者　李裕民 *

指导老师　何　隽

自 2001 年《集成电路布图设计保护条例》颁布以来，我国对于集成电路布图设计的立法保护已经进行了十五个年头，然而关于集成电路布图设计专有权纠纷的案件却鲜有发生。究其原因，并非是集成电路布图设计专有权得到了充分保护，抑或市场上不存在集成电路布图设计专有权的纠纷，而是由于集成电路布图设计的专业性强，寻求法律保护的司法鉴定困难、侵权判定困难以及司法程序复杂漫长等一系列原因导致该类纠纷并没有较多地出现在公众的视野当中。

近年来，集成电路布图设计专有权保护越来越受到重视。本文就 2015 年最高院再审的昂宝公司与南京芯联公司等集成电路布图设计专有权纠纷案进行分析。该案审理过程中，法院对能否依据登记时提交的样品确定涉案布图设计的保护内容进行了充分的讨论，对确定集成电路布图设计专有权纠纷中专有权的保护范围提供了重要的指引。

一、昂宝诉南京芯联案

案　号

一审：江苏省南京市中级人民法院（2013）宁知民初字第 43 号民事判决

二审：江苏省高级人民法院（2013）苏知民终字第 0180 号

* 李裕民，重庆人，2017 年获得清华大学法律硕士学位，现为重庆市选调生，就职于重庆市渝中区解放碑街道办事处。硕士论文：《集成电路布图设计专有权确权制度研究》。

再审：最高人民法院（2015）民申字第 745 号

⚖ 当事人

再审申请人（一审原告、二审上诉人）：昂宝电子（上海）有限公司

被申请人（一审被告、二审被上诉人）：南京智浦芯联电子科技有限公司

被申请人（一审被告、二审被上诉人）：深圳赛灵贸易有限公司

被申请人（一审被告、二审被上诉人）：深圳市梓坤嘉科技有限公司

⚖ 案情简介

原告昂宝电子（上海）有限公司（以下简称昂宝公司）是名称为 OB2535/6/8，登记号为 BS.09500527.7 的集成电路布图设计专有权人。其登记申请材料中，复制件或图样的目录记载："图样一 Metal - 1 和图样二 Metal - 2"，并附有该两份图样。

原告昂宝公司认为被告深圳市梓坤嘉科技有限公司（以下简称梓坤嘉公司）销售的由被告南京智浦芯联电子科技有限公司（以下简称南京芯联公司）和被告深圳市芯联半导体有限公司（以下简称深圳芯联公司）生产的型号为 CL1100、CL1101 的集成电路芯片产品及其衍生产品 CL1103、CL1106、CL1107、CL1112 均为侵权产品，三被告复制和提供涉案布图设计、含有该布图设计的集成电路或者含有该集成电路的物品的行为侵害了其集成电路布图设计专有权（以下简称布图设计专有权）。遂向法院提起诉讼，要求三被告承担侵权责任。

二、争议焦点及法院判决

该案的争议焦点在于应否依据昂宝公司登记时提交的样品确定涉案布图设计的保护范围。

原告昂宝公司认为随着集成电路技术不断发展，器件尺寸不断缩小，布图设计日益精密，通过纸质复制件或图样已经难以清晰表示布图设计。如果仅以复制件或图样确定登记的布图设计的保护范围，难以适应集成电路产业的发展现状。《集成电路布图设计保护条例》（简称《条例》）中特别规定布图设计投入商业利用的，需要提交含有该布图设计的集成电路样品。所以样品至少与复制件或图样处于同等法律地

位，应当作为布图设计保护的依据。

江苏省南京市中级人民法院一审认为，布图设计的内容应当以提交在国家知识产权局申请文件中并经公告公示的布图设计复制件或者图样确定，布图设计专有权的保护范围也应当以此确定。在复制件或者图样的电子版本、集成电路样品中包含了与复制件或者图样所确定的布图设计时，其一致的部分也可以用来确定布图设计的保护范围。昂宝公司提交的布图设计图样，只有两层金属层图样，并未涉及除金属连线之外的半导体元件及有源元件。依据该两金属层图样无法明确其布图设计中具体的有源元件及其数量以及位置关系等信息，因而无法确定包含有源元件在内的各种元件与互联线路的具体内容。因此，一审法院判决驳回了权利人的诉讼请求。

江苏省高级人民法院二审认为，单独以样品确定布图设计的保护范围，可能会不适当地扩大专有权人的权利范围。如果申请人登记时仅提交具有独创性部分的布图设计，则由于样品中包括布图设计的全部三维配置信息，而样品中的三维配置信息必然大于复制件或图样中的内容，此时以样品确定布图设计中的独创性内容，可能导致保护内容的不确定性，也可能导致不适当地扩大专有权人的权利范围。

另外，涉案布图设计在登记时已投入商业利用，上诉人昂宝公司在向国家知识产权局登记时，提交了集成电路样品，但其提交的图样仅包含单独两层金属层，并不包含任何一个有源元件，完全不符合布图设计的基本定义。虽然涉案布图设计已获得专有权并仍处于有效状态，但由于不能以样品反推涉案两层金属层图样符合布图设计定义的基本要求，因此，亦不能依据昂宝公司登记时提交的样品来确定涉案布图设计的保护范围。据此，二审法院判决驳回上诉，维持原判决。

最高人民法院再审认为，对于尚未投入商业使用的布图设计进行登记，《条例》以及《集成电路布图设计保护条例实施细则》（以下简称《细则》）并无提交样品的相关规定。对于尚未投入商业使用的布图设计，通过提交复制件或图样以及相应电子文档完成登记，属于法定要求。在提交复制件或图样的问题上，无论布图设计是否投入商业使用均要求相同，没有作出区别对待。由此，如果人民法院在相关诉讼程序中忽略复制件或图样的法律地位，直接依据样品确定布图设计保护范围，极有可能引发轻视复制件或图样法律地位的错误倾向，使现行法律关于申请资料的相关要求无法落实，引发登记行为失范，产生不良导向作用。

《条例》第八条规定，布图设计专有权经国务院知识产权行政部门登记产生；未经登记的布图设计不受本条例保护。可见，依法登记是布图设计获得保护的先决条件。根据《细则》第十七条的规定，如果布图设计登记申请时未提交布图设计的复制件或者图样，国家知识产权局不予受理。因此，未按法定要求进行登记的，不应享有《条例》保护的布图设计专有权。就该案而言，昂宝公司申请登记时没有按照相关规定提交完整齐备的复制件或图样，属于履行登记手续不符合法律规定的情况，应自行承担相应法律后果。因此，最高人民法院裁定驳回了权利人的再审申请。

该案中三级法院观点一致，认为不能单独以样品为依据确定集成电路布图设计（以下简称布图设计）的保护范围。对于登记图样不清的情况，由权利人承担不利后果。

三、述　评

思考一：取得布图设计专有权的形式要件

根据《条例》第八条规定，布图设计专有权经国务院知识产权行政部门登记产生。未经登记的布图设计不受本条例保护。因此，布图设计专有权以登记为受保护的前提条件，受保护的范围不得超出登记的范围。

《条例》第十六条规定，申请布图设计登记应当提交：（1）布图设计登记申请表；（2）布图设计的复制件或者图样；（3）布图设计已投入商业利用的，提交含有该布图设计的集成电路样品；（4）国务院知识产权行政部门规定的其他材料。

因此，可以将布图设计登记分为两类：第一类是未投入商业利用的，第二类是已投入商业利用的。未投入商业利用的布图设计申请需要提交布图设计登记申请表、布图设计的复制件或者图样和国务院知识产权行政部门规定的其他材料。已投入商业利用的布图设计申请除前述材料外，尚需提供含有该布图设计的集成电路样品。《细则》具体规定了各项材料要求。

由于知识产权行政部门对布图设计专有权的审查只是形式审查，补正和修改也主要涉及形式要件，这意味着申请文件基本上同权利文本一致，申请所提交的文件很大程度上决定了布图设计专有权的保护范围。因此，经登记的所有材料是否都具有确定保护范围的效果以及在确定保护范围时是否有优先顺序等问题，在相关法律中并没有明确的答案。这也是该案争议焦点产生的一个重要原因。

⚖ **思考二：能否依据样品确定布图设计专有权的保护范围**

对于能否依据样品确定布图设计专有权的保护范围，实践中有不同的观点。该案中，在权利人提交的图样信息不完整的情况下，一审法院和二审法院都拒绝依据昂宝公司的样品为布图设计保护的请求，最高院再审也支持了此观点。而广东高院认为，根据《条例》规定，布图设计专有权的保护范围应当以布图设计授权文件所确定的三维配置为准。权利人所提交的布图设计的复制件或者图样，或者提交的集成电路样品均用于确定这种三维配置。❶ 法院对于布图设计的复制品或图样是确定布图设计专有权保护范围并无分歧，法院的分歧在于能否单独依据样品确定权利范围。

该案中，最高人民法院给出的答案显然是不能。其理由在于：一是根据《条例》第十六条，在布图设计登记申请时，布图设计的复制件或者图样是所有申请都必须提交的材料，而集成电路样品仅限于已投入商业利用的布图设计；二是根据《细则》第三十九条规定，布图设计登记公告后，公众可以请求查阅该布图设计的复制件或者图样的纸件，如果无视登记制度中关于纸质复制件或图样的要求，必然会使前述公众通过查阅方式获知布图设计内容的相关规定，形同虚设；三是在现有技术条件下，即便属于相对复杂的布图设计，只要通过适当努力，完全可以按照前述规定的要求提交申请材料；四是《条例》第八条规定"布图设计专有权经国务院知识产权行政部门登记产生；未经登记的布图设计不受本条例保护"，而根据《细则》第十七条的规定，如果布图设计登记申请时未提交布图设计的复制件或者图样，国家知识产权局不予受理。因此，未按法定要求进行登记的，不应享有《条例》保护的布图设计专有权。

最高人民法院的答案为"摸着石头过河"的布图设计专有权纠纷案件指出的方向是：以"图样"为准，确定布图设计专有权保护范围。

最高人民法院的观点显然是将布图设计登记靠近于专利审查制度中的公开制度。既然对于布图设计专有权的设立采取登记制的形式，那么这种登记的权利状态和权利范围就应当具有公信力，即使此种表征与真实的权利状态不相符合，对于因信赖此种表征而为之的行为，法律仍然承认其具有与真实权利状态相同的法律效果，以

---

❶　参见〔（2014）粤高法民三终字第 1231 号判决书。

为保护。

在布图设计登记公告后，公众可以请求查阅该布图设计的复制件或者图样的纸件。那么公众自当以该布图设计的复制件或者图样为判断布图设计权利范围的依据，也只能以此为依据。如果公众据此而为的行为，在权利纠纷中却要受到以不能申请查阅的样品为标准的衡量，显然是不利于公众自由运用知识进行创新。

对此，权利人可能辩驳就已经投入商业利用的集成电路，他人可以通过对集成电路产品进行反向工程的方式了解集成电路的布图设计。但是这毕竟是成本极高的一种方式，并且，根据《细则》第十七条规定，"未提交布图设计登记申请表或者布图设计的复制件或者图样的，已投入商业利用而未提交集成电路样品的，或者提交的上述各项不一致的"不予受理。也就意味着样品应当与图样所表现的受保护范围一致，如果在图样中并未表现，而只能通过反向工程得出的布图设计的特征点，对于这些特征点权利人在申请布图设计登记时予以放弃，不论这种放弃是基于有意识的还是无意识的。对于权利人放弃的部分，他人的利用自然不能评价为侵权。

样品在确定布图设计专有权过程中发挥的作用应当是帮助理解和说明布图设计的复制件或图样，就像专利文件中的权利要求与实施例的关系一样，图样为虚、样品和涉嫌侵权的产品为实，在判断侵权时应当虚实结合，这也符合《细则》之规定。《细则》第十六条规定，布图设计在申请日之前已投入商业利用的，申请登记时应当提交4件含有该布图设计的集成电路样品。也就是说样品所含有的特征包含图样，但并不仅限于图样的，样品与图样保护的设计特征完全重合只是样品与图样之间关系的一种，而且是很特殊一种；当样品与图样发生冲突之时，权利人应当承担据此产生的不利后果，这一点在《细则》中也能够得到支持。根据《细则》第十七第一项规定"未提交布图设计登记申请表或者布图设计的复制件或者图样的，已投入商业利用而未提交集成电路样品的，或者提交的上述各项不一致的"国家知识产权局不予受理。同时该项规定还构成《细则》第二十九条撤销布图设计专有权的情形。

思考三：关于布图设计保护的两点建议

虽然通过图样确定布图设计专有权的保护范围是法律应有之意，但是如果按照最高院的观点，严格以图样为依据确定布图设计专有权的保护范围，现实中将有很多问题亟待解决。

　　一是关于登记所提供的复制件或者图样与样品之间究竟是何种关系需要通过立法明确。只有清楚表述图样和样品在界定保护范围中的地位和作用，才能有效指引侵权纠纷中布图设计专有权保护范围的界定，从源头上避免实践中的分歧。

　　二是对于布图设计登记进行数字化改革。对于作为权利保护范围确定之依据的复制件或者图样的审查，《细则》第十四条规定，复制件或者图样的纸件应当至少放大到用该布图设计生产的集成电路的 20 倍以上；申请人可以同时提供该复制件或图样的电子版本；提交电子版本的复制件或者图样的，应当包含该布图设计的全部信息，并注明文件的数据格式。放大到用该布图设计生产的集成电路的 20 倍是复制件或者图样的下限要求，而此项规定的应有之意是能够全面、清晰地反映布图设计的设计特征。审查机构在审查时应当认识到复制件或者图样的重要意义，要求复制件或者图样符合设计的样式和相对关系清晰、明确。就当前的技术条件而言，复制件或者图样的电子版本并无较大难度，而电子版本具有可缩放和易于保存的优点，应当鼓励申请人提供复制件或者图样的电子版本。本文建议，在条件具备的情况下，可以推动立法改革以电子版替代纸质版的复制件或图样，这样一方面更加适应数字化办公和网络公开的趋势；另一方面，电子版的复制件或图样不受纸张大小的限制，可以全面、清晰记录所登记布图设计的所有特征。

5.2 被遗忘权的适用：任甲玉案

作　　者　胡张拓 *

指导教师　何　隽

区别于存留在人脑中的信息，储存在电子介质或者云端的信息，由于其物理性将永久的被保留下来，除非人工干预，永远不会被遗忘，由此就引发了"被遗忘权"这一权利的讨论。对于国内的立法和司法而言，"被遗忘权"是一个舶来品，是西方尤其是欧洲在后工业时代提出的一种新型权利。但从国内互联网发展的实际情况来看，"被遗忘权"所涵盖的法益本身——个人数据隐私的保护，却是实实在在遇到的问题。在 2016 年以前，这种问题尚停留在理论探讨的层面，但 2016 年随着北京市一中院宣判了国内首例"被遗忘权"案件，适用"被遗忘权"的探讨从学术层面延伸到了实务层面。

一、案件名

案　号

一审：北京市海淀区人民法院（2015）海民初字第 17417 号

二审：北京市第一中级人民法院（2015）一中民终字第 09558 号

当事人

上诉人（原审原告）：任甲玉

＊　胡张拓，湖北黄石人，2017 年获得清华大学法律硕士学位，现为国泰君安证券股份有限公司创新投行部职员。硕士论文：《国内适用被遗忘权的探讨》。

被上诉人（原审被告）：北京百度网讯科技有限公司

⚖ 案情简介

原告任甲玉曾在江苏无锡陶氏生物科技从事过相关的教育工作，2014 年 11 月离职并与该公司解除劳动关系，但直到 2015 年起诉前，从百度搜索页面输入"任甲玉"后，在搜索结果列表的"相关搜索"处仍然大量显示"陶氏教育任甲玉"等关键词。另外，在百度搜索页面输入"陶氏教育"，在搜索结果列表的"相关搜索"处大量显示有"陶氏教育骗局"等类似词条。

在后续的求职和工作过程中，任甲玉与多家用人单位解除劳动合同，解除理由是用人单位发现百度网络上显示"无锡陶氏教育任甲玉"，陶氏教育被很多人称为骗子公司，甚至有人说是邪教，用人单位对信誉度要求高，因此解除合同。任甲玉认为自己并未在陶氏教育公司工作过，却因为陶氏教育的争议性口碑，影响到自己的名誉进而造成了经济上的损失，百度搜索将其姓名与陶氏教育进行关联的行为负有不可推卸的责任。因此向海淀法院起诉，要求百度断开自己的姓名与陶氏教育之间的搜索链接，屏蔽"陶氏任甲玉"等关键词，并赔礼道歉、赔偿经济损失 ❶。

二、争议焦点及法院判决

一审法院判决

北京市海淀区人民法院一审认为，该案的法律争议之核心在于对"相关搜索"技术模式及相应服务模式正当性的法律评价问题，具体涉及事实及法律两个层面的基础问题：其一是百度公司"相关搜索"服务显示的涉及任甲玉的检索词是否受到了该公司人为干预。这属于事实查明层面的问题；其二是百度公司"相关搜索"技术模式及相应服务模式提供的搜索服务是否构成对任甲玉的姓名权、名誉权及任甲玉主张的一般人格权中的所谓"被遗忘权"的侵犯。这属于法律评价层面的问题。

一审法院判决

关于事实查明层面的问题，一审法院认为，搜索引擎的"相关搜索"功能，是

---

❶ 北京市海淀区人民法院（2015）海民初字第 17417 号

为用户当前搜索的检索词提供特定相关性的检索词推荐，这些相关检索词是根据过去其他用户的搜索习惯和与当前检索词之间的关联度计算而产生的，是随着网民输入检索词的内容和频率变化而实时自动更新变化的。其初始功能仅系动态反映过去特定期间内网络用户所使用检索词的内容与频率等客观情况，为当前用户的信息检索提供相关度及关注度等特定指标的参考指引或推荐，该模式本身并无实质性的侵权之目的。

关于法律评价层面的问题，一审法院认为：既不存在使用言辞进行侮辱的情况，也不具有捏造事实传播进行诽谤的情况，明显不存在对任甲玉进行侮辱、诽谤等侵权行为，故百度公司"相关搜索"的前述情形显然不构成对任甲玉名誉权的侵犯。

对于作为机器的"搜索引擎"而言，"任甲玉"这三个字在相关算法的收集与处理过程中就是一串字符组合，并无姓名的指代意义，即使最终在"相关搜索"中出现"任甲玉"这一词条与该案原告有关，也只是对网络用户使用"任甲玉"这三个字符状态的客观反映，显然不存在干涉、盗用、假冒该案原告任甲玉姓名的行为，故百度公司在"相关搜索"中使用"任甲玉"这一词汇并不构成对任甲玉本人姓名权的侵犯。

我国现行法中并无法定称谓为"被遗忘权"的权利类型，人格权或一般人格权保护的对象是人格利益，既包括已经类型化的法定权利中所指向的人格利益，也包括未被类型化但应受法律保护的正当法益。就后者而言，必须不能涵盖到既有类型化权利之中，且具有利益的正当性及保护的必要性，三者必须同时具备。

"被遗忘权"作为非类型化的民事权益，满足第一个条件，但是原告没有充分证明这种非类型化的权利受到保护的正当性和必要性。不同个人对企业商誉的评价往往是一种主观判断，而企业客观上的商誉也会随着经营状况的好坏而发生动态变化，因此不宜抽象地评价商誉好坏及商誉产生后果的因果联系。涉诉工作经历信息是任甲玉最近发生的情况，其目前仍在企业管理教育行业工作，该信息正是其行业经历的组成部分，与其目前的个人行业资信具有直接的相关性及时效性；任甲玉希望通过自己良好的业界声誉在今后吸引客户或招收学生，但是包括任甲玉工作经历在内的个人资历信息正是客户或学生借以判断的重要信息依据，也是作为教师诚实信用的体现，这些信息的保留对于包括任甲玉所谓潜在客户或学生在内的公众知悉任甲玉的相关情况具有客观的必要性。

因此一审法院对任甲玉的全部诉讼请求均不予支持。❶

二审争议焦点

该案争议的焦点问题是百度公司"相关搜索"服务显示的涉及任甲玉的检索词是否侵犯了任甲玉的姓名权、名誉权及任甲玉主张的一般人格权中的所谓"被遗忘权"。

北京市第一中级人民法院二审认为,"任甲玉"是百度搜索引擎经过相关算法的处理过程后显示的客观存在网络空间的字符组合,并非百度公司针对"任甲玉"这个特定人名的盗用或假冒。故百度公司并未侵犯任甲玉的姓名权。原审法院认定正确。

任甲玉对"陶氏教育"的个人主观评价,不能作为认定相关词汇具有侮辱性、诽谤性的依据。"任甲玉"与"陶氏"或"陶氏教育"机构同时出现是对特定时间内网络用户所使用的检索词的客观情况的反映。百度公司既不存在侵权事实也不存在主观过错,故对任甲玉的名誉权不构成侵犯。原审法院认定正确。

"被遗忘权"是欧盟法院通过判决正式确立的概念,虽然我国学术界对"被遗忘权"的本土化问题进行过探讨,但我国现行法律中并无对"被遗忘权"的法律规定,亦无"被遗忘权"的权利类型。任甲玉依据一般人格权主张其"被遗忘权"应属一种人格利益,该人格利益若想获得保护,任甲玉必须证明其在该案中的正当性和应予保护的必要性,但任甲玉并不能证明上述正当性和必要性。故原审法院认定正确。

因此,二审法院驳回上诉,维持原判。❷

三、述 评

思考一:数据处理的定义

在任甲玉诉百度一案中,百度和两级法院均认为"相关搜索"是搜索引擎根据过去一段时间其他用户的搜索习惯与当前检索词之间的关联度计算而产生的,不构成数据处理,不存在人为干预。但在欧盟法院判决西班牙谷歌案时认为,虽然搜索

---

❶ 北京市海淀区人民法院(2015)海民初字第 17417 号
❷ 北京市第一中级人民法院(2015)一中民终字第 09558 号

服务提供商没有更改公开存在的这些资料，但是让这些数据扩大了传播范围和速度，用户通过搜索极为便捷地从信息海洋中接触到其欲了解的资料。从本质上看，为了提高用户搜索结果的精准度和获取信息的匹配度，搜索引擎不仅仅是再次呈现，而是对已经公开存在的个人数据进行了整理和集聚。搜索引擎对相关资料的运算和再现，并将之与一些关键词建立联系，就属于《欧洲数据保护指令》所规定的处理行为。❶。

对数据处理的定义，关系到互联网商业模式和个人数据保护之间的平衡。整理和集聚海量信息，使得互联网使用者能够更便捷地找到各自需要的数据，极大地提高了社会效率，减少了信息不对称。但整理和集聚的过程，不可避免地涉及对数据的处理。《欧洲数据保护指令》的原则，即是数据的处理者和控制者对搜索结果负有注意义务。在任甲玉一案中，虽然"相关搜索"是计算机代码根据用户搜索历史自动生成的，不存在人为干预，但实际上海量用户各自独立的搜索历史数据，未经处理是不会在"相关搜索"处实时变动并显示的。从广义上来讲，"相关搜索"同样构成数据的处理。

但这并不意味着所有的搜索引擎数据处理都影响数据主体的隐私，对数据处理的不同定义，不会影响该案的判决。就如同传统的隐私权，不同的情境存在不同的标准。当数据主体身为公共人物尤其是官员时，隐私权就会让位于公众知情权。在数据主体的隐私权与其他网络用户获取相关信息的知情权之间，利益的平衡既要考虑到相关信息的敏感性，又要兼顾公共利益。任甲玉案中，"相关搜索"处显示的信息，对任甲玉当下的行业资信评价存在直接的时效性和相关性，公众消费者在选择教育机构和老师时，也需要通过这些事实的知悉来进行自己的判断。

⚖ 思考二：不同价值的衡量

一个新权利的确认，必然会有相关方增加新的义务。是否应该引进适用"被遗忘权"，既要考虑其实施的效果，又要在众多的价值取向中进行衡量。

在欧洲，为了应对百万级别的移除请求，谷歌专门成立了一支经过培训的审核人员团队。由于"被遗忘权"的界定在可预见的未来均需人工审核，较为复杂和棘

---

❶ Case C-131/12，Google Spain SL，Google Inc. v. Agencia Espanola de，Judgment of the Court，13 May 2014

手的案例甚至还需要通过专门的上报途径将其上报给专业律师来进行判断。商业公司成为了是否应保留数据的审核机构，搜索引擎决定了人们接触到信息的范围。虽然欧盟法院的裁定以义务的形式赋予了谷歌这种自由裁量权，但对于定位于中立的搜索引擎而言其合理性基础仍然存在疑问。同时，互联网公司承担了本该由权威机构承担的责任，也加重了搜索引擎的注意义务。另外，谷歌将次贷危机中的银行高管、说谎的足球裁判、骂人的律师等争议人物的负面报道链接统统删除❶，这种方式与结果距离欧盟原初的立法目的和判决目的相去甚远，在欧洲也引发了极大的争议。

在国内，无论是从产业布局的商业考量，还是从公共空间的保护角度，"被遗忘权"的适用都应该更加谨慎。虽然以百度、阿里巴巴、腾讯等为首的中文互联网公司在高速发展，但距离谷歌、微软等国际企业，仍然存在技术和体量上的差距。这些跨国企业在欧洲已经有了应对"被遗忘权"的丰富经验，其隐私保护以及法务实力也都处在更高的水平。更为重要的是，微博议政、电子政务、网络围观对中国政治生态的影响越来越深远，互联网的普及和开放，减少了信息不对称，塑造了一个较纸质媒介、实体场所更为广阔的公共空间。在公民意识尚在觉醒的过程中，一个开放、共享的网络公共空间是不可或缺的。

互联网逐步地将"免费"网络演化成为主要的商业环境，从软件免费甚至到硬件免费，通过所谓的互联网生态来赚取利润。在这个互联网生态的世界中，用户的个人资料成为主要的货币，数据经济以及未来的人工智能，其基础就在于海量的数据信息。现代科技无限的数据收集能力造成了数据用户和数据主体之间重要的权力转移。在传统时代，数据主体不主动献出自己的信息数据，数据用户便很难取得，但是在互联网时代，数据主体对数据用户几乎无能为力。即使一个人知道其数据被收集/使用，通常也没有太多的方法来防止。谷歌虽然在欧洲执行了"被遗忘权"，但是执行的效果也微乎其微。实际上，每一个数据用户，在别人眼里也是数据主体，在互联网服务提供商的角度看来，都是消费者。消费者一方面需要更多的数据信息自由流动，同时却又要求自己的数据被遗忘。这种权力转移和"遗忘悖论"，注定了遗忘只能是表面的。

---

❶　谷歌"选择性遗忘"激怒众多英媒．［EB/OL］．（2017-3-16）. http://www.chinadaily.com.cn/micro-reading/dzh/2014-07-06/content_11956880.html.

⚖ 思考三：现有法律的耦合

"被遗忘权"是舶来品，目前仅有欧盟有过判决并执行的先例和立法规定。国内的现行法律体系中，"被遗忘权"并没有被单独的规定，但是从立法本意来看，与之相通的的法律却不少见。

《侵权责任法》第三十六条，明确了网络服务提供商的删除义务，被侵权人在通知网络服务提供商后有权要求删除针对自己的侵权信息。随后在《信息网络传播权保护条例》中，对"通知—删除"条款进行了细化。其中第十四条完善了通知的格式要求，第十五条对网络服务提供商的义务具体化，第十六条、第十七条增加了"反通知—恢复"条款等。虽然前者中的删除权远不同于"被遗忘权"，后者中更只是对信息网络传播权的保护，但其运行的模式却能够与"被遗忘权"形成接口。"被遗忘权"中的删除作为一种广义上的"通知—删除"，或许可以通过完善网络侵权法律体系来进行对接。

《信息安全技术公共及商用服务信息系统个人信息保护指南》则并没有将删除的信息限定在侵权范围内，而是在 5.5 删除阶段中明确：收集的个人信息在使用目的达到后，应当立即删除；超出收集阶段告知的个人信息留存期限，也要立即删除❶，这与"被遗忘权"中不相关、过时的条件存在高度耦合性。

《中华人民共和国网络安全法》（以下简称《网络安全法》）中关于个人信息数据的规定虽然没有采用"被遗忘权"的名称，条文也比较简短，但其学习修订前的欧盟《数据保护指令》的痕迹比较明显，也试图引进一些关键的条款和内容，在个人数据信息保护上向前迈出了一大步。《网络安全法》统一了"个人信息"的常规性定义。其中，哪怕是碎片化的网络数据，但结合其他数据依然能识别出特定主体，同样也落在个人信息的范畴。同时规定了数据主体的删除权和更正权。个人有权要求删除违反法律规定或双方约定的个人信息，有权要求更正有错误的个人信息❷。这里的删除，将《侵权责任法》中侵权删除的单一情形扩展到了违约删除。

随着国内法律体系的逐渐完善，"被遗忘权"中的删除，与网络侵权法律体系和个人数据信息保护法律体系中删除的耦合性，让任甲玉案等类似的案例存在得以解决的空间。

---

❶ 《信息安全技术公共及商用服务信息系统个人信息保护指南》
❷ 《中华人民共和国网络安全法》

5.3　大数据时代个人信息的法律保护：新浪诉脉脉案

作　　者　颜彦青 *

指导教师　何　隽

　　新浪诉脉脉不正当竞争案涉及大数据时代个人信息的商业化利用。案件充分反映了法院对互联网环境下如何维护竞争秩序，以及如何平衡用户权益与商业模式创新的思考。

一、新浪诉脉脉案

案　号

一审：北京市海淀区人民法院 2015 年海民（知）初字第 12602 号

二审：北京知识产权法院（2016）京 73 民终 588 号

当事人

上诉人（一审被告）：北京淘友天下技术有限公司（下称淘友技术公司）

上诉人（一审被告）：北京淘友天下科技发展有限公司（下称淘友科技公司）

被上诉人（一审原告）：北京微梦创科网络技术有限公司（下称微梦公司）

案情简介

"脉脉"是一款以"打通人脉"为卖点的社交软件，其通过梳理用户通讯录或其

---

　　* 颜彦青，广西桂林人，2017 年获得清华大学法律硕士学位，现任职于中山大学附属第一医院。硕士论文：《影视作品字幕组著作权问题研究》。

他关系网络中的好友，帮助用户关联到好友的社交圈，实现所谓从"一度人脉"到"二度人脉"的社会关系拓展。"脉脉"曾与新浪微博合作，提供用户通过微博账号和个人手机号码注册登录"脉脉"的服务，用户注册时要向脉脉上传个人手机通讯录联系人。

2014 年 8 月，新浪微博运营方发现在脉脉产品内，大量非脉脉用户直接显示有新浪微博用户的头像、名称、职业和教育等信息，于是双方终止了合作。新浪微博据此向脉脉提起诉讼，认为其非法抓取、使用新浪微博用户信息等。

2016 年 4 月，北京市海淀区人民法院一审认定脉脉非法抓取、使用新浪微博用户信息等行为构成不正当竞争。此后，脉脉提起上诉。2016 年 12 月 30 日，北京知识产权法院作出终审判决，驳回上诉，维持原判。

二、争议焦点及法院判决

二审裁判要点

淘友技术公司、淘友科技公司共同运营脉脉软件，微梦公司独立运营新浪微博。新浪微博与脉脉软件同属于社交类软件，二者存在竞争关系。

微梦公司在一审中诉称，淘友技术公司、淘友科技公司通过脉脉软件对其实施了四项不正当竞争行为，请求法院判令淘友技术公司、淘友科技公司立即停止不正当竞争行为；在脉脉网站首页显著位置及脉脉客户端显著位置连续 30 天刊登声明，消除影响；赔偿微梦公司经济损失 1000 万元及合理开支 30 万元。

一审法院经审理判决，两被告停止涉案不正当竞争行为；两被告在脉脉网站首页、脉脉客户端软件首页连续 48 小时刊登声明，消除影响；两被告共同赔偿微梦公司经济损失 200 万元及合理费用 20 余万元。淘友技术公司、淘友科技公司不服一审判决，向北京知识产权法院提起上诉。

根据双方当事人的诉辩主张及理由，二审的焦点问题为：淘友技术公司、淘友科技公司获取、使用新浪微博用户信息的行为是否构成不正当竞争行为；淘友技术公司、淘友科技公司获取、使用脉脉用户手机通讯录联系人与新浪微博用户对应关系的行为是否构成不正当竞争行为；淘友技术公司、淘友科技公司是否对微梦公司实施了商业诋毁行为；一审判决有关民事责任的确定是否适当。

二审法院认为，淘友技术公司、淘友科技公司与微梦公司通过新浪微博平台 Open API 合作，淘友技术公司、淘友科技公司未经新浪微博及用户授权，获取并使用新浪微博用户的职业信息、教育信息，损害了用户的知情权、选择权和隐私权，破坏了微梦公司的竞争优势和互联网行业的公平竞争秩序，构成反不正当竞争法第二条规定的不正当竞争行为。此外，淘友技术公司、淘友科技公司没有客观、完整地披露其与微梦公司终止合作的前因后果，其公开发表的声明内容将会误导相关公众对微梦公司产生泄露用户信息的错误评价，影响微梦公司的商业信誉，故淘友技术公司、淘友科技公司的上述行为构成对微梦公司的商业诋毁。

综上，北京知识产权法院依法判决驳回上诉，维持原判。

该案争议焦点在于以下两方面。

（一）脉脉的行为是否构成不正当竞争

淘友公司在上诉中认为，如果微梦公司主张淘友公司实施了侵权行为，则应当对淘友公司进行了所谓的"抓取"（而不是获取）进行举证；并且鉴于新浪微博开发者的授权级别分为"测试""普通""高级""合作"四个等级，而脉脉软件的授权级别为"合作"（开放文档显示"当前应用授权有效期为最高级"），所以其有权获取新浪微博用户的职业信息、教育信息；淘友公司认为，其行为未违反《开发者协议》，符合行业惯例。

对此，微梦公司称其已经证明淘友公司从未被授予获取新浪用户职业、教育信息的权限，但脉脉软件中大量使用新浪微博用户的职业、教育信息。同时，在可读取的内容方面，淘友公司一直只有普通授权，对于仅高级接口可读的职业、教育信息，淘友公司是无法正常获得的。淘友公司获取并在合作结束后仍继续使用非脉脉用户的新浪微博信息，违反了《开发者协议》及《脉脉服务协议》的约定。

此外，淘友公司还认为其获取、使用脉脉用户手机通讯录联系人与新浪微博用户对应关系的行为不构成不正当竞争，其获取手机通讯录联系人与新浪微博用户的对应关系完全是通过协同过滤手段计算得到的，如通过手机通讯录联系人存储的姓名、头像、邮箱等信息与新浪微博用户的备注名称、头像、邮箱信息进行匹配。也就是说，脉脉用户并不能通过上传手机通讯录便得知通讯录联系人在新浪微博的账号，新浪微博用户也并不会因为被他人存储了手机号码而暴露自己的新浪微博用户身份。

对此，微梦公司认为，淘友公司提供的手机通讯录与微博账号对应关系的准确率高达85%以上，如非窃取，是几乎不可能实现的。用户信息是最重要的商业资源，而包括手机号在内的相关用户精准信息与新浪微博之间的对应关系是用户信息构成中的重要组成部分。淘友公司在未经微梦公司许可的前提下，私自窃取上述信息，侵害了微梦公司的商业利益。

北京知识产权法院经过审理认为，互联网中第三方应用通过开放平台例如 Open API 模式获取用户信息时，应坚持"用户授权 + 平台授权 + 用户授权"的三重授权原则。淘友公司与微梦公司通过新浪微博平台 Open API 进行合作，淘友公司未经新浪微博用户的同意，且未取得新浪微博的授权，获取并使用新浪微博用户的职业信息、教育信息，侵犯了微梦公司的竞争优势，破坏了互联网行业的公平竞争秩序，构成《反不正当竞争法》第二条规定的不正当竞争行为。

（二）商业诋毁的认定与构成

该案的另一诉争焦点在于双方之间因合作破裂而导致的后续商业纠纷是否构成了商业诋毁。

淘友公司认为，其与微梦公司停止合作的真正原因系微梦公司要求淘友公司将脉脉软件中用户完善后的注册信息及好友关系回写给微梦公司或与微梦公司的关联公司运营的微人脉平台进行合作，当淘友公司拒绝了微梦公司上述要求后，微梦公司将淘友公司在微博的开放接口关停。该案中，淘友公司在相关网络媒体发表的声明及陈述的内容均具有事实依据和真实来源，并未颠倒黑白、捏造和散布虚伪事实。

微梦公司认为，淘友公司在相关声明中重点强调微梦公司的不当行为，在明确表态"用户隐私是底线，脉脉无法接受与用户数据有关的任何要求，我们选择关闭微博登录"的同时，对新浪微博标识添加禁止符号，突出微梦公司的不当行为，而自始至终不提及自身不正当竞争，致使相关公众受到了片面信息的误导。淘友公司故意发布诋毁性信息，意欲使公众降低对微梦公司的评价，属于明显的商业诋毁。

法院判决指出，在互联网环境中，一方披露另一方负面信息时，虽能举证证明该信息属客观、真实，但披露方式显属不当，且足以误导相关公众产生错误评价的行为构成商业诋毁。淘友公司没有客观、完整地披露其与微梦公司终止合作的前因后果，淘友公司在公开发表的声明中称"新浪微博今日要求交出用户数据才能继续合作"等内容将会误导新浪微博用户及其他相关公众，对微梦公司产生泄露用户信息及以交换用户数据为合作条件的错误评价，进而导致新浪微博的信用度降低，影响其商业信誉，故淘友公司的前述行为构成对微梦公司的商业诋毁。

三、述　评

⚖ **思考一：大数据的商用边界**

新浪微博与脉脉的恩怨情仇由来已久，个中缘由曲折复杂，这并非是关注的重点，我们应关注案件背后的真正问题——表面上是大数据不正当竞争，本质上是个人信息保护之争。

在大数据时代，个人信息本身就是资源，掌握大量个人信息就能吸引资本、创造利润。当网络抓取个人数据成行成市、成为一门生意之后，个人信息数据的收集、使用边界在哪里？大数据的使用规则又是怎样的？个人信息权益保护又能如何突破技术的围猎？

互联网经济模式是以用户为基础、以流量为导向的规模经济和生态经济，基于用户信息和用户行为产生了一般意义上的大数据信息。从逻辑上讲，用户是所有流量、数据信息、大数据、商业行为的产生基础，用户是整个互联网时代的核心，抓住用户也就抓住了流量和商机。从大数据的层面，其商业应用应该是以人为本，服务于人为目的的。

然而，随着互联网用户经济的扩张，本应成为基础核心的用户，却发生了位移，人变成了互联网的工具，相关数据信息变为资本逐利的手段，人的隐私变为不法商人的财富。这种趋势伴随着不正当竞争和资本逐利愈演愈烈，本末倒置的发展思维必将导致商业目标与人的发展目的相冲突。

脉脉案的判决明确了在互联网上收集个人信息是有边界的，并给互联网个人隐私边界的判定制定了标准。该案确定了个人信息保护和经营者数据权利方面的两条法律底线：一是新浪微博作为网络平台运营者，基于与用户达成的协议，在得到用户明确同意的前提下获取用户个人信息，这种做法符合我国法律对个人信息保护的相关规定，这是此案的法律基础。二是新浪微博基于自己的运营行为而获得的数据信息，属于自己核心的商业资产，受到法律保护，任何第三方在未得到授权的情况下非法抓取、使用新浪微博所拥有的数据信息的行为，属于不当侵犯他人合法权益的行为，在性质上构成不正当竞争行为，应当承担相应的法律责任。

这表明未经网站同意抓取用户数据，未经用户同意使用个人信息是违法的，提醒互联网企业不应该把商业模式建立在滥用用户信息之上。这表明对互联网出现的新生事物，可以通过现有的法律去监管。这个案例同时说明，在个人信息保护和隐私权保护上，网站平台可以有更大的作为，也应该有更多的作为。第三方开发者必须遵守道德、商业秩序，互联网平台、消费者要加强对个人信息的保护。

目前，虽然社会各界对于通过法律手段保护个人信息已达成共识，但由于相关法律法规尚不完善，因此对于个人信息的保护内容、保护范围和保护方式仍存在分歧。在法律层面，2009 年《刑法修正案七》确定了出售、非法提供公民个人信息罪以及非法获取公民个人信息罪；《消费者权益保护法》规定消费者"享有个人信息依法得到保护的权利"。这些法律都试图斩断以个人信息买卖、窃取等为核心的非法利益链条，但在个人信息利用领域打擦边球的现象仍有发生。法院在审理相关案件常常诉诸一般人格权的保护规则，这容易导致裁判判罚尺度不一，不利于引导企业对个人信息的合理使用。

为解决上述难题，最高人民法院曾在《关于审理利用信息网络侵害人身权益民事纠纷案件适用法律若干问题的规定》中，对个人信息侵权类案件的裁判作出指引。但是，由于司法解释的有关规定受制于制定权限，仍未脱离侵权责任的经典模式，即需由权利人证明其已受到损害的事实，而在大部分此类案件中，包括新浪微博诉脉脉案，单个用户的直接损害通常难以证明，在客观上仍存在权利人维权难、举证难的情况。

此案审结一年后，2017 年 3 月，最高检与最高法通过了《最高人民法院、最高人民检察院关于办理侵犯公民个人信息刑事案件适用法律若干问题的解释》，自 2017 年 6 月 1 日起施行。该司法解释规定了公民个人信息的范围；侵犯公民个人信息罪的定罪量刑标准；侵犯公民个人信息犯罪所涉及的宽严相济、犯罪竞合、单位犯罪、数量计算等三方面的内容，反映了对个人信息保护逐渐细化与从严的立场。

思考二：用户协议：互联网时代的法律基础

在互联网环境下，用户协议是用户与厂商之间各种法律关系的基础，而所谓用户也不仅指个人用户，还包括了其他厂商。在脉脉案的两审裁判文书中，频繁引用了《开发者协议》与《脉脉服务协议》中的内容，这两份文件是评判脉脉行为是否构成不正当竞争行为的重要标准，成为整个案件裁判的关键。另外裁判文书也部分参考了《微博服务使用协议》与《微博个人信息保护政策》的规定。可见，用户协议在处理争议时发挥了重要作用，在裁判文书里被引用的次数也超过法律条文。

长期以来，用户协议的重要性都被忽视，冗长又不可修改的协议文本几乎让互联网用户望而却步，用户大都直接点击"同意"，这种草率的态度给争议的解决留下了巨大的隐患。在二审的判决书中就提到了脉脉一方对待用户协议的态度："从主观状态来讲，上诉人淘友技术公司、淘友科技公司明知自己是基于《开发者协议》从而可以通过 Open API 获取用户信息，但却无视《开发者协议》的具体内容约定，通过技术手段获得用户数据信息，其主观上具有一定的过错。同时，上诉人淘友技术公司、淘友科技公司对于用户数据信息的获取以技术的最大能力为范围，对技术的应用不加人为理性地控制，不仅忽视双方之间的《开发者协议》约定的内容及 Open API 合作模式的基本原则，还涉及对于用户数据信息的不当利用。"脉脉一方不仅忽视了协议签订过程，在签订完以后，也没有依据自己"同意"的协议开展业务，直接导致与新浪微博合作破裂并且最终的败诉。

由于用户协议是厂商单方提供的，所以对于双方来说对用户协议作为证据进行固定都极为困难。这并不是说在争议发生时，律师去公证处将用户协议公证一下就可以固定的。在争议中真正需要的是用户注册时所同意的那一份协议，而注册时的协议与争议发生时的协议往往会存在巨大的差别。在新浪微博诉脉脉案的判决书中，因为争议双方都提供了自己不同阶段的协议文本，一审法院在审理时就发现了不同版本协议文本的区别："类似的情形同样发生在《脉脉服务协议》中，第 20797 号公证书与第 16542 号公证书所显示的协议也不完全一致，且该协议中要求用户下载、注册等行为均被视为完全了解、接受并同意遵守该协议项下的全部内容，且该协议可以由淘友科技公司单方随时修改，修改后的协议条款一经公布即替代本协议原条款，构成新协议……"

随意变更用户协议的文本已经成为了行业常态，在协议中甚至会将这种随意变更的权利明确规定，对于要接受这份协议的用户来说这显然是有失公平的，会让整份协议的效力大打折扣。

因此，用户协议的文本起草与订立过程只有律师或者法务的参与是远远不够的，需要与技术人员、UI 设计师的共同参与才能完成，这是用户协议与传统合同最大的区别。传统合同的起草，律师可以在了解需要后一手操办，最后双方签字盖章即可；但对用户协议来说，传统的合同结果并不适用，比如管辖权条款，一般合同都是放到末尾，而对用户协议来说最好放到开头，以保证其效力。除此以外，用户协议的订立过程，也需要与产品的 UI 设计师紧密沟通，避免在用户点击"同意"时缺少足够的意思表示。

新浪微博诉脉脉案与其他很多案件一起，展示了互联网时代用户协议的重要性，可这种重要性并没有及时反馈到日常的法务工作中。

思考三：大数据亟须法律规范

纵观整个案件，最关键的争议点是围绕着用户数据的利用展开的。新浪微博通过用户主动填写，获取了大量的职业、教育信息，这些信息结合微博用户的用户名等内容，具有高度的敏感性。法院认定脉脉构成不正当竞争，理由就是未经微博用户的同意而获取其信息，节省了经济投入，构成竞争优势："上诉人淘友技术公司、淘友科技公司未经新浪微博用户的同意，获取并使用非脉脉用户的新浪微博信息，节省了大量的经济投入，变相降低了同为竞争者的新浪微博的竞争优势。"

立法者在法律中已经体现出对于公民"个人信息"的高度重视。《中华人民共和国民法总则》（以下简称《民法总则》）第一百一十一条明确规定，"自然人的个人信息受法律保护。任何组织和个人需要获取他人个人信息的，应当依法取得并确保信息安全，不得非法收集、使用、加工、传输他人个人信息，不得非法买卖、提供或者公开他人个人信息。"《刑法修正案（七）》第七条、《社会保险法》第九十二条、《护照法》第二十一条等都提到了"个人信息"，对其实现原则性法律保护。2014 年正式实施的新修订的《消费者权益保护法》规定消费者"享有个人信息依法得到保护的权利"，第二十九条更是将个人信息受到保护作为消费者的一种权益正式确认下来，认为对于消费者的个人信息，经营者及其工作人员将其收集就有了严格保密的义务。2016 年11 月通过的《网络安全法》中，对个人信息的收集、利用、出卖进行了严格的规定。

部门规章也对个人信息保护工作进行专项指导，工信部的《电信和互联网用户个人信息保护规定》《信息安全技术公共及商用服务信息系统个人信息保护指南》、工商总局的《网络交易管理办法》等设立了建议性质的行业信息安全标准，对电信网络运营商收集使用个人信息的行为加以规制。同时制定了数据收集行为原则，信息主体许可制度，鼓励电信和网络行业开展行业自律，约束企业行为。

在案件的审理中，对于新浪微博的数据共享政策，二审法院直接提出批评："微梦公司在 Open API 的接口权限设置中存在重大漏洞，被侵权后无法提供相应的网络日志进行举证，对于涉及用户隐私信息数据的保护措施不到位，暴露出其作为网络运营者在管理、监测、记录网络运行状态，应用、管理、保护用户数据，应对网络安全事件方面的技术薄弱问题。"

该案并非是用户起诉新浪微博，但从两审法院的判断来看，新浪微博对于用户的数据没有尽到足够的注意义务。如果是用户起诉个人信息有关的案件，或是追究新浪微博的刑事责任（拒不履行信息网络安全管理义务罪），新浪微博也有难以推卸的责任。

除此以外，北京知产法院罕见地在判决书中建议了网络运营者在采集运用用户数据时应履行的管理义务：制定内部数据信息安全管理制度和操作规程，确定网络安全负责人，落实网络数据信息安全保护责任；采取防范计算机病毒和网络攻击、网络侵入等危害网络数据信息安全行为的技术措施；采取监测、记录网络运行状态、网络安全事件的技术措施，并按照规定留存相关的网络日志；采取数据分类、重要数据备份和加密等措施；制定网络安全事件应急预案，及时处置系统漏洞、计算机病毒、网络攻击、网络侵入等安全风险。

这些都是互联网企业针对数据问题进行合规的依据，如果无法达到这些标准，恐怕在日后面临纠纷时会处于不利的局面。而且，围绕着数据的纠纷，在日后将越来越多，甚至会成为一个新的业务领域。

例如在君合律师事务所最近网站的改版中，已经悄然增设了"隐私保护、网络安全与信息法"，金杜律师事务所也早已将"数据及隐私权保护业务"列为其业务之一。冯象教授也曾提到数据信息会成为独立于知识产权的一个法律领域，而且适用的范围会超过传统的知识产权。这个预测正在一步一步成为现实。随着《网络安全法》即将正式实施，关于数据与个人信息的诉讼、合规需求也会越来越多，数据信息的保护将成为一个新的业务领域。

参考文献

[1] 阿什特里德·斯达德勒尔. 德国法学院的法律诊所与案例教学［J］. 吴泽勇，译. 法学，2013（4）：56-57.

[2] 安东尼·刘易斯. 言论的边界：美国宪法第一修正案简史［M］. 法律出版社，2010.

[3] 杰罗姆·弗兰克. 如何打造优秀的法学教育［J］. 王晨光，译. 法学杂志，2012（5）：169.

[4] Christopher Saint，Judy Saint. 集成电路掩模设计：基础版图技术［M］. 清华大学出版社，2006：1-24，49-53.

[5] 北京市高级人民法院. 北京市高级人民法院《专利侵权判定指南》［J］. 电子知识产权，2013（10）.

[6] 北京市高级人民法院知识产权庭. 商标授权确权的司法审查［M］. 中国法制出版社，2014：113-114.

[7] 卜元石. 德国法学教育中的案例研习课：值得借鉴？如何借鉴？［J］. 中德法学论坛，2016（13）：46-48.

[8] 陈功. 销售假冒"苹果"手机应当如何定性［N］. 人民公安报，2016-4-11（005）

[9] 陈立亚，赵慧芳. 固态核磁共振及其在药物晶型研究中的应用［J］. 中国新药杂志，2013（16）：1921-1924.

[10] 陈怡，袁雪石. 网络侵权与新闻侵权［M］. 中国法制出版社，2010：15-28

[11] 程啸. 侵权责任法［M］. 北京法律出版社. 2010：333.

[12] 楚卿. 编剧署名纠纷拷问"改编者的贡献"［N］. 中国艺术报，2016-07-25（002）.

[13] 崔国斌. 认真对待游戏著作权［J］. 知识产权，2016（2）：3-18.

[14] 代欣. 等同原则在变劣技术侵权案件中的适用 [D]. 华南理工大学, 2014: 23-30.

[15] 戴哲. 直播节目网络同步盗播的版权规制困境与应对 [J]. 编辑之友, 2015 (10): 83-89.

[16] 党雷. 简析健全我国电视剧版权登记制度的必要性 [J]. 中国电视, 2015 (2): 108-112.

[17] 刁慧波. 计算机游戏作为视听作品的认定研究 [D]. 华东政法大学, 2015.

[18] 杜爽, 梁毅. 仿制药一致性评价与全面质量管理一体化的解析 [J]. 中国卫生政策研究, 2017, 10 (8): 40-41.

[19] 范军. 试论期刊刊名的虚与实 [J]. 出版科学, 2001 (4): 32-34.

[20] 冯飞. 迪奥香水瓶: "我"是一件三维立体商标 [N]. 中国知识产权报, 2018-11-20 (9).

[21] 冯术杰. 网络服务提供者的商标侵权责任认定——兼论《侵权责任法》第36条及其适用 [J]. 知识产权, 2015 (5): 10-19.

[22] 冯术杰. 寻找表演中的作品——对 "表演" 和 "表达" 的概念反思 [J]. 清华法学, 2011, 05 (1): 97-107.

[23] 冯术杰. 论立体商标的显著性认定 [J]. 法学, 2014, 12 (6): 51.

[24] 冯晓青, 王瑞. 微博作品转发中的著作权问题研究——以 "默示授权" 与 "合理使用" 为视角 [J]. 新闻与传播研究, 2013 (2): 46-51.

[25] 冯晓青. 立体商标在我国的领取延伸保护 [N]. 人民法院报, 2018-5-3 (2).

[26] 付玉明, 杨卫. 犯罪故意的规范释明与事实认定——以 "复旦投毒案" 为例的规范分析 [J]. 法学, 2017 (2): 183-192.

[27] 缑泽昆. 诈骗罪中被害人的怀疑与错误——基于被害人解释学的研究 [J]. 清华法学, 2009, 03 (5): 107-121.

[28] 管育鹰. 我国著作权法定许可制度的反思与重构 [J]. 华东政法大学学报, 2015, 18 (2): 18-29.

[29] 桂爽. 名人姓名商标注册的类型化分析与规制建议 [J]. 中华商标, 2015 (11): 42.

[30] 郭禾. 半导体集成电路知识产权的法律保护 [J]. 中国人民大学学报, 2004, 18 (1): 102-110.

[31] 郭禾. 中国集成电路布图设计权保护评述 [J]. 知识产权, 2005, 15 (1): 9-13.

[32] 韩鑫鑫. 论网络服务提供者在专利侵权中的义务规则 [J]. 法制与经济, 2017 (4): 29-30.

[33] 郝春琪. 网络著作权领域的 "避风港原则" 解读 [J]. 安阳工学院学报, 2013 (5):

30-31.

[34] 何先友, 莫雷. 奥苏伯尔论认知结构、知识获得与课堂教学模式 [J]. 华南师范大学学报
（社会科学版）, 1998（3）: 67-68.

[35] 贺言. 有声读物的著作权保护——以"玄霆"诉"酷我"案为例 [J]. 科技经济市场,
2015（10）: 183-184.

[36] 胡开忠. "避风港规则"在视频分享网站版权侵权认定中的适用 [J]. 法学, 2009（12）:
70-81.

[37] 胡开忠. 广播电台电视台播放作品法定许可问题研究——兼论我国《著作权法》的修改
[J]. 知识产权, 2013（3）: 3-11.

[38] 胡开忠. 网络环境下广播组织权的法律保护 [J]. 当代法学, 2010（5）: 80-87.

[39] 胡开忠. 信息技术发展与广播组织权利保护制度的重塑 [J]. 法学研究, 2007（5）: 90-
103.

[40] 胡康生. 中华人民共和国著作权法释义 [M]. 法律出版社, 2002.

[41] 简桢. 论教材辅导读物的版权特征——从教材与教辅的关系谈起 [J]. 法制与社会, 2007
（3）: 726.

[42] 蒋志培. 网络环境下的知识产权保护 [EB/OL]. [2016-12-14]. http://www. lawtime. cn/
info/zscq/zscqlw/20111025114056_3. html.

[43] 焦和平. 三网融合下广播权与信息网络传播权的重构——兼析《著作权法（修改草案）》
前两稿的①相关规定 [J]. 法律科学（西北政法大学学报）, 2013, 31（1）: 150-159.

[44] 柯林霞. 著作权禁令在著作权管理部门中的功能构建 [J]. 出版发行研究, 2016（6）: 56.

[45] 雷艳珍. 确认不侵犯知识产权诉讼的受理条件 [OL]. 2014 [2018-07-01] http://www.
chinatrial. net. cn/news/2786. html.

[46] 黎宏, 刘军强. 被害人怀疑对诈骗罪认定影响研究 [J]. 中国刑事法杂志, 2015（6）:
56-69.

[47] 黎宏. 日本刑法精义 [M]. 法律出版社, 2008: 432

[48] 黎宏. 刑法学各论 [M]. 北京: 法律出版社, 2016: 79-330

[49] 黎立. 在线视频网站著作权侵权问题研究 [J]. 中国版权, 2015（2）: 52-54.

[50] 李崇廷. 论网络服务提供者的侵权责任 [J]. 法制博览, 2017（16）: 112-113.

[51] 李明德. 美国《半导体芯片保护法》研究 [J]. 科技与法律, 2004（3）: 28-43.

[52] 李小侠. 利益平衡视角下广播组织邻接权制度的完善 [J]. 新闻界，2010（1）：130-132.

[53] 李晓辉. 信息权利研究 [M]. 知识产权出版社，2006.

[54] 连志英. 大数据时代的被遗忘权 [J]. 图书馆建设，2015，248（2）：49-53.

[55] 梁慧思. 在商学院进行知识产权法教学. 高木善幸，拉瑞·奥尔曼，姆拉泽·西尼拉（主编）[M]. 知识产权教学原则与方法. 郭寿康等译. 知识产权出版社，2011：181.

[56] 梁敬魁，陈小龙，古元薪. 晶体结构的 X 射线粉末衍射法测定——纪念 X 射线发现 100 周年 [J]. 物理，1995，24（8）：483-491.

[57] 刘波林. 著作权与邻接权法律术语汇编 [M]. 北京大学出版社，2007.

[58] 刘春田. 知识产权法 [M]. 北京：高等教育出版社，2000.

[59] 刘家瑞. 论我国网络服务商的避风港规则——兼评"十一大唱片公司诉雅虎案"[J]. 知识产权，2009，19（2）：13-22.

[60] 刘军华. 论"通过计算机网络定时播放作品"行为的权利属性与侵权之法律适用——兼论传播权立法之完善 [J]. 东方法学，2009（1）：131-136.

[61] 刘明祥. 论诈骗罪中的财产损害 [J]. 湖南科技大学学报（社会科学版），2001，3（1）：49.

[62] 刘维. 知识产权侵权警告函的正当性边界 [J]. 比较法研究，2016（2）：182-191.

[63] 刘晓军. 变劣行为侵犯专利权之研究 [J]. 知识产权，2006，16（4）：23-27.

[64] 刘影. 禁止反悔原则的适用——以"湖北午时药业有限公司和澳诺（中国）制药有限公司、王军社的专利侵害案"为例 [J]. 经济视角，2012（30）：75-77.

[65] 刘元霞. 如何界定医药领域侵权诉讼中的"新产品"[A]. 专利法研究（2007）[C]. 2008：16.

[66] 陆佳佳. 同人作品的知识产权冲突问题探讨 [D]. 华东政法大学，2012.

[67] 陆茵. 从国外关于计算机游戏侵权的判例看计算机游戏的著作权保护 [D]. 华东政法大学，2013

[68] 罗东川主编，丁文严等著. 中国著作权案例精读 [M]. 北京：商务印书馆，2016：351-353

[69] 吕金柱. 期刊名称的商标权保护与开发利用 [J]. 中国科技期刊研究，2012，23（4）：616-619.

[70] 马新彦，姜昕. 网络服务提供者共同侵权连带责任之反思——兼论未来民法典的理性定位

[J]. 吉林大学社会科学学报，2016（1）：71-81.

[71] 毛利国. 商标审查标准一致性及同案同判的公平原则 [N]. 中国知识产权报，2016-8-12（6）.

[72] 孟祥娟. 版权侵权认定 [M]. 法律出版社，2001.

[73] 秦敏花. 电子商务盈利模式分析——以淘宝网为例 [J]. 电子商务，2013（7）：16-17.

[74] 山口厚. 刑法各论 [M]. 王昭武，译，北京：中国人民大学出版社，2011.

[75] 石必胜. 专利说明书充分公开的司法判断 [J]. 人民司法，2015（5）：41-46.

[76] 苏航. 个人信息保护如何突破技术围猎 [J]. 中关村，2016（07）：102-103.

[77] 孙萌，韩楠. 著作权侵权赔偿数额的计算 [J]. 科技与出版，2010（9）：4-7.

[78] 陶钧. 方法专利侵权案中新产品认定及举证责任分配 [N]. 中国知识产权报，2013-09-11（8）.

[79] 王钢. 德国刑法诈骗罪的客观构成要件——以德国司法判例为中心 [J]. 政治与法律，2014（10）：38.

[80] 王钢. 德国判例刑法（分则)[M]. 北京：北京大学出版社，2016：195.

[81] 王惠来. 奥苏伯尔的有意义学习理论对教学的指导意义 [J]. 天津师范大学学报（社会科学版），2011（2）：67-68.

[82] 王慧丹. 微博的著作权侵权问题研究 [D]. 西南政法大学，2014：7-8.

[83] 王龙兴. 2015 年全球集成电路技术发展和主要产品分析 [J]. 集成电路应用，2016,33（7）：10-18.

[84] 王迁. 论《著作权法》中"时事新闻"的含义 [J]. 中国版权，2014（1）：18-21.

[85] 王迁. 知识产权法教程 [M]. 北京：中国人民大学出版社. 2014：225，365，374.

[86] 王鑫磊. 变劣发明技术是否构成侵权分析 [D]. 兰州大学，2015：13.

[87] 王泽鉴. 案例研究与民法发展 [J]. 法律适用，2017（18）：5.

[88] 王泽鉴. 法学案例教学模式的探索与创新 [J]. 法学，2013（4）：40.

[89] 王铮. 同人的世界 [M]. 北京：新华出版社，2008：276.

[90] 王志超，张爻晟. 双环汽车与本田株式会社外观设计专利纠纷案浅析 [J]. 知识产权，2017（9）：33-36.

[91] 维克托·迈尔-舍恩伯格，肯尼思·库克耶 ViktorMayer-Schonberger，等. 大数据时代：生活、工作与思维的大变革 [M]. 浙江人民出版社，2013.

[92] 维克托·迈尔－舍恩伯格. 删除：大数据取舍之道［M］. 浙江人民出版社，2013.

[93] 温雪岩，蒋桥生. 从非制片者处获得许可播放他人影视作品亦可构成侵权［N］. 人民法院报，2014-09-11（006）.

[94] 吴汉东. 无形财产权基本问题研究［M］. 中国人民大学出版社，2013：299-318.

[95] 吴伟光. 著作权法研究：国际条约、中国立法与司法实践［M］. 清华大学出版社，2013：433

[96] 吴艳. 网络服务提供者在第三方侵权行为中的责任认定［J］. 科技与法律，2012，Vol. 4（4）：88-92.

[97] 西田典之. 刑法各论［M］. 王昭武，刘明祥，译，北京：法律出版社，2013：201-203

[98] 肖艳，游中川. 报道时事新闻时擅自使用他人图片不构成合理使用［J］. 人民司法，2015（10）：69-71.

[99] 徐明. 避风港原则前沿问题研究——以"通知—删除"作为诉讼前置程序为展开［J］. 东方法学，2016（5）：28-36.

[100] 杨立新，韩煦. 被遗忘权的中国本土化及法律适用［J］. 法律适用，2015（2）：24-34.

[101] 易继明. 禁止权利滥用原则在知识产权领域中的适用［J］. 中国法学，2013（4）：39-52.

[102] 尹新天. 专利权的保护［M］. 北京：知识产权出版社，2006：456-474

[103] 于春辉，欧宏伟. 审理侵犯集成电路布图设计专有权纠纷案件若干问题研究——天微公司诉明微公司侵犯集成电路布图设计专有权纠纷案评析［J］. 科技与法律，2010，Vol. 2（6）：44-48.

[104] 于凯旋. Aereo案：云技术革命中的版权之争［J］. 电子知识产权，2015（z1）：54-54.

[105] 俞惠斌. 立体商标获得显著性的判断［J］. 中华商标，2017（9）.

[106] 张丽波，马海群，周丽霞. 避风港原则适用性研究及立法建议——由百度文库侵权案说起［J］. 图书情报知识，2013（1）.

[107] 张玲玲，田芬，涉及用户数据信息商业利用的竞争行为是否属于正当的司法判断——评上诉人淘友技术公司、淘友科技公司与被上诉人微梦公司不正当竞争纠纷案［N］. 中国知识产权报，2017（008）.

[108] 张明楷. 犯罪论的基本问题［M］. 北京：法律出版社，2017：386-388.

[109] 张明楷. 犯罪之间的界限与竞合［J］. 中国法学，2008（4）：87.

[110] 张明楷. 论诈骗罪的欺骗行为［J］. 甘肃政法学院学报，2005（3）：12.

[111] 张明楷. 论诈骗罪中的财产损失 [J]. 中国法学, 2005 (5): 118-137.

[112] 张明楷. 外国刑法纲要. 第2版 [M]. 清华大学出版社, 2007.

[113] 张明楷. 刑法的私塾 (之二)[M]. 北京: 法律出版社, 2017: 370-371.

[114] 张明楷. 刑法的私塾 [M]. 北京: 法律出版社, 2014: 288.

[115] 张明楷. 刑法学 [M]. 北京: 法律出版社, 2016: 735-1009

[116] 张骐. 释法析理写出来看 [N]. 人民法院报, 2018-7-1 (2).

[117] 张清奎. 医药专利保护典型案例评析 [M]. 知识产权出版社, 2012: 333.

[118] 张莎莎. 公开表演权于网络转播行为的适用——评美国最高法院 ABC, Inc. v. Aereo, Inc. 案 [J]. 中国版权, 2014 (4): 79-81.

[119] 张伟君. 网播: 广播、信息网络传播抑或向公众传播——兼评我国〈著作权法〉的信息网络传播权 [J/OL]. (2007)[2016-06-05]. http://www.pkulaw.cn/fulltext_form.aspx?Db=art&Gid=335583531.

[120] 张晓霞. 如何看待教辅与教科书之间的著作权关系. [J/OL]. 人民教育出版社网站 [2018-08-26]. http://www.pep.com.cn/zt/wq/201108/t20110819_1064939.htm

[121] 张宇庆. 对广播组织信息网络传播权主体地位的再思考 [J]. 科技与法律, 2010, Vol. 2 (5): 78-81.

[122] 张玉敏. 知识产权法 [M]. 北京: 法律出版社. 2005.

[123] 张志伟. 中国广播组织网络传播权的法律保护 [J]. 国际新闻界, 2012 (8): 22-27.

[124] 章武生. "个案全过程教学法" 之推广 [J]. 法学, 2013 (4): 51-53.

[125] 赵虎. 争议中的避风港原则和红旗原则《关于审理侵犯信息网络传播权民事纠纷案件适用法律若干问题的规定 (征求意见稿)》简评 [J]. 电子知识产权, 2012 (5): 36-41.

[126] 赵克. 浅谈等同原则在变劣发明侵权诉讼中的适用 [J]. 广西政法管理干部学院学报, 2010, 25 (2): 84.

[127] 郑志峰. 网络社会的被遗忘权研究 [J]. 法商研究, 2015, v.32; No.170 (6): 50-60.

[128] 周光权. 刑法各论 [M]. 北京: 中国人民大学出版社, 2016: 79-127.

[129] 祝建军. 电子商务交易平台服务商侵犯专利权的责任认定 [J]. 人民司法, 2013 (16): 72.

[130] 祝建军. 对集成电路布图设计专有权司法保护有关问题的思考 [J]. 知识产权, 2016 (9): 37-44.

[131] 左登江. 视频分享网站侵犯著作权研究 [D]. 西南政法大学, 2010: 5-13.